LOS PEDAZOS DE MI CORAZON EN UN ALMA ROTA

LOS PEDAZOS DE MI CORAZON EN UN ALMA ROTA

Un Libro de Poemas

Ledia Artica Gutiérrez
"Azabache"

Número de Control de la Biblioteca del Congreso de EE. UU.:   2017908203
ISBN: Tapa Dura   978-1-5065-0837-5
                   Tapa Blanda   978-1-5065-1222-8
                   Libro Electrónico   978-1-5065-2034-6

Información de la imprenta disponible en la última página.

Fecha de revisión: 21/06/2017

Para realizar pedidos de este libro, contacte con:
Palibrio
1663 Liberty Drive
Suite 200
Bloomington, IN 47403
Gratis desde EE. UU. al 877.407.5847
Gratis desde México al 01.800.288.2243
Gratis desde España al 900.866.949
Desde otro país al +1.812.671.9757
Fax: 01.812.355.1576
ventas@palibrio.com
701974

ÍNDICE

"AMAR CON EL CORAZON, NO ES

"INTRODUCCION"

¿Qué me inspiro a escribir poesía? Desde niña siempre tuve la fijación clara y precisa de lo que quería ser en mi vida. Yo quería ser abogada, o escritora, el ser abogada nunca se me dio, no pude seguir mis estudios universitarios, lo que marco mi vida en un antes y un después. Yo recuerdo como en mi adolescencia tuve tantos sueños con escribir mi primer libro, busque ayuda en personas equivocadas que se aprovecharon de mi necesidad de hacer realidad uno de mis sueños, que era publicar un libro; y de esta manera darme a conocer, a través de mi poesía. Cuyas personas, me engañaron, y robaron mis poemas quedándose así con mis historias de amor, he hicieron de ellas sus propias historias.

Yo recuerdo con tristeza como llore tanto, me sentía impotente, y no tenía la ayuda ni el apoyo de nadie, para mostrarle a todos que esas eran mis historias. Así que, decidí claudicar, y ese fue un error, yo debí seguir adelante con lo que más me gustaba y me apasionaba hacer **"ESCRIBIR"**. Pero en ese entonces tan solo era una adolescente de 13 años, y cursaba apenas la secundaria. Después de eso empecé a ponerle mucho amor e interés a mis clases, puesto que también me apasionaba el deseo de ser abogada. Así que, me olvide un poco de la poesía, no porque no me apasionará seguir haciéndolo, sino porque me sentía decepcionada y frustrada por lo que me había pasado.

Yo sentía tanta tristeza que nadie en mi familia excepto mi padre creyera en mí. Él siempre fue mi guía, mi consejero, y mi mejor amigo. Mi padre era un ser de luz, de alegría, de fe y esperanza. El me incentivo a seguir mis sueños. Recuerdo como él siempre me decía hija: sigue tus sueños, no claudiques, que hasta **"los filósofos más grandes, y los poetas más mediocres tienen sueños, porque no tu hija mía? Si tú serás grande en la literatura."** Pero me olvide por años de la poesía. Así que, decidí seguir mis estudios, me gradué en **el año de 1994** como secretaria ejecutiva bilingüe, me dedique a ejercer mi carrera por muchos años, lo cual me apasionaba pero sentía que algo faltaba eso no era lo mío. Lo mío eran las letras, así que intente ingresar a la universidad de mi país "Honduras", no logre seguir estudiando mi carrera como abogada, no porque no tuviera la capacidad de hacerlo, sino porque pasaron ciertos problemas personales que me hicieron abandonar mi país, de una manera abrupta e inesperada. Así que, **viaje en el año 1997** de mi país **Honduras, a Estados Unidos.** Este país que es maravilloso, que es el país de los sueños. Pero que también hace que una se aleje de la familia, los amigos, su gente, su tierra, y otras tantas veces nos hace olvidarnos de los sueños; por aquello de que se tiene que trabajar para ayudar a los nuestros.

Yo me dedique a estudiar aquí en Estados unidos, y de esta manera pues mis sueños de publicar mi libro se quedaron dormidos otra vez. Pero de pronto ese anhelo se despertó en mi otra de nuevo, y decidí actuar. Hubo tantas cosas que me inspiraron a escribir mi libro. Entre estas tantas cosas estaban las más importantes que eran las palabras de mi padre diciéndome lo siguiente: **"Un poeta nunca muere, solo se transforma convirtiéndose en lo que hizo en vida, letras, letras y más letras".** Mi padre siempre me dijo una verdadera mujer siempre debe hacer 3 cosas en este mundo. **1) Escribir un libro, para el día que ella muera se valla su alma, pero que su nombre prevalezca y viva por siempre a través de sus letras, y en la sangre que deja en sus hijos. 2) Tener un hijo, y 3) plantar un árbol. Así que eso hice, seguí el consejo de mi padre, y ya pronto todos sabrán de mí. Porque aunque yo muera, mi recuerdo vivirá por siempre a través de mis letras con cada poema.**

Quiero como primer punto, escribir este libro para Dios porque, aunque no hay poesía cristiana en él, fue Dios quien me dio el don de escribir, y plasmar mis historias a través de mis poemas. Cada poema representa una historia de amor, de agradecimiento, de admiración, de odio, de rencor, de pasión, de tristeza, de fe, de ilusión, de esperanza y de entrega. La esperanza, de un nuevo comienzo de vida para volver a renacer, a vivir, para volver a creer, y aprender a amar de nuevo. Quiero a través de mi libro darme a conocer, como escritora, no porque quiera ser famosa, o volverme millonaria; sino porque el día que yo me vaya de este mundo terrenal quiero ser recordada por siempre a través de mi poesía. Yo deseo dejarle a mis hijos mi legado, mi pasión por la escritura, y que mi nombre sea recordado, por ellos, por mi familia y por mis pocos pero verdaderos amigos a través de mis libros. Quiero vivir por siempre en cada línea de cada poema que mis seres queridos puedan leer en cada uno de mis libros. Porque no quiero que este libro sea, solo el primero, y el último no, yo deseo seguir escribiendo y publicando mis libros, hasta que mis dedos ya no puedan seguir escribiendo. Solo así, yo dejare de escribir, no porque así lo deseo sino porque así me lo impide mi capacidad para seguir escribiendo.

Yo pienso que, de no ser así, yo moriría feliz, escribiendo, porque no hay cosa más maravillosa que vivir para vivir haciendo lo que más amamos hacer. En mi caso mi felicidad es escribir, escribir y escribir. Esto me hace sentir viva… porque quiero vivir a través de cada uno de mis poemas. **¡NO!!!** solo para ser recordada por mis hijos, sino por todos aquellos que verdaderamente me amaron. En verdad también lo hago por satisfacción propia, por honrar la memoria de mis padres, sobre todo la de mi padre quien siempre creyó en mí. Y porque en verdad escribir me apasiona y me trasporta a un mundo tan especial, que me hace sentirme viva, y viajar a través de la imaginación.

También a falta de un hijo tengo **6 maravillosos hijos,** quienes a pesar de que no lleve a cuatro de ellos en mi vientre, y ellos no nacieron de mí, son mis hijos porque así lo decidió mi corazón. Este corazón que no marca la diferencia entre los dos que son mis hijos porque crecieron en mi vientre y nacieron de mí, y los otros cuatro que no nacieron de mi pero que son mi vida, mi amor, y el motor que me guía a vivir, y levantarme con más fuerte cada mañana. Porque quiero dejarles a ellos, en cada libro plasmada mi vida, en diferentes historias que narren desde mi niñez, mi adolescencia hasta cuando me convertí en mujer, para luego llegar a ser madre. Entonces contestando a la pregunta mis hijos son la mayor razón para haberme decidido a escribir este libro. Luego la promesa que le hice a mi padre, junto al deseo de que mi nombre sea conocido a través de mi libro por todas aquellas personas que aún no me conocen. Esas personas las cuales deseo fervientemente que compren y lean mi libro, y puedan ellos disfrutar de cada poema que representa tantas historias diferentes. Cuyas historias, son el fruto de experiencias vividas por mi persona en el largo existir de mi vida. Las cuales, incluyen momentos de felicidad, alegría, pero también momentos de dolores y tristezas. Como antes lo mencione cada poema escrito nació de lo más profundo de mi corazón y mi alma, algunos de ellos han sido escritos con lágrimas en mis ojos. Pero otros han sido escritos con amor, admiración, respeto y un profundo agradecimiento.

Plantar un árbol ese es un deseo de mi padre, que en verdad no he realizado, y no es porque no me interese hacerlo; sino porque siento que ese evento debe suceder en el lugar adecuado, en el momento indicado, en el sitio perfecto. Ese sitio, donde papi estaría feliz en el cielo viendo como ese árbol que con tanto amor sembrare en su memoria, está creciendo, para luego quizás dar frutos, o ramas hermosas y extensas, que den una buena sombra a quien verdaderamente la necesite. Y concluiré esta introducción diciendo, que yo pienso que el lugar perfecto para plantar ese árbol es su casona como mi padre llamaba esa casa, donde él fue tan feliz sembrando árboles frutales, para nosotras sus hijas, sus hijos, todos sus nietos y nietas. La cual está ubicada en esa aldea llamada **El Pedregal,** en nuestro país natal **Honduras,** y donde todos sus hijos nacimos. Esa maravillosa y pequeña aldea, donde todos sus hijos, a pesar de los pesares y sinsabores de la vida, un día fuimos inmensamente felices con él y nuestra bella madre…

"BIOGRAFIA DE LEDIA ARTICA-GUTIERREZ"

Ledia Artica Gutiérrez, conocida por su familia y sus pocos, pero verdaderos amigos como **(Victoria),** nombre que para ella es sagrado, porque tiene historia, ya que es como su padre siempre quiso llamarla. Hondureña de Nacimiento y corazón, nació en Honduras Centro América, en una pequeña aldea llamada **El pedregal Villa de San Francisco, Departamento de Francisco Morazán, el 21 de noviembre bajo el signo de Escorpión.** Empezó a escribir poesía desde el mismo instante que aprendió a leer y escribir. Ella nunca antes pudo escribir un libro por detalles que ella prefiere omitir sin darlos a conocer. Pero que ahora se lanza escribiendo su primer libro, para darse conocer ante un público que no la conoce, y al que ella desea darse a conocer y conquistar con cada una de las líneas que están plasmadas en cada uno de sus poemas. **Es hija de Santos Félix Artica, y Trinidad Gutiérrez de Artica, Ledia es la octava hija de 9** que sus padres procrearon. Pero su padre anteriormente había estado casado, con dicha esposa el procreo 4 hijos, para después enviudar y casarse con **Trinidad Gutiérrez de Artica. Ledia,** termino su primaria en una escuela rural mixta ubicada en la ciudad de **Tegucigalpa Honduras en 1987**.

En el año 1988 comienza a cursar su siglo común en el **Instituto San Pablo en Tegucigalpa Honduras,** para luego en **1990** empezar a estudiar en el Instituto de **Señoritas Gabriela Mistral,** y termina graduándose como secretaria ejecutiva bilingüe en **1994** en el **Instituto de Secretariado Honduras.** Luego de graduarse e iniciar sus primeros trabajos como secretaria en diferentes compañías como fueron

FEHCOVIL, (FEDERACION HONDURENA DE COOPERATIVA Y VIVIENDA), luego en INDUSTRIAS NOVATEC, una compañía de tubos de plástico. Luego de allí toma la decisión de dejar su país **Honduras, para viajar a Estados**

Unidos, en 1997. Ella planeaba quedarse por un año en **Estados Unidos**, pero pasado el tiempo se da cuenta que es imposible lograr todas las metas que ella se había propuesto así que decide quedarse viviendo en **Estados Unidos** hasta la fecha. **Desde 1997** hasta ahora, tantas cosas han pasado, se divorció de su primer esposo con quien procreó a su hijo **Félix Anthony (Tony),** para luego volver a casarse por segunda vez con **Jose Ponce,** de cuyo matrimonio nace su segundo hijo **Julián Joshua (JP),** con dicho esposo sigue aún casada.

Ledia Artica, empieza a estudiar en **Sacramento City College**, en la ciudad de Sacramento California, esperando poder terminar todas sus clases. De esta manera, poder hacer realidad su sueño y terminar su carrera como abogada. Pero abandona sus estudios, a raíz de la muerte de sus padres en **el año 2010.** En **el año 2011** regresa de nuevo colegio, para seguir con sus estudios, pero se retira en 2013 por razones ajenas a su voluntad. Pero ella aun no claudica, ella quiere continuar con su carrera, y lograr conseguir ese sueño que más que un sueño es una meta que ella desea alcanzar no importando la edad.

A ella le sobreviven 5 hermanos varones, **Félix Artica Jr. Francisco Artica, Armando Artica, Daniel Artica, Joaquín Artica, al igual que sus 5 hermanas, Martha Artica, Iris Artica, Zulema Artica, Lidia Artica, y por último la bebe de la familia Nubia Artica (La Beba)** como todos le llaman, nombre que le dio su hermana Ledia por ser la beba de la familia. En la actualidad ella, vive en la ciudad de Sacramento CA, con sus dos hijos **Félix Anthony Moritoy, y Julián Joshua Ponce-Artica.** Ahora ella solo desea seguir escribiendo y estudiando para ser cada día mejor. De esta manera dejarles a sus hijos un legado, de perseverancia y lucha constante, y con ello la prueba de que, si se puede salir adelante en este país que es el país de una, y las mil oportunidades.

PDS: Ledia Artica, siempre fue, y es una guerrera incansable, alguien consistente que lucha, por sus sueños defiende hasta la muerte sus ideales. Ella odia la injusticia, la traición, y el engaño; cree en el amor y en el arrepentimiento, como en las segundas oportunidades. Pero también tiene grandes defectos, una vez que perdona y olvida, para dar una segunda oportunidad a quien la ha traicionado, y vuelve traicionarla. Ella al sentirse traicionada, engañada y herida, es como una fiera en celo, y se vuelve implacable y muy difícilmente vuelve a confiar en quien la ha engañado por segunda o tercera vez…

"DEDICATORIA"

Dedico mi libro primeramente a Dios en el cielo, por haberme regalado el don de escribir, y permitirme el privilegio de ahora por primera vez publicar mi primer libro. A mis padres, quienes desde el cielo me observan, me envían su bendición, y me guían a seguir adelante sin miedo a fracasar. Especialmente gracias a mi bella y gran familia. Este clan **"ARTICA"** que, gracias a Dios, y a mis padres herede como familia; y de la cual vivo, y viviré eternamente agradecida. A mis hermosos seis hijos **Jeyson Salazar, Félix Moritoy, Guillermo Zapata, Julián Ponce-Artica, Kenny Ponce & mi amado bebe NoAm Bernal.** Mis seis angelitos son el motor que me hace levantarme cada mañana con la esperanza; de un nuevo día lleno de luz, amor, paciencia y bondad aun para quienes me hacen daño. Estos seis amores en mi vida son la musa que me inspira a escribir poesía, el velero que guía mi barco, y lo hace llegar firme al puerto. Ellos son la brújula que no me hace perder el camino hacia el punto final y correcto.

Por supuesto no puedo dejar de dedicar este libro a mis bellas e incondicionales hermanas, quienes son, mis más grandes y fieles amigas. Ellas, que siempre, han sido mis cómplices, mis confidentes, las amo, las adoro, si volviera a nacer pediría como deseo a Dios; que ustedes volvieran a ser mis hermanas. A mis hermanos varones, que fueron quienes hicieron el papel autoritario de padres conmigo, cuándo fue necesario. Especialmente doy las gracias a mis dos hermanos mayores **ARMANDO ARTICA & DANIEL ARTICA.** Ellos fueron mi mayor ejemplo de honestidad, rectitud, y nobleza. De ellos aprendí, el amor al dinero, pero también al trabajo, para conseguir dicho dinero. Porque ellos me enseñaron que el trabajo dignifica, y que cada centavo que se lleve a la bolsa debe ser el fruto de nuestro propio esfuerzo y trabajo. A cada una de mis sobrinas, y mis sobrinos. A ellas y ellos, por ser parte de mi vida, y de mi mundo. Por ayudarme con su cariño a ser una mejor persona, cada otro día. Porque con ellas (os), he aprendido que: **(SER TIA ES**

AMAR A ALGUIEN, QUE NO ES TUYO, PERO A QUIEN TU CORAZON PERTENECE), a mi esposo **Jose Ponce,** quien a pesar de muchos errores cometidos siempre ha estado allí conmigo, apoyándome, a hacer realidad mis sueños. A mis amigas, y amigos que siempre han creído en mí, y me han apoyado con su cariño y consejos para seguir adelante. A mi mejor amiga, quien es mi hermana **Idalia Lombera,** a mi nueva gran amiga **NIDIA KAFATI,** gracias por estar allí siempre a mi lado, apoyándome y haciéndome sentir que soy alguien importante en la vida ¿¡Y porque no.!? A mis enemigos, aquellas y aquellos que han querido verme arrodillada, pero que a pesar de sus deseos yo estoy aquí, haciéndoles saber que, aún queda **Ledia Artica (AZABACHE),** para un buen rato. Gracias a los que me han dado amor, cariño, fortaleza, consejos y apoyo al empezar a escribir este libro.

Pero nuevamente dedico este libro a **Dios,** quien es mi más incondicional fiel amigo. **A mis dos ángeles papi,** y **mami** que yacen en el cielo. **A mis 6 amados hijos,** a quien mi corazón ama sin límites, y sin fronteras. Con amor para todos ustedes, desde lo más profundo de mi corazón y mi alma, dedico, a través de mi libro, todo lo que tengo, y todo lo que soy.

Ledia Artica

"UN AGRADECIMIENTO ESPECIAL
A UN AMIGO INCONDICIONAL"

A TI: VICTOR MOLINA
REAL GLAMOUR STUDIO

Eres un amigo muy maravilloso, me haces reír tanto con tus ocurrencias aun cuando más triste me encuentro. Tú siempre logras dibujar una sonrisa en mi rostro, y cambiar mi tristeza, por alegría. Fue curioso como el destino por casualidades nos puso de frente, y la vida nos hizo amigos. Gracias por ser parte de este sueño hermoso, que ahora será una realidad.

Te agradezco haber sido uno de los más excelentes fotógrafos que hizo para mí un trabajo excelente; como fue la toma de algunas de mis fotos para la publicación de mi libro. Cada foto tomada, habla de una historia, una de esas tantas historias, que se quedan plasmada en una bella fotografía. ¡Gracias, amigo por formar parte de este sueño! Pero sobre todo gracias por estos 16 años de amistad, y por tu mano amiga aun en la distancia.

"Nadie tiene mayor amor que este, que el que uno ponga su vida por sus amigos." Juan 15:13

Con el cariño de siempre, y para siempre…

Tu amiga,

VICKY

A MI BELLA SOBRINA: **NIDIA ALVAREZ**

Hoy quiero hacerte un especial agradecimiento, por ser parte de mi mundo, y lo más importante, por ser parte de mi familia. Gracias por estar siempre allí, aun en medio de mis locuras, tú siempre apoyándome, en este maravilloso sueño, que es la publicación de mi libro.

Tú fuiste parte importante de él. Te agradezco que hayan sido tus preciosas manos, las que, a través del maquillaje, y peinado, me hicieras lucir más bella. Pues claro está, que **"NO HABEMOS MUJERES FEAS, SINO MAL ARRGLADAS."**

"DAD GRACIAS EN TODO, PORQUE ESTA ES LA VOLUNTAD DE DIOS PARA CON VOSOTROS EN CRISTO JESUS." (1 Tesalonicenses 5:18)

Con el mismo amor de siempre tu tía,

PICKY

UN AGRADECIMIENTO ESPECIAL AUN EXTRAORDINARIO SER HUMANO MARCOS CHAVEZ

"LA AMISTAD ES UNA JOYA MUY DIFICIL DE ENCONTRAR, Y SI UN DIA LA EENCONTRAMOS, LA DEBEMOS CONSERVAR." Yo jamás me imagine que aquel joven, con quien el destino, y la fotografía me junto, llegaría a convertirse en alguien muy valioso para mí. Gracias por tu gran esfuerzo que pusiste en cada sesión fotográfica que hicimos juntos. Gracias por tu ayuda, tus consejos, tu risa, y por contagiarme con tu alegría, y por el amor a la vida. Eres un ser maravilloso que trabajas más que por un interés monetario, lo haces por amor y pasión a tu trabajo. La fotografía, para ti es tu pasión como para mí lo es la poesía.

Cada foto que fue tomada por ti, fue tomada con tanto amor, con tanta pasión. Tu cuidaste de cada detalle, como si este proyecto de mi libro fuera tu proyecto también. Gracias amigo, por darme la oportunidad de conocerte, y ser parte de mis pocas, pero sinceras amistades. Sé que no nos vemos, ni hablamos a con frecuencia, pero el cariño entre nosotros, estará allí por siempre.

"El amigo ama en todo momento; **en tiempos de angustia** es como un hermano." **(Proverbios 17:17)**

Con cariño, por siempre…

LEDIA

SPECIAL THANKS TO:
A WONDERFUL LADY BRENDA THAO

Special thanks to an extraordinary being **Brenda Thao.** She was one of my makeup artists for this project of my book. In this beautiful dream, I met beautiful people; whose wonderful art, have contributed a little of this, to make my dream a beautiful reality. Thanks, Brenda, because your hands makeover me wonderfully.

Thanks, **Brenda,** because your hands that were makeover me, making me, look wonderfully beautiful.

With Love,

LEDIA

"A TODOS LOS QUE ME HAN FALLADO, A ESOS QUE SE DECIAN LLAMAR MIS AMIGOS"

GRACIAS a todos esos que se decían mis amigos, pero que en realidad jamás lo fueron. Esos que diciéndose ser mis amigos me fallaron una y otra vez más. Esos que hablan de mí a mis espaldas, sin conocerme y sin saber nada, de lo que ha sido o es mi vida. A esos que van por la vida pregonando que son mis amigos, cuando la realidad es que nunca lo fueron y jamás lo serán. Esos que me sonríen de frente, y que me apuñalan por la espalda. A esos malos amigos que me han mentido, fingiéndose ser lo que en realidad no son.

A esos que me hicieron promesas, y que lo que hicieron fue romperme el corazón. A esos que jugaron conmigo como se juega con una bola de pimpón. A ellos que se aprovecharon de mi amistad, mis sentimientos, y mi bondad, y de mi credibilidad al creer que eran sinceros. A esos que estuvieron a mí alrededor porque de una u otra forma les convenía fingir ser mis amigos. A los que nunca se quitaron la máscara, y fingieron con palabras mentiras ocultándome verdades que a través de ellos mismos fue descubriendo.

A esos disque amigos que por conveniencia fueron incapaces de decirme la verdad. Ellos que se burlaron en mi cara, y que imagino cuanto se divirtieron tomándome como la más estúpida. A ustedes cobardes que fueron incapaces de tener un poco de dignidad y vergüenza, y decirme la verdad. Pero si fueron capaces de decirme mentiras, ustedes que me vieron llorar, y que con hipocresía secaron mis lágrimas, para después hacerme llorar de nuevo por la tristeza de saber que en verdad no eran mis amigos.

A ustedes que me ilusionaron con su amistad hipócrita y falsa, sin darme ni **siquiera** la oportunidad, de darme cuenta a tiempo que todo en ustedes era solamente hipocresía. A ustedes que por egoísmo, ego, conveniencia escuchan y hablan solo lo que quieren y les conviene escuchar y hablar, para poder quedar bien con quien ustedes consideran vale más que yo. A ustedes que por compromiso, y conveniencia, un día me dieron te quiero, eres mi amiga y puedes contar con mi amistad. A ustedes hipócritas, hoy, a través de mi poema quiero decirles

"GRACIAS A TODOS USTEDES, PORQUE GRACIAS AL DANO QUE CON SU AMISTAD FALSA ME HICIERON, HOY YO SOY MAS FUERTE...", quiero hoy también decirles que entre ustedes y yo, son ustedes quien han perdido más, porque yo si tengo la suerte de contar con pocos amigos, a los que cuento con mi mano derecha, y me sobran dedos. Pero ustedes jamás tendrán la suerte de volver a tropezar en su desgraciado camino con una piedrecita llamada **Ledia Artica.**

"A MI GITANA STEPHANIE"

A mi niña

Cuando me miras frente a frente, fijamente con ese par de ojos, que no se definir si son grises, verdes, o azules como el mismo cielo. A veces noto esos ojitos, llenos de tristeza; y otros tantos llenos de coraje, a veces te noto un semblante de enojo, y otras veces de aburrimiento. Mi gitana hermosa me confundes porque es que no logro descifrar lo que ese par de bellos ojos me quieren decir. Hay veces me causa gracia tu enojo, porque pienso que como siempre es un berrinche pasajero, que pasará y pronto volveré a ver tu sonrisa tan angelical e inocente que cautiva todo mi ser. Pero otras veces quisiera tenerte entre mis brazos, que te quedes allí conmigo, porque para siempre quisiera protegerte, para que jamás tu corazón conozca del dolor…

Mi Gitana hermosa, hoy quiero pedirte que nunca, jamás en tu vida dudes de mi gran amor por ti. Porque aun cuando más lejos estés de mí, siempre hare que no sientas soledad, porque yo estaré en cada recuerdo de tu mente, y en cada pedacito de cada uno de los recuerdos que juntas hemos vivido. Yo siempre seré esa estrella que salga a brillar en las noches más profundas, y cuando más sola te sientas podrás encontrarme en la estrella que más brille por las noches en el cielo. Yo te juro mi Gitana hermosa que de cuidar de ti siempre, mi mano siempre estará allí para cuidarte, amarte, y protegerte. Yo siempre seré tu mejor amiga, si así tú lo deseas. Nunca mi amor juegues con entregar tu amor, tu cariño, y tus sentimientos, a quien realmente no se lo merezca. No permitas que como a una niña inocente, y de corazón puro te mientan y no sepan corresponderte…

Se simplemente tu...! mi Gitana, mi niña hermosa, sin metáforas, ni silencios. Vuela libremente como un gorrión vuela feliz, para cantar su canto tan tierno y tan romántico. Yo estaré siempre allí para proteger tus alas, para que jamás nunca nadie pueda romperlas y detener tu vuelo. Porque yo con la bendición de nuestro señor he de guiar tus pasos, he de cuidarte con mi amor he de protegerte y arrullarte entre mis brazos para que jamás te hagan daño...

A MI MADRE EN EL CIELO

A mí Madre en el cielo dedico mis palabras, mi amor, mi gratitud, mi admiración. Todo lo que soy se lo debo a ella. A ella sí, porque solo una Reyna pudo haberme educado a sus hijas, de la forma como ella nos educó.

¡Madre querida...!

Cuando te fuiste, dejaste un vacío en mí, es que ese día que tus ojitos color café miel, se cerraron a la vida. Me di cuenta, que jamás había descubierto ese color de ojos maravillosos que tú tenías. Nunca antes me dediqué a descubrir toda la belleza de tu ser, sino hasta el día de tu muerte. Ese día, en que con tanto dolor, yo veía como tus ojitos se estaban cerrando a la vida. Me dolió tanto comprender, que yo jamás volvería a verme a través de tus ojos, si esos ojos bellos que jamás descubrí; sino hasta ese día que yo misma los cerré, para que ya no se abrieran nunca jamás.

Madre hoy quiero confesarte, que desde que te fuiste; otra vez regresaron las pesadillas de siempre. He vivido por tantos años luchando, peleando por una guerra que no tiene tregua, ni principio ni fin. Una guerra que ya no quiero que sea mía, me olvide de vivir y sacrifique lo que no debía sacrificar. Mi amor propio, mi dignidad, y mi orgullo ese del cual tú decías que no me hacía ni más gorda, ni más flaca perderlo. Pero que si debía conservar un poquito de él. Porque así, de esta manera nadie podría jamás pisotearme. Madre creo que por mucho tiempo me olvidé de mí misma, de lo que aprendí de ti, y perdí mi verdadera esencia, para ser otra que nunca antes fui yo.

Hoy con orgullo y con tanto amor dentro de mi corazón y mi alma te digo; que estoy intentando reencontrarme con mi otro yo. Porque quiero ser esa que fui, esa, que siempre fue como tú mi madre amada. Tú siempre fuiste una guerrera invencible, le ganaste la batalla a la propia muerte. Tú que decidiste pelear con la vida iniciando una guerra entre tu corazón y tu fuerza. Sabes me enorgullece saber lo valiente, decidida, y fuerte que tú fuiste. Tú corazón por años vivió latiendo en un 35% el otro 65% te hacía vivir un marca pasos. Pero aun así madre, tú siempre le sonreíste a la vida, y peleaste esa guerra, y la ganaste.

Sabes me siento tan pequeña ante ti, porque es que tu madre amada, peleaste tú guerra, y no sólo ganaste esa guerra sino la batalla. Porque al final de tu vida, no fue tu corazón quien no te dejo vivir; sino la cruel llegada de una rara enfermedad que por ironías de la vida no supimos que fue. Así que, hoy puedo decirte que soy orgullosamente tu hija. No me dejaré vencer, ni morir, ni ganar. Seré yo siempre yo tu hija, la fuerte, la guerrera, la bravía. ¡La que no se dobla, la que sabe amar, querer, luchar y vencer…Te amo madre mía…! Siempre vives y vivirás en mí. Porque para mí tú jamás te fuiste, sigues aquí conmigo cuidándome como siempre…

"A MI MADRE MUERTA EN EL DIA DE SU CUMPLEANOS"

HOY 06/16/2012

Hoy no es la primera vez que escribo, para ti desde que me diste la vida, en otros tiempos lo hice para escribirte poesía. Porque tú estabas llena de vida, y eras tan feliz, junto a mis hermanas, y a mí, aunque fuese entre dos fronteras **"EL NORTE, Y EL SUR."** Así, eran nuestras vidas, a veces cerca y otras tantas en la distancia. Hoy es la segunda vez que te escribo, para desearte un hermoso **"FELIZ CUMPLEANOS."** Hoy, aunque ya te has ido, siempre vives en mi corazón, mi mente, y mi alma vives, porque tú no has muerto.

Quiero que sepas lo mucho que te amé, lo mucho que te amo, y lo mucho que te amare por siempre…., mi amor será eterno, morirá quizás cuando yo muera, y si hay eternidad, entonces no morirá jamás. Hoy te doy gracias por haberme dado la vida. Mi carta hoy es para que llegue hasta donde tu estas, y decirte lo que siento, pues quizás fui una mala hija. Quizás te enviaba lo que necesitabas, materialmente porque la distancia estaba como excusa, y me jactaba de eso tal vez, pero quizás lo más importante no te lo pude dar desde que fui una niña, y fue mi amor de hija.

Te hice sufrir quizás, te dije palabras que te hirieron, te juzgue, hice que derramaras muchas lágrimas; sin pensar tal vez que mis hijos harían lo mismo conmigo. Hoy solo Dios sabe que me siento inmensamente triste arrepentida, porque quizás nunca te dije lo mucho que te quería. Por no haberte dado un beso y un abrazo, en mi niñez, y en mi adolescencia. Pero es que crecí en medio de tanta dureza, y falta de cariño, que me hizo una coraza. Tal vez por eso, y el miedo a que me rechazaras nunca pude darte ese beso, y ese brazo de niña, y adolescente, que hoy en día es mi pena, mi dolor, mi tristeza, y mi mayor condena.

7

Hoy 16 de Junio, es tu cumpleaños, te fuiste hace año y 9 meses, y hoy ya no tendré como llamarte y felicitarte. Perdóname madre querida, por no haberme dado cuenta de lo que tenía, hasta ese día triste de un 10 de Septiembre del 2010, cuando en esa mañana triste tus ojos se cerraron a la vida, y tu voz ya no me alcanzaba, tus ojos no me miraban, y tus oídos no me escuchaban porque ya estabas muerta. Por favor, donde estés cuida de mis hijos, de mis hermanos, de toda mi familia. Si te queda un poco de tiempo, cuida también de mí, ahora que más lo necesito mama. Tú sabes porque…? Me despido deseando que tu fiesta en el cielo, sea grande. Porque hoy cumple años, una Reyna, mi Reyna, mi santa, y mi todo. Disfruta tu fiesta junto a mi padre celestial, junto a papi, a mis hermanos, y tus otros seres amados.

"A MI MADRE QUERIDA"

¡Madre querida…! Tu que me protegiste siempre, desde el momento que supiste que me llevabas en tu vientre. Hiciste de tu bendito vientre un hogar para mí. Un hogar que siempre me supo acogedor y cálido.

Madre querida desde el momento que nací, sé que tus ojos estallaron en lágrimas, porque salí de tu cuerpo, para dejar de estar dentro de ti, y pasar a formar parte de tu vida fuera de él.

Madre amada, mi santa hermosa, tu que me ofreciste con amor y devoción tu cuerpo sagrado para yo poder vivir pegada a tu pecho, esa dulce y tierna leche que me alimento durante era solo un bebe.

A ti, mi madre amada que fuiste la primer palabra que mis labios pronunciaron, y lo hice con tanto amor, sin dimensiones y sin límites. Tu que me enseñaste a dar mis primeros pasos, a decir mis primeras palabras, después de pronunciar esa palabra mágica llamada "MAMA".

¡A ti, mi amada madre, que siempre que me mirabas sufrir, me acogías en tu regazo, y te venían aquellos recuerdos llenos de melancolía, de cuando yo era solo un bebe! ¡Tú que guardaste cada carta que te escribí, cada poema que te regale, cada foto que me tome! ¡Todos aquellos juguetes que no tenían mucho valor monetario, pero si un valor sentimental incalculable…!

A ti, mi recordada, y amada madre mía, que tratabas de aconsejarme de la mejor manera, sin que tus consejos pudieran herirme, ofenderme o lastimarme. Siempre con tus consejos, lo que pretendías, es que la vida no me golpeara tanto. Porque el camino equivocado, siempre fue mi destino, y ser confiada mi peor defecto.

A ti, mi Santa hoy, en medio de mi dolor, mi soledad y mi tristeza, te doy las gracias por haber dado vida a mi vida. Por haberme traído a este mundo, porque el solo hecho de ser tu hija ha valido la pena vivir en medio de tanto dolor. Gracias por siempre enseñarme a pelear por lo mío, a luchar por sueños, por mi familia. Por mi hogar y mis hijos. Pero más me hubiese gustado que realizaras tus sueños, pero tu amor se madre, siempre fue más grande que tus propias ilusiones.

Hay madre querida, hoy quisiera usar todo el inmenso mar, como la tinta que necesita mi pluma, para poder escribirte los poemas más largos, y más intensos en amor, como lo fue tu vida. Quizás así pondrías entender cuanto esta hija rebelde siempre te amo, te respeto, te admiro y te venero. Para mí siempre fuiste y serás mi santa. Una mujer intachable, incomparable, porque como tu jamás habrá mujer alguna.

Visítame esta noche triste mama, aunque sea en mis sueños, y dame ese cálido abrazo que tanto necesito. ¡Hay madre cuanto te amé, te amo, y cuanto te extraño…!

Tu hija, tu amada hija…

LEDIA

"A MI PEQUENA HIJA LA QUE NUNCA LLEGO A NACER"

Mi hijita querida tenías tan solo cinco meses y medio cuando yo te perdí. En mi vientre habitaste por tan poco tiempo, pero ese tiempo fui tan feliz. Pero Dios por una razón decidió llevarte antes de que tú nacieras, perderte fue el dolor más grande y profundó. Yo te amaba, y te anhelaba tanto. Pero te marchaste antes que yo llegara a conocerte, tu partida me marco para siempre…

Yo amaba tanto la idea de tenerte entre mis brazos, amaba tanto tus dulces y tiernas pataditas en mi vientre. Tu papi y yo te esperábamos, él ni siquiera supo que eras una niña, es que yo anhelaba sorprenderlo hasta el día de tu legada. Pero no fue posible porque Dios decidió llevarte antes de tu llegada.

En ese triste día de ese mes de Agosto, cuando Dios decidió llevarte, mi alma y mi corazón se llenaron de profundo dolor, soledad y tristeza. Ese día mi corazón murió, partiéndose en mil pedazos, y mi alma se quebrantó de tal manera que desde ese día ya no vivo más, que de la ilusión de lo que pudo haber sido mi vida, si tú hubieras llegado.

Tu mi pequeña niña eras para mí, en ese momento el ser más deseado, el sueño más esperado. No sé para que Dios decidió que tenías que marcharte a otro lugar, a un lugar mejor, a ese lugar donde no hay tristeza, donde no existe el dolor. A ese cielo maravilloso donde no hay odio, ni existe la más mínima veta de maldad.

Mi pequeña aunque jamás llegaste a nacer, mama jamás te olvidara, nunca olvidare ese día cuando el doctor me dijo que eras una niña. Ese día mi mundo se me ilumino, la vida me estaba dando el regalo más anhelado. Mama nunca te olvidara… siempre te amara hasta el infinito, hasta la eternidad. Tu nombre vivirá contigo en mi corazón, mi alma y mi mente hasta que te encuentre y te pueda llamar mi pequeña **"VICTORIA JULIETH"**

DEDICADO A MÍ ESPOSO

JOSE PONCE

PDS: Lo que yo escribo se llama poesía, no se denomina "basura"

"A MI QUERIDA FAMILIA"

A ustedes que son el regalo más hermoso que Dios, la vida, y mis padres me regalaron, les quiero agradecer, tan hermoso regalo de pertenecer a ustedes. Quizás para muchos esto suene pequeño, e insignificante. Para mi pertenecer a esta familia y portar el apellido que porto es mi más grande orgullo. Muchos conocen nuestro apellido, pero jamás han conocido, y quizás jamás conozcan nuestra historia. El apellido que porto es el que me heredo mi padre, quien de estatura fue siempre un hombre pequeño. Pero fue grande en sabiduría, principios y educación. Pido disculpas a aquellos que se ofenden cuando digo que como mi padre, ya no existen, ni existirán más hombres. Solo expreso lo que mi corazón sabe, y siente, y lo que con el pasar de los años la vida me ha llevado a comprobar.

Mi familia es mi regalo, el más hermoso y el más añorado por muchos, no somos una familia de la alta nobleza. Pero si una familia tiene un corazón que se aman los unos a los otros, donde existe la unión, donde el problema de uno es el de todos, y el de todos es de uno. Hoy puedo decir que mi hermosa familia, siempre que los necesito, están allí para escuchar mis llantos, sin esperar nada a cambio. Ella es quien escucha mi llanto de dolor sin espantarse ante nada. Mi familia es quien sabe y padece todos mis quebrantos, quien me acobija y me recibe en su seno cuando más sola me siento. A ustedes mi bella familia quiero agradecer lo maravilloso que han sabido ser conmigo, con este ser que a veces se siente incapaz de creer que el amor pueda volver a nacer dentro de mí, y que he sido una persona ha solo ha sufrido y padecido las traiciones y sin sabores de un mal amor.

Gracias mi bella familia, por todos esos momentos hermosos que juntos hemos vivido, y que viven tan atesorados en mi mente, mi alma, y mi corazón como el más grande y preciado de todos mis tesoros. Esos momentos llenos de sentimientos, y pensamientos hermosos que solo nosotros como familia, hemos vivido y hemos compartido. Gracias por siempre estar allí, y dedicarme el tiempo, para demostrarme cuanto me aman y el papel tan hermoso que yo juego en este "Clan Artica", a pesar de ser una de sus hermanas menores. Gracias por dedicarme su tiempo, por darme su amor, por demostrarme su preocupación por mis problemas; y por tratar con su infinito amor de darle solución a mis tristezas. Gracias por ensenarme y ayudarme a descubrir que a pesar de los problemas yo puedo aprender a ser feliz.

Gracias por ser lo que ustedes son, no solo conmigo, sino también con quien más los necesita. Gracias por ser esos seres maravillosos y mostrarme que a veces una sola sonrisa puede cambiarle la vida a aun ser humano, como una gota de agua, basta para calmar la sequía en un pobre mortal que va a ser condenado, cuyo deseo es morir sin tener sed. Ustedes mi familia, son seres maravillosos, con un hermoso corazón, tan hermoso, que a pesar de ser pequeño cabe todo el mundo a su alrededor. Hoy soy yo quien quiero brindarles todo mi amor, mi apoyo y mi más grande admiración. Quiero hacerlo de la misma forma como ustedes lo ha hecho conmigo. Han sabido regalarme su tiempo, su amor, su comprensión y su amor sin esperar nada a cambio. Viviré eternamente agradecida, porque ustedes me lo han sabido regalar todo, aun sin yo merecerlo. Por ahora ha llegado el momento de decirles cuanto los amo, y para aquellos que no han podido escucharlo o leerlo. Me los llevaré en lo más preciado de todo mí ser...

"A MI QUERIDA HERMANA ZULEMA"

Tu que eres mi hermana, la mayor, la que ha sido no solo como una madre para mí, sino para todos mis hermanos y hermanas. Hoy quiero dedicarte, con todo mi amor, mi admiración y mi respeto este poema. Tú quien has compartido una y mil cosas conmigo, tu que aun teniendo tus propios hijos, tomaste responsabilidad de mi vida y de mis cosas, convirtiéndote así en una madre parta mí. Tu quien ha vivido mis risas, pero ha sufrido también mis tristezas. Tu quien me enseño tantas cosas de la vida, y de las cuales yo aprendí mucho. Tu quien siempre ha estado allí consolándome cuando he necesitado ser consolada. Tu quien con sus regaños a veces me enseño todos los valores de la vida.

Tu que con tus enseñanzas me llevaste a conocer los lugares más hermosos de la vida, y las riquezas más grandes de este mundo. Esas riquezas, que nada tienen que ver con el dinero. Pero si con el amor, el respeto, la dedicación y la unión de la familia. Tú la que cuando tuve miedo, me enseñaste con tu fuerza a perder el miedo, y a ser valiente en esta vida. Tú la que cuando he tenido una pena, una tristeza o preocupación, has estado allí para escuchar con atención y amor mis penas. Tú la que siempre me ha sabido dar lo más sabios consejos. Tú la que cuando en mis noches tuve miedo me dejaste dormir a tu lado, para que no temiera a la oscuridad de la noche.

Tú la hermana que me enseño tantas cosas de la vida, y con ellas aprendí a no caer en la trampa de ella misma. Tú quien eres para mí, mi segunda madre, tú quien a pesar de ser mí hermana te convertiste en esa madre para todos mis hermanos. La más querida por todos nosotros, la más respetada. En especial a mí me distes todo, tantas cosas tan hermosas de la vida. Pero lo más grande fue que me enseñaste todos los valores de este mundo. Lo bueno, lo malo, dulce, lo amargo, lo decente, lo leal, y lo honesto. Me enseñaste a trabajar fuertemente para poder salir adelante, son tantas cosas las que tengo que agradecerle a Dios, y a la vida por tener el privilegio de tener una hermana como tú. Me place tanto ser hermanas, y temer el honor de llamarte hermana.

"MIS AHIJADAS"

(Cindy Medina, Andrea del Carmen Sánchez, Eunice Ponce, Isis Castro, Ivy Arroyo, Leslie Olmos, Juliana González, Michelle Figueroa, Jocelyn Tovar, Tiffany Zelaya, Stephanie Pérez)

Mis hermosas princesas ustedes que llegaron a mi vida sin yo esperarlo, sin yo buscarlo. Pero llegaron en el momento preciso, para cada una de ustedes de diferente forma llenar mis días de alegría, y felicidad. Fue a través del bautizo que ustedes se convirtieron en mis hijas, y yo en otra madre para Uds. Fue Dios quien siempre "en su infinita misericordia escribe derecho bajo líneas torcidas" y las trajo a mí.

Quizás yo nunca se los he dicho pero me siento tan dichosa y feliz, que a algunas de Ustedes hayan sido sus padres quienes me hayan elegido para ser su madrina. Pero más dichosa aun por aquellas que fueran ellas mismas quienes me eligieron como madrina. Hoy me siento tan orgullosa de ser su madrina, y que Ustedes sean mis ahijadas.

Hoy me queda la ilusión de verlas en el futuro convertirse en mujeres de bien, profesionales, y felizmente casadas, al lado de un caballero que me las trate como lo que ustedes son, mis más bellas y preciadas princesas. Siempre desee estar cerca de ustedes, cuidarlas protegerlas y ser su mejor ejemplo, pero la distancia, la rutina, el tiempo, y porque no las excusas, mataron esa posibilidad de vivir junto a ustedes los que siempre soñé.

Ahora me queda la esperanza de que en mi vejez, las pueda yo abrazar, y que si un día necesitan de mis consejos, y mi consuelo, no lo duden en venir a mí. Mis brazos estarán abiertos para abrazarlas, mis oídos para escucharlas, y mi boca para aconsejarlas. Quiero que vengan a mi como el capullo a la rosa, como las hojas al viento; en cualquier lugar no importa donde sea allí yo siempre estaré esperando por ustedes.

Yo las recibiré con mi boca llena de te quiero para ustedes, con mis brazos abiertos para abrazarlas y protegerlas, con mis manos llenas de amor, y caricias para darles. Y en mis labios siempre…, siempre…. Habrá un cálido beso, para cada una de ustedes. Las amo mis niñas, hoy algunas de ustedes ya son mujeres. Pero para mí, siempre seguirán siendo mis niñas.

"A MIS HIJOS"

Cuando yo me muera no quiero dejar tristeza en ustedes, yo no quiero que mis hijos me lloren cuando me marche de aquí...no quiero que nadie me llore, para que llorar, si la muerte es otra forma de vivir, y descansar. Yo no les dejo una gran fortuna, que tenga que ver con acciones en la bolsa de los bancos en New York, mucho menos pent-house en Manhattan, ni mucho menos una herencia que pelear o discutir. Pero si les dejo mi corazón que siempre estuvo lleno de un amor puro e infinito para ustedes. Solo puedo dejarles y regalarles, como herencia cada poema que con tanto amor yo para ustedes escribí. Mientras yo escribía tanto poema trate de que en cada uno de ellos se quedara plasmado todo el amor, que quizás con palabras jamás pude expresarles.

Yo no considero, que haya sido alguien especial, quizás yo no fui nunca nadie. O quizás nunca hice algo excepcional, que merezca que ustedes me recuerden con admiración y orgullo. Solo quiero que sepan que fui un simple ser humano, mortal con muchos defectos. Pero en medio de todo, ustedes fueron siempre lo que yo más ame. Yo siempre luche y trate de darles lo mejor de mí, quizás poco fue lo que pude darles materialmente hablando, pues me toco con ustedes mis hijos grandes el roll de ser papa y mama. Pero lo que sí puedo decirles que yo en cambio de ustedes para mí; recibí, de cariño un gran caudal. Yo no quiero despedidas tristes, porque no quiero que nada, a ustedes mis hijos los haga sufrir. Yo no quiero irme triste, al saber que ustedes van a sufrir, solo déjenme partir en paz.

No quiero que pongan sobre mi tumba flores, para que si ya no podría absorberlas, o disfrutar su aroma. Mis sentidos ya no podrán cautivar su delicada y exquisita fragancia. Las flores se dan en vida, así que si van a regalarme flores háganlo ahora que aún me queda vida. Porque cuando yo muera, mi alma ya no podrá cautivar y apreciar la belleza de tan exquisitas flores. No me lloren más mis amados hijos, cuando yo me tenga que marchar, aquí les dejo mis recuerdos, para que piensen y me recuerden como la mujer que más los amo…, porque de algo si deben estar seguros que como yo los ame, no habrá en el mundo jamás mujer alguna que pueda amarlos, como yo los ame…, No me lloren ni estén más tristes, denle gracias a Dios porque el tiempo que viví disfrutaron de mi amor, y también yo disfrute del suyo.

Los ama tanto, su madre

LEDIA ARTICA

"A PESAR DE TODO SIGO SIENDO FUERTE"

Mis padres me enseñaron ante todo lo que es la humildad, la nobleza, y el amor al prójimo. Hoy humildemente puedo decir que siempre he sido una mujer fuerte, soy una mujer que puede aguantar el dolor, el sufrimiento, y muchas cosas más, sin echarme a morir. No soy de esas mujeres que se quejan cuando las cosas no le salen como las ha planeado. Yo sufro en silencio, lloro, seco con dolor, y tristeza mis lágrimas, me caigo para levantarme, y me preparo para seguir adelante.

Hoy a pesar de ser esa mujer fuerte, puedo decir que pensé había podido superar ciertas cosas, y personas que me hicieron tanto daño, pero no es verdad, hay heridas que aun duelen más que la propia vida. Heridas que pesan en el alma, y aun destrozan a mi corazón herido. ¡Pero a pesar de todo esto, hoy también me di cuenta que después de haber sufrido tanto, yo estoy lista para seguir adelante, e intentar recuperar el amor, y rehacer mi vida, sin pasados, ni fantasmas, solo con la esperanza de un futuro mejor para mis hijos, y para mí misma…!

"A VECES ESCUCHO TU VOS EN LA TRANQUILIDAD DE LA NOCHE"

MIGUELANTONIOANDINO SANABRIA
MI AMOR DE LA ADOLESCENCIA YA MUERTO

Han pasado ya, tantos años desde la ultima vez que nos vimos, sin uno ni el otro saber, que esa seria nuestra última vez. Desde ese día hasta hoy han pasado veintiuno años. Me parece que fue ayer ese día, porque es que a veces creo oír tu voz en el echo de la tranquilidad que trae la noche. Yo salgo corriendo, cruzando todos los lugares, buscándote, esperando encontrarte…

Esperando sentir tu aroma en cada lugar que recorro buscándote, pero tu perfume se pierde, se desvanece y solo puedo sentir el silencio de tu vos en el echo de la noche y de la triste realidad que me dice que tú has muerto…

Pero es que es difícil aceptar que has muerto, cuando el sonido de tu vos aún está fuerte y penetrante en mi cabeza. Entonces me devuelve la esperanza y me hace ilusionarme pensando que no te has ido, que sigues vivo, que no has muerto…

Yo siempre recuerdo tu sonrisa tan bella, tus bromas tan inusuales, tu mirada tan penetrante que tenía la fuerza y la velocidad de una flecha, que podía traspasar hasta el corazón más duro.

Siempre te recuerdo tanto, y es tanto lo que sufro y lo que lloro preguntándome porque te fuiste? Porque me dejaste? Cuando no fue eso lo que tú me prometiste…!

Me duele entender que el destino es tan cruel que siempre nos arrebata todo cuanto amamos. Ese destino que nos enseña y nos echa en cara que la felicidad no es eterna, que no dura para siempre…

Porque aunque en mi siempre vives presente, aunque ya estés muerto. La realidad es inevitable, y yo sé que debo resignarme hasta ese día, en que tú y yo nos reunamos otra vez y esta será, para siempre…

Tú te fuiste un de repente así, sin un hasta luego sin un adiós. Hoy y siempre me faltaron y me faltaran tus besos, tu bella sonrisa que se me perdió con la lluvia de la media tarde que viene y se esfuma solo dejando su aroma, y el deseo de poder poseerla por siempre…

Hoy yo vivo de aquella promesa que me hiciste. Tú me prometiste, qué si no nos encontrábamos en un lugar del mundo en nuestra vejez, nos encontraríamos en la otra vida para ser felices, y caminar juntos de la mano en el edén; para dejar atrás la soledad que en vida siempre fue parte de nuestro mundo.

Esa misma soledad que aún me acompaña, y me seguirá acompañando hasta el final de mi vida. Porque con el tiempo ella se convirtió en mi más oscura y fiel amiga. Tú estás allá arriba en el cielo, y yo sigo aquí en la tierra, esperando ansiosa ese día en que tú y yo nos volvamos a encontrar para ser solo uno. Pero desde aquí mi amor yo te seguiré extrañado, mientras yo llego amor mío, tú descansa en paz.

"A VECES"

Cuantas veces, yo misma, me vi, tan solo como una cobarde, llorando a puertas cerradas, donde solo Dios podía escuchar mi llanto. Sintiéndome tan sola, tan vulnerable por amar a quien no sabía amarme, valorarme, cuidarme, y respetarme. A veces llore, y llore tanto hasta quedar sin aliento. Cuantas veces pensé que yo no era nada fuerte, que yo era quizás quien había fallado; para merecer, vivir tanto dolor. Ese dolor a causa de todo el desengaño, que había recibido por parte de quien, un dia ante Dios juro amarme, cuidarme, y respetarme hasta que la muerte nos separara.

Pero no fue así. Porque ese juramento fue en vano. El jamás lo cumplió, y jamás lo cumplirá. Hoy gracias a Dios yo comprendí, que a veces "las mujeres más fuertes somos aquellas que más sufrimos. Porque somos las que en verdad sabemos amar, mas allá de toda mentira, de toda traición, de todo engaño. Más allá de todas las fallas que el ser que tanto amamos suela regalarnos." Porque esas mujeres que hemos llorado, o seguimos llorando a puertas cerradas; somos las que en verdad sabemos estar al lado del ser que amamos, por más que nos haya fallado. Nosotras que somos mujeres, que en verdad sabemos amar, aunque nos hallamos equivocado amando, a quien nunca nos supo amar. Somos mujeres valientes, que hemos peleado, y ganado batallas, que nadie, solo Dios puede saber…

Hoy por fe, y amor a Dios, sé que ya no soy la dejada, la quedada, ni mucho menos la desamparada. Soy la hija amada de un padre celestial que está poniendo fin, a mi dolor, y pondrá a cada ser que me ha lastimado donde debe de estar.

"TODO LO PUEDO EN CRISTO QUE ME FORTALECE"
(FILIPENSES 4:13)

"ABANDONADA"

Hoy solo mis tristes lágrimas, recorren mi rostro ya cansado, y resignado a tu ausencia. Ha pasado ya tanto tiempo desde que no sé nada de ti. Tú ya no me llamas porque así lo quise yo, y así lo aceptaste tú. ¿Ya no sé nada de ti, porque ya no me buscas, y es que para que buscarme? Ya no tiene sentido, ni razón alguna. A veces me siento tan sola, pero hay otras veces que prefiero ir sola, a seguir viviendo una vida donde ya no da para más. Porque en esa vida tú ya no encajas más. Hoy a mi lado tú ya no puedes estar más. Hoy solo me queda ahogarme en mi soledad, hasta que llegue ese día tan deseado donde tu ausencia traiga para siempre el olvido. Hoy quisiera pedirte, que regreses, que te necesito, que me haces tanta falta.

Hoy quisiera decirte, que necesito tus palabras susurrándome al oído que me amas. ¡Pero no lo hare…! porque para qué? Si tus besos ya no siento míos, tan míos como lo fueron en el ayer. Como pedirte que regreses, que me abraces, y calmes con tu calor este frio que invade mi cuerpo; como una enfermedad fulminante que hiere, y que al final mata. Pero tranquilo, que jamás te pediré que regreses. Porque hoy al sentirme por ti abandonada, solo quiero ser fuerte, y endurecer mi alma, al igual que mi corazón. Hoy solo quiero dormir, para despertar mañana; y poder despertar aceptando que tú ya no estás en mi vida. Así, ya no te pensare nunca jamás, y aprenderé a vivir feliz, y sin ti, porque ese día ya no serás ni siquiera un simple recuerdo…

ACROSSTICO A MI PRIMA

DEDICADO: A LILIANA GUTIERREZ

L as gracias tengo que darte hoy, y siempre por tu amistad y cariño, juntas vivimos tantas

I lusiones desde que éramos niñas cuando creció entre nosotras, esa complicidad tan sincera y

L eal, tengo, sentimientos encontrados alegría de que existas en mi vida, y tristeza porque cuando

I magino lo que serían nuestras vidas, si la distancia, no nos separara. Pero me reconforta el gran

A mor que como primas nos tenemos, porque más que primas somos como hermanas. Por favor

N unca cambies, y jamás olvides que aun en la distancia, siempre serás mi prima, mi gran

A miga, mi cómplice y mi confidente. Hoy quiero decirte que, aunque el tiempo ha pasado, tú en mi siempre has estado, y estarás presente, así como se yo vivo presente en ti…

ACROSTICO A LIDIA CASTRO

MI FIEL Y DULCE AMIGA

L e doy las gracias mi fiel amiga por todos los momentos hermosos que me ha regalado de su amistad.

I nmensos sentimientos demostrados a través de los años, con una amistad que ha florecido hermosa.

D oy gracias a ud por todos esos momentos y pensamientos compartidos de nuestra bella amistad.

I gual quiero decirle gracias por dedicarme tiempo, escuchando mis problemas, y ayudarme a buscar una

A rma para destruir, lo que no me hace bien, y aprender a ser feliz, con lo poco o mucho que tengo.

C omo poder expresarle en pocas palabras todo el cariño, el amor y el respeto que por ud siento.

A ud que es un ser maravilloso, quiero decirle gracias por mostrar su preocupación por mí. Usted es un

S er extraordinario, la cual sin ser mi madre la he sentido como tal, cuando más he necesitado un abrazo.

T engo que admitir, que al recibir su abrazo tan sincero y puro he sentido en él, la presencia de mi madre.

R ecuerdo la primera vez que me dio un abrazo después que mami se fue, todo lo que yo quería era

O cultar mi dolor, pero no pude y como una niña, yo lloré en su regazo, y usted me abrazo como solo una madre podría abrazar a su hija (…)

Gracias mi bella dama, mi gran señora, usted es para mí, alguien muy especial que tiene no solo mi respeto, y admiración. Usted tiene de mí, mi amor, mi cariño, y mi gratitud.

"ACROSTICO A MI AMIGA VICTORIA CIGARROA"

V ivir de los recuerdos es hermoso, y como olvidar aquel dia en el que tú y yo nos conocimos. Yo nunca

I magine que un dia seriamos las amigas que hoy dia somos, me hace feliz saber que siempre yo puedo

C ontar contigo. En realidad, una amiga, es alguien que, aunque no estén unidas por lazos de sangre, hay

T antas cosas que las unen. Tú y yo, **"la sangre no nos hizo parientes, pero la vida nos hizo hermanas."**

O asis eres en mi desierto, cuando me siento perdida, y necesito ser rescatada, allí estas tu… quien me

R ecuerda que siempre tendré su amistad, diciéndome cuando me necesites háblame búscame que yo

I ré por ti. Yo estaré a tu lado siempre… lo que tienes que saber y sentir es que jamás me olvido de ti, tu

A miga soy la más fiel. Si te sientes infeliz, pon mi nombre en tus pensamientos, y búscame aquí estaré…

C uando estoy triste y vencida sintiendo que no tengo paz, miro dentro de mi alma y allí estas tú. La que

I ra, a mi encuentro para darme un abrazo y regalarme ese calor de amiga, que solo tú puedes darme. Me

G usta sentirme así entre el calor que me da tu amistad, siempre que te hablo, te busco yo te encuentro…

A llí estas tu para mí, como no sentir, que eres una bendición en mi vida. Si desde que yo tengo

R ecuerdos en mi mente, allí has estado tu para mí. Sé que en tu vida siempre he tenido y tendré un lugar.

R uego a Dios para que esta amistad que nació de un dia inesperado dure para siempre…

O h, ¿¡porque no…!? Que nuestra amistad dure a través de nuestros hijos, y de sus hijos.

A miga mia, mi dulce y fiel amiga, haberte encontrado ha sido mi mayor bendición.

PD: DOS SON MEJOR QUE UNO, porque sacan más provecho de sus afanes. Si uno de ellos se tropieza, el otro lo levanta. **(Eclesiastés 4:9-10)**

ACROSTICO A MI
COMADRE DILCIA

DEDICADO A QUIEN, DIOS, EL TIEMPO, Y EL DOLOR, NOS CONVIRTIO EN CUNADAS, COMADRES, AMIGAS, Y CONFIDENTES

A veces es tan increíble ver como el amor de Dios en medio del dolor hace milagros.

D esde el dia en que ambas conocimos el amor de Dios, y perdimos otro gran amor, de

I gual manera estos dos amores tan fuertes y tan sublimes, nos llevaron a tener un hermoso

L azo de amor, Amistad, cariño, lealtad, comadrazgo, y confiablidad de mi parte a tu parte.

C omo expresarte en este pequeño acróstico lo que mi corazón te ama, tu jamás tendrás una

I dea de cuán importante eres en mi vida, y lo mucho que te agradezco que seas tú la mujer

A la que mi hermano tanto amo, y la que fue afortunada de tener consigo la mayor parte de

M i amado hermano, porque, aunque él se fue, dejándonos dolor, tristeza y vacío, también dejo su

I nmenso amor, y su más preciado tesoro en ese pedacito de él, que son sus hijos, de los

C uales eres, afortunada de ser su madre, él nos dejó tanto vacío en quienes lo amamos,

O mar era la risa, la alegría en todo sitio, donde él estaba. No había lugar que hubiera tristeza,

M elancolía, o aburrimiento, si estaba su toque de chistes, risas, o su rica carne asada. Este

A mor que el dejo entre nosotros no morirá jamás, ni siquiera con la misma muerte, sé que

D ios existe, y que es bueno todo el tiempo. Yo confiada estoy que allá arriba volveremos a

R eír de alegría y felicidad, todos juntos y volveremos a comer su rica carne asada. **DILCIA**

E res afortunada de ser tú, la que tiene la mayor parte de él, y que es nuestro tesoro **"SUS HIJOS."**

ACROSTICO A MI PRIMA
MAYRA GUTIERREZ

M i amada prima la de ojos grandes, como bellos y expresivos, con una mirada firme y tan

A udaz, fingiendo ser estricta y enojada, cuando en verdad tiene la mirada, y la sonrisa más dulce.

Y o me siento tan feliz, porque con el pasar de los años se volvió mi amiga, mi confidente, su

R isa fue siempre música a mis oídos, sus bromas, sus consejos, y porque no hasta sus regaños

A pesar de las millas de distancia que nos separa, nuestro cariño sigue allí tan intacto, tan

G enuino, hoy no hay distancia alguna, que separe nuestro cariño de primas, ud y yo somos

Ú nicas en aquello de expresar todo lo que sentimos, aunque a veces pretendemos ser fuertes,

T an solo somos en el fondo dos niñas, jugando a ser mujeres fuertes. Pero en verdad somos

I nmensamente vulnerables cuando de amor se trata. Yo siempre la tengo presente todo el tiempo

E sta ud en mi mente, en mis más bellas memorias, la extraño tanto, y añoro su compañía. Como

R ecuerdo aquellos bellos momentos que juntas vivíamos, es que eran días de alegría llenos de

R isas, hoy quisiera que ud, volviera de nuevo en un viaje donde ya no se tenga que regresar.

E xtraño tanto esos días, en que podíamos compartir juntas. Pero hoy siento que el tiempo paso, y

Z asssss, se llevó a mi adorada prima, la que tanto quiero y quien siempre fue mi gran apoyo.

ACROSTICO A MIS CUNADOS

RAFAEL BERNAL Y RAUL SANCHEZ

A veces nos faltan las palabras, y otras tantas veces están de más. Porque hay sentimientos que pueden ser expresados sin hablar. Hay palabras a veces tan difíciles de poder pronunciar o escribir. Es que escribirle al amor al odio, o al rencor nos resulta fácil. Pero escribirle al amor de un cuñado no resulta tan fácil que fluyan las palabras. Pero hoy, las que fluyan de mí, para ustedes dos, fluirán de lo más profundo de mi corazón.

R esulta difícil poder expresar con palabras mis sentimientos por ti.

A dmiración y un profundo agradecimiento por ser quien eres, siempre

F uiste, eres y serás un gran esposo, gran padre, un excelente padrastro.

A mas incondicionalmente, sin medidas, ni reservas, a los tuyos.

E res un ser especial, que da todo, sin esperar nada, eres el mas

L eal, no solo en amistad, sino en respeto y cariño para con tu familia.

Y o, quiero decirles que soy afortunada de tener a dos cuñados como

Ustedes dos, si volviera a nacer los querría de nuevo en mi vida.

R isas, momentos tristes y felices que juntos hemos compartido juntos.

A gradecerle es tan poco, yo quisiera reglarle el mundo, por ser como es

U d, en mis peores momentos fue mi más grande apoyo, el mejor cuñado

L eal, honesto atento, siempre allí cuándo más lo he necesitado…

"ACROSTICO A MIS HERMANAS"

M i bella dama tú y yo ramas de un mismo
Á rbol, crecidas de diferente
R aíz, pero hermanas de igual manera
T e quiero decir que no importa si somos
H echas de diferente raíz, lo que importa es el respeto, el cariño, y el
A mor que tú y yo nos tenemos, y que vivirá por siempre entre nosotras.

I nundas mi vida y mi mente, cuando a ella llegan, pensamientos y
R ecuerdos hermosos que son un tesoro mí, y los llevo tan guardalados
I ncondicionalmente en mi corazón, mi alma, y todo mi ser mi querida y
S iempre fiel hermana. La que siempre estuvo allí amándome, y
    Cuidándome, como solo tú podías hacerlo.

A mbas tan parecidas pero nunca iguales, tu siempre tan única y perfecta
M i corazón es como el tuyo, tan parecidos, tan iguales, mí
A lma es tan gemela con la tuya, así lo decía nuestra madre, pero tan
D istintas, en sabiduría, tu siempre tan fuerte de carácter, mi
A mada hermana, y yo tan débil e inocente, como tú jamás habrá mujer
    Alguna, así lo decía mi madre, y los que te amamos.

L inda desde tu infancia, y tu adolescencia
I rradiabas desde niña con tu belleza
D ios nunca se equivocó al hacerte
I gual que picazo al pintar la mona lisa, ni
A ntes ni ahora existió nadie que igualara tu peculiar belleza y elegancia.

34

A venturas que juntas vivimos, algunas felices, otras tristes, en su

M ayoría de ellas fueron más las tristes que las felices, fuimos ingenuas

A mando a las personas equivocadas, y nos tocó llorar lagrimas amargas.

R eír, fue tan difícil cuando fueron más los días grises que los días de sol.

E l sol casi no salía para nosotras dos, pero tú y yo siempre juntas

L as dos, enfrentando la vida con sus sabores y sinsabores.

Y o recuerdo, que yo era la que siempre te cuidaba, porque tu

S iempre fuiste tan miedosa y tan indefensa. Quien te viera ahora verdad!

B ienaventurado el vientre de mi madre, que dio vida a su vida, y con

E llo ud, vino a este mundo para dar vida a otras vidas, esas vidas que

B endicen nuestras vidas hoy, dándonos alegría, y felicidad, el gran

A mor de nuestras vidas, nuestros hijos, a las que ambas dimos vida.

ADAR AND AZALEA

Este poema estará y será publicado en mi libro como pedido especial de mi amado hijo, **JEYSON SALAZAR,** quien es el autor de este mismo.

"Their names were Adar, and Azalea" They lived in paradise as prince, and princess. One day as Azalea was in the garden. A darkness came, and grabbed her. Her spirit was taken to earth. Where she was placed in a womb of poor family. With no memory of who she was ones. Adar was heartbroken. So, she went to earth, and searched the world for her. Azalea could live a decent life.

But Adar wondered the streets, going city to city. He was living of what money he could bum off. One day Adar laid in the streets, tired, and hungry, yet destiny had it. Azalea walked by Adar. and they looked into each other's eyes. A whisper in to her ear came from nowhere, saying her name, memories came back in a flash, and she knew she was Azalea, and he was Adar."

"ADIOS AMOR MIO"

Te marchas dejándome solo el dolor y la ausencia que tu abandono y tú engaño me causaron. Te fuiste dejando un vacío aquí dentro de este corazón que solo supo amarte, pero que jamás pudo aprender a no hacerlo más. Ahora vivo sola, y triste encerrada entre las cuatro paredes de un cuarto que me sabe solo a tristeza y ausencia, a causa de tu cruel adiós. Ahora yo solo viviré encerrada en mis tristes y más absurdos pensamientos. Esos que aun a pesar que son ellos, la causa de lo más triste y cruel que he vivido; me duele despedirlos de mí, y decirles adiós para siempre...

Hoy me he quedado con las manos vacías, y atadas, sin fuerza si quiera para luchar un minuto más por tu amor. Hoy sé que ya no puedo esperar nada de ti, no habrá más encuentros de tu cuerpo unido con el mío, esperando, y anhelando lo que siempre soñé que fueran un solo cuerpo. Hoy solo deseo irme muy lejos donde tú no puedas encontrarme jamás. Si es que el remordimiento forma parte de tu mundo, un día sabrás cuando dolor me causaste, pero yo ya no estaré aquí. Hoy mi corazón se aleja de ti. Hoy, me voy no siendo yo, más que solo pedazos de leña. Esos pedazos de leña que un día encendieron la pasión en tu cuerpo, y el fuego apasionado de tus labios.

Hoy solo seré tan frágil como frágil es la nieve cuando se derrite con el sol. Quiero hundirme y perderme en la inmensidad de las aguas infinitas del profundo mar. Hoy quiero correr y correr, hasta llegar al mar, y depositar con ello mis lágrimas para ya no volver a llorar nunca jamás, por ti. Solo quiero perderme donde no me mires, donde no me encuentres. Pero donde yo pueda observarte, para así comprobar que fuiste tú quien siempre lo sacrifico todo, por quien la pena no valía para al final ser más desgraciado que yo misma. Ese día querrás encontrarme, y yo te diré que no me busques más. Porque ya es tarde para ti, y que a mí, se me fue la vida amándote sin tu merecerlo...

"ADIOS MI AMADO ESPOSO"

Cuantas veces me has dicho que me amas, que aun tienes un sentimiento por mí. Pero que aun así deseas alejarte de mí, por un tiempo. ¿Mi amor para que me mientes? Si quien ama no necesita tiempo, ni espacio para saber si ama o no, a la otra persona. El amor solo se siente en el alma, en el corazón, en la piel, pero sobre todo, en todo su ser. ¿O acaso has dejado de amarme y sientes que nuestro amor no tiene ningún caso ni razón de ser? ¿Yo en medio de mi dolor y mi tristeza, me pregunto si en verdad es eso? ¿O es que tu corazón ya no me ama? A caso mi pasión, no te conmueve en nada, mis besos, mis caricias, todo el apoyo incondicional y sincero que un día yo te di, cuando más lo necesitabas. A caso eres tan insensible, y tan cruel que mis lágrimas no te conmueven; ¿no te llegan a tu corazón tan duro, y a tu alma tan insensible?

¿Yo me pregunto porque si me amas, como dices amarme? Entonces porque quieres nuestra historia de amor terminar. Porque nuestra relación no has podido mantener en el tiempo, fuera del engaño, la traición y la mentira. Yo sé que yo he tenido algo de culpa también, pero yo he tratado de enmendar con éxito mis errores. Esos errores del pasado que me ayudaron a madurar, y ser la mujer que ahora soy. ¿Yo te pregunto amor mío, porque si en verdad me amas entonces ahora quieres abandonarme, porque quieres alejar a tu corazón del mío? Sabes sin que tú me lo digas sé que estuviste a punto de decirme que ya no me amas más. ¿Entonces porque me mientes, cuando me dices que me amas? Cuando me dices que eres feliz a mi lado, que nuestra historia de amor, tú no quieres matar… Y ahora no sé porque presiento que de mi te quieres ir, después de haber pasado horas a mi lado, llenas de un intenso, amor que he podido ver revelado a través de tu mirada en ese par de ojos café tuyos. A través de la pasión que emerge de ti, cuando estas conmigo.

¡Dime algo…! A caso todo fue mentira, acaso tu fingías, ¿y en realidad no me soportas? ¿Quiero saber si en realidad ya mis besos no disfrutabas, si mis caricias ya no te hacían sentir nada, al extremo de ya no querer nada conmigo? ¡Quiero, y necesito pensar que nada fue mentira…! Que tú siempre me amaste, que aún me amas y que jamás me abandonaras, que siempre estarás a mi lado amándome como lo hiciste en el ayer. Ya no quiero llorar más, como he llorado todos estos años, he sentido dolor, he gritado de dolor, y aun mis lágrimas no dejan de fluir. ¿Si tú me has hablado con la verdad, y tu amor es tan inmenso como dices entonces porque me haces esto? Porque me engañas, porque me abandonas dejándome sola, desesperada, angustiada y triste. Hoy quiero confesarte que yo creía conocerte, pero la realidad es que no te conozco, nunca lo hice, y hoy si no te quedas conmigo, aunque te vallas, yo sé que mi recuerdo siempre vivirá en tu memoria.

AFORTUNADO AQUEL QUE ROBA MIS PENSAMIENTOS

"Afortunado aquel que se roba mis pensamientos y atrae mis miradas escucha mis palabras y siente mis caricias y se alimenta de mis besos…! La vida es bella para que llorar hay que reír, y vivir como se vive y se siente la lluvia de la media tarde. Awww…! Sentir su aroma, acobijarse en ese momento donde quieres poseerla entre tus manos para siempre… Como vivir la música."

"AHORA HA LLEGADO EL MOMENTO DE LA VERDAD"

Ahora ha llegado el momento de hablar tú y yo. Hoy será por última vez, el show de nuestra historia termino y tu siempre supiste dirigirlo muy bien… Siempre fui yo la que ante todos tuvo el papel de victimaria, y tú de víctima. Tú fuiste el que siempre jugó el papel de infiel, y yo la de loca bipolar. ¿Siempre con tu rostro lleno de mentiras me decías que estás hablando tú? Cada vez que yo te descubría un nuevo engañó, una nueva mentira, otra nueva aventura. ¿Qué pasa contigo? Era una de tus usuales preguntas. Pero claro a ti, te interesaba hacer el papel que más te convenía.

Pero silencio calla que ahora soy yo la que quiere hablar, ahora soy yo la que en este show se lleva el aplauso. Ahora soy yo la que quiere gritar al mundo que siempre fuiste una gran mentira, un lobo, llamado señor, pero al final el mismo lobo disfrazado de abeja. Ahora soy yo quien le sobra el valor para hacerle saber a todos, que eres todo tú, una mentira, un ser egoísta que solo le importa su propia vida, y sus propios placeres. Ahora soy yo quien quiere decirle a todos que siempre fuiste conmigo frío, ausente, distante, e indiferente…

Quiero que todos sepan que pude engañarte muchas veces. Porque otro hubiese podido a darme, todas esas cosas que tú no me diste. Pero que si pudiste darle a otras, porque a mí me falto jinete, y a ti te quede grande porque siempre fui, soy y seré potranca fina. Pero nunca pude engañarte aunque tú te lo buscabas, y no porque no te lo merecías, sino porque mi cuerpo siempre fue sagrado. Mis hijos se merecen un buen ejemplo, no el mismo que tú les has dado. Anda ve y busca en la calle todo ese amor que no me diste a mí. Yo segura estoy que podrás encontrar sexo, satisfacción momentánea. Pero al final te quedará el mismo vacío, y la tristeza de lo que ya perdiste y recuperar jamás podrás…

Hoy se termina nuestra historia, ya no hay más nada que hablar… entre los dos. Hoy se termina este show, y es la hora de hacer nuestra última función. Hoy nos quitamos las caretas, y se va de tu vida el payaso aquel, que siempre sonreía mientras su rostro lloraba. Hoy sin maquillaje y sin nada se va la infeliz aquella que fingió ser feliz, aun muriendo entre tus brazos. Es que ya estoy tan cansada, tan aburrida, de todos tus falsos argumentos, y todas tus mentiras.

Me voy de tu vida, y que siga pensando la gente, y todas tus amantes, que tú fuiste el inocente y yo tu verdugo. Porque esas mentiras, solo tú, y ellos te las creen…

Pero tú y yo sabemos que tú eres solo una gran mentira…, disfrazado de inocencia, y bondad. Jajajajajaja…! "Pero esto Solo tú te lo crees."

"AHORA ME MIRAS TAN DIFERENTE"

Aun cuando tú me mires diferente, y ya no me abraces como antes, yo soñare con que puedo aun sentir tu calor. Como puedo decirte que no siento tu calor aquí cerca de mí, si cada recuerdo de lo que juntos vivimos me hace sentir que estas aquí; que nunca te has ido... Siempre cuando quiero, yo contigo hablar estas muy ocupado, nunca tienes tiempo para mí. Y cuando finges escucharme, siempre..., siempre me interrumpes y no me dejas ni siquiera decirte lo que siento mucho menos terminar una oración. Tus palabras de siempre tan crueles e impredecibles siempre están allí, ya me las sé de memoria. Hoy me gustaría contigo en verdad poder hablar, y poder iniciar junto a ti, una carrera que me llevara a ser a mí la vencedora. Correr, correr y correr hasta lograr que mi corazón ya no te amé más. Pero como poder ganarte si de los dos en este tema tu siempre has sido el mejor. Sé que me ganaras, pero hoy quiero pedirte que tomes hoy de mi todo lo que quieras, pero después de eso vete, y no vuelvas ya nunca jamás. Porque mi amor y mis lágrimas ya dártelas no quiero nunca más...

Yo hoy solo quiero correr y correr pero de ti, y poder hacerlo sin mirar atrás. Así como tú lo hiciste tantas veces correr de mí, para ir a darles tu amor y tú tiempo a otras. Ese tiempo que ya jamás me volviste a dar a mí. Pero sabes, ahora me da igual, con todo el dolor en mi corazón quiero decirte que ya viví por tantos años la misma escena, que ahora ya todo me da igual. Me da pena hoy decirte que conmigo tus engaños ya no van más, te di lo que tenía, y hasta lo que no tuve también. Pero tú a cambio dejaste mi corazón, mi amor, mi dignidad, y mi orgullo tirado a media calle. Hoy tus palabras, y tus promesas tan repetidas, las mismas de siempre, ya no te las creo, y ya no te quedan nada, nada bien..., en tu arrepentimiento de siempre ya no creo más. Entre tú y yo han sido tantas despedidas, y ninguna de ellas, nos ha llevado a un final. En verdad hoy dedicarte un poema ya no puedo más, no serviría en lo absoluto y al mismo tiempo estaría de más. Tú sigues siendo el mismo perro astuto y calculador, y yo con eso ya no puedo más. Así que hoy puedes ya de mi marcharte, yo no correré más detrás de ti. Hoy ya me da igual estar contigo, o vivir sin ti…

AHORA QUE YA, NO ESTAS CONMIGO

DEDICADO A MI AMIGA DE LA ADOLESCENCIA KARLA VALLE

Ahora que ya no estás conmigo, ahora que te encuentras tan lejos. Ya no puedo verte, ni abrazarte como lo hacíamos antes. En ese tiempo, cuando solo éramos dos adolescentes con ganas de comernos el mundo. Ahora que te tengo tan lejos mi corazón se siente triste. Mi mente añora esos días del ayer de niñas llenas de sueños y con una frescura de adolescentes. Tu que siempre fuiste, y serás mi mejor amiga de la adolescencia. Tú y yo, caminando siempre juntas de la mano.

Tu y yo, caminando por la vida como amigas, como hermanas. ¿Cuándo fue el dia que nuestras vidas tomaron un giro distinto? y ambas perdimos el rumbo de nuestras vidas. Cuantas veces te llame a través de los ecos que mi voz desesperadamente te llamada. Pero jamás encontre respuesta alguna, cuya respuesta, solo fue siempre el mismo silencio.

Pero por siempre serás mi mejor amiga, mi hermana de la adolescencia. Tu que siempre estuviste allí cuando mas te necesite. Cuantas veces con tus manos secaste mis lágrimas, esas que llegan con la desilusión que deja el dolor de aquel primer amor. Ahora por fin tengo la esperanza de verte de nuevo. Pero si llegas muy tarde, y ya no me encuentras…Por favor siempre…siempre… recuerda que eres mi amiga, y valla donde yo valla siempre voy a estar a tu lado…

CANTARES 2:2
Como el lirio entre los espinos, así es mi amiga entre las doncellas.

"AMAR CON EL CORAZON, NO ES IGUAL QUE AMAR CON LA RAZON"

Sería tan fácil hablar del Corazón, y la razón como fácil sería hablar de distancia y olvido. Pero en estas cosas del amor, nada podría ser tan hermoso; como tener la capacidad de amar en una forma diferente. Como si pudiéramos tener el corazón en el cerebro, y el cerebro en nuestro corazón. Porque solo así podríamos amar con inteligencia, y sentir con la razón. Entonces, todo sería tan distinto sufriríamos un poco menos. Pero esto es tan solo un sueño, y no una realidad, como también es imposible la distancia, y el olvido. Muchos dicen que la distancia trae el olvido, yo pienso que es mentira, porque existe una equivalencia entre estos dos términos. En la distancia, es cuando más añoramos al ser que amamos, entonces en esta forma es cuando más le recordamos de tal manera que no puedo existir el olvido.

Si fuese tan fácil, podríamos entonces quitar de la mente, lo que en verdad se encuentra en nuestro corazón. Pero todo esto es parte de la vida, como la vida misma es un propósito, para vivir, amar, ser feliz, reír para después llorar. Ser ganador, para después perder, y vivir por vivir, para ya no morir. El corazón es tan tonto, y tan ingenuo que a pesar de todos los golpes que recibe; no aprende de ausencia, y mucho menos aprende del olvido. Así es mi corazón, que hoy por hoy no aprendió de ausencia, y mucho menos aprendió de olvido. Hoy mi corazón se encuentra, triste y oprimido, atrapado entre el miedo, y el dolor. Hoy él está, negándose a salir del engaño, la traición y la mentira. Hoy mi corazón está condenándose a vivir en la obscuridad de la noche. Así como viven los vampiros, prisioneros en la oscuridad sin derecho a la luz, y al amanecer de un nuevo día.

AMIGAS EN EL TIEMPO

DEDICADO A MI GRAN AMIGA LILY SANCHEZ

Yo pudiera decir que tengo amigas en el cielo, en las estrellas, en la luna, en Júpiter o Marte. Pero hoy solo puedo decirle que no..! Mis verdaderas amigas, no están en otro planeta que no sea la tierra. Pero nunca en ningún otro planeta pude haber sido bendecida de tener una amiga como ud, que no sea aquí en la misma tierra.

Ud, es una más de mis hermanas, una de aquellas que se rio, con mis dichas y lloró con mis penas. Es mi amiga, la que siempre me extendió su mano, cuando más necesite su apoyo. Ud, que siempre estuvo allí para mí, como yo para Ud. Es tan difícil encontrar en nuestras vidas una verdadera amiga, y yo tuve la suerte de encontrar en ud, a una de mis mejores amigas.

Si es muy difícil encontrar un amiga, real, sincera, honesta y verdadera. Pero más difícil es poder conservar a esa amiga con el paso del tiempo, y la distancia. Pero los días de esos recuerdos mágicos que ud y yo pasábamos tomándonos un café en la oficina, las charlas tan amenas en nuestros almuerzos. Son esas bellas memorias las que aun hace que nuestra amistad no muera, ni con la ausencia, la distancia, y el tiempo…

CANTARES 4:7
Toda tu eres hermosa, amiga mia. Y en ti no hay mancha.

AMOR ENTRE LAS SOMBRAS

DEDICADO A UN AMOR PROHIBIDO
UN AMOR QUE NACIO EN UN MES DE NOVIEMBRE

Duele tanto cuando, tienes que amar en silencio a escondidas, a pesar de que tu amor representa lo más hermoso, y lo más sublime y aun así tienes que vivirlo en medio de las sombras. Porque para unos es prohíbo, para otros es simplemente pecado. No sabes cuánto duele el alma y el corazón, cuando se ama con todo lo que una es, y se tienen que reprimir las ganas de abrazarte. Si abrasarte con toda la fuerza del amor, la pasión, y el deseo; como lo hacen todos los que en verdad se aman. Cuando se tiene que vivir solo del recuerdo de aquellos besos, que desde el primer dia nos marcaron para siempre. Aquellas caricias, que en sus momentos nos hicieron estremecer de pasión y locura. Esas mismas que aún siguen vivas allí en el recuerdo, como si jamás hubiesen dejado de ser, y de existir. Cuando quisiéramos dejar de ser cobardes, y luchar por lo que en verdad amamos, o a quien en verdad nuestra alma añora, por quien nuestro corazón late, y por quien nuestra piel grita. Porque es quien verdaderamente nos ama con todo lo que somos…

Mi dulce amor prohibido, eres tu ese cariño en el que mi alma, y corazón, necesitan reposar sobre tu pecho. Hoy quisiera poder, aceptar ese cariño que solo tú me ofreces. Porque es puro, limpio, y verdadero, como solo tú puedes serlo. Yo quiera ser cual niña adolescente que no le importa nada más que saber que yo también tengo derecho a ser feliz. Yo quisera, aceptar que tus labios vivan por el resto de mis días, rozando mis labios a los tuyos. El dia que te encontre por primera vez, recuerdo que fue solo un instante, un segundo, que me mire en tus ojos. Ese dia respiré, tu presencia, y comprendí, que así seria para siempre, y por siempre. Ese dia, me absorbí, y respiré tu perfume, tu olor tan exquisito, tu amor tan suave, y tan puro, tan limpio como el agua cristalina. Recuerdo aquel primer dia cuando tus manos tan suaves acariciaron mi rostro, y me miraste fijamentente a los ojos, y como nunca nadie antes pediste permiso para besarme. Yo emocionada y nerviosa te di permiso para besarme, aun siento ese dia tan mío, como si fue hoy. Cuando primero besaste, mi frente, luego mi nariz, seguido mis ojos, para luego darme a probar del néctar de tus besos en mi boca. Desde ese dia hasta hoy, te he amado en silencio y en las sombras, porque desde ese dia hasta hoy **"Tu y yo somos como el dia, y la noche, siempre cerca y nunca juntos…"** Pero llegara ese dia por nosotros tan anhelado donde podremos juntar el dia y la noche, para vivir siempre juntos, y nunca más lejos.

PD: Este poema va dedicado, a ese ser tan especial, cuyo nombre es solo una clave **11/12/07,** pero dicha clave significa todo…

ANGEL REBELDE e INOCENTE

¡A ti mi Anthony…!

Mi niño que un día antes de que seres crueles destruyeran tu vida fuiste puro, y transparente como la misma agua de un manantial. En ti, siempre quise que mi amor en tu mirada fuera dulce como la miel. Quise mirarme siempre a través de tus ojos de un color indescriptible, porque jamás he podido estar segura que color son. Porque tus ojos hace tantos años que ya no me miran con amor, ni con ternura. Hoy solo quisiera que tus ojos de color negro, o café obscuro como la noche, me miraran, y que por más enojada que yo estuviera contigo, con solo mirar ese par de ojos tuyos, tu calmaras mis enojos, y me transportaras a un mundo irreal, del que yo jamás quisiera escapar. Sabes Anthony casi siempre sueño despierta, y sueño que me besas, y tus besos me saben a chocolate, a fresas, a adolescencia recién llegada. En mis sueños puedo sentir tus abrazos cálidos, y tiernos, como cobija en el más triste de mis solitarios inviernos. En mis sueños tú y yo somos los mejores amigos.

Yo sueños que tú me cuentas tus aventuras, y tus desventuras, tus alegrías y tus tristezas, y yo con amor de padre curo tus heridas. Yo que te amo más que nadie en esta vida puedo calmar con mi amor tu tristeza, y borrar de ti esa tristeza que un desamor te dejo. Tu amor, mi niño ya casi hombre, es el que más me duele. El que más me hiere y me mata en lo más profundo. Porque tu amor es el que yo quiero tener y jamás he podido conquistar. Hoy solo puedo decirte que mi amor por ti, es el más sincero, el más profundo que jamás existirá en la tierra. Mi amor hoy solo puedo decirte, que jamás encontraras mujer alguna, que el mundo te amé más de lo que te amo yo. Tú eres mío solo mío. Porque casi di, mi vida, por la tuya. Mi niño, mi pequeño todo amor es tu cuerpo para mi.

Este poema va dedicado a ti, Anthony mi niño, mi ángel, mi adolescente rebelde. No sé si un día logres leerlo pero si ese día llega, y yo no estoy en este mundo. Quiero decirte que hoy Febrero

04, 2012. Yo tu madre escribí este poema para ti, sin poder contener mis lágrimas. Esas lágrimas de dolor, tristeza, y desesperación. Quiero que sepas que todo lo que te dije anoche, y hoy en la mañana, no fue cierto, todo fue producto de mi rabia. Yo te amo, y eres uno de los 6 diamantes más hermosos que la vida, y Dios me regalaron.

PDS: No soy quien debe pedir perdón, pero si en algo falle te pido perdón. No soy la madre perfecta, ¡solo soy una pobre diabla que se equivocó, pero que te ama con todo su amor de madre mi amor…!

"APRENDA MIJA"

"Lo importante no es el precio sino el valor de las cosas, como el de las personas…

Es que solamente lo barato se compra con dinero." ¡Como TU comprenderás…☺jajajajaja…! ¿Te gusto"?

"ARRANCA DE MI TODO"

Arranca el dolor y la rabia de mis entrañas, arranca el odio, y la venganza de mi ser. Pero no arranques de mi vida, mis sueños, y mis ilusiones, que nacieron producto de lo que fue un día nuestro amor. No me hagas llorar en las madrugadas arrancándome la esperanza de mi alma. No te conviene que mi alma, llore porque eso será tu infierno y tu peor condena. Cuídame si no quieres que eso suceda, porque si tú sigues lastimándome no dudare ni un segundo en arrancarte lo que más quieres... Abrígame en las noches tristes, calladas y llenas de frio, no permitas que te susurré llena de dolor al oído. Cuando de mis brazos el amor arrancaste, yo llore tanto, y grite tanto en las noches. Pero jamás tu escuchaste, ni te importo mi dolor y mis gritos; ¿¡aun me pregunto cómo fue que todo sucedió...!?

¿¡Cómo es que nuestro amor fue muriendo sin previo aviso!? ¿A caso era demasiado tarde para salvar nuestro amor? O es que nuestro amor ya hacia muerto tirado en un maldito mar lleno de mentiras; asesinado por tu traición con una bala de plata aquí en mi corazón. Una bala que traía tu nombre, tu nombre que siempre olía a traición. ¿¡Que dijiste...!? Ella jamás se enterara de mi nueva traición, y si lo hace al igual que siempre ella me perdonará... Cada palabra que me has dicho resuena en mi cabeza como una bala perdida, y que se será certera en mi corazón matándome a traición y por la espalda. ¿Cómo puede dentro de mi haber todavía cariño para quien tanto me ha lastimado? Mi corazón tan triste que hoy esta vacío carente de amor, de un amor bonito y sincero. Pero que a cambio está lleno de tanto dolor, tanta rabia, y tanto rencor. Pero como puedo convertirme en tu infierno personal, si me siento tan débil, y tan indefensa ante ti...

Me arrancaste lo que yo más quería, mi amor propio, mis ganas de vivir, de luchar, de soñar. Me quitaste hasta lo más preciado que tenía, y fue mi dignidad. En mis noches tristes le susurro al señor que me ayude a encontrar el camino, ese el que gracias a ti yo perdí. Le pido perdón por mi ignorancia, por no darme cuenta a tiempo, y por no querer entender que tú moralmente, y espiritualmente, hablando no vales nada. Lo que te hace valer es lo monetario, porque allí es donde todos te aman, te respetan y te admiran. Pero no por lo que eres, sino por el valor que posee tu billetera. Quiero ya dejar ir este dolor, abandonar el rencor, para un día poder decirte que te he perdonado, y que puedo verte sin odio, y sin rencor. Decirte que mi alma está limpia, que por fin encontró la paz, y que está libre de todo el dolor que tu desamor, tu traición y tus malos tratos me causaron…

"ASI ERES TU"

Me gustaría decirte, que vinieras conmigo para mostrarte quien estuvo a mi lado todo, este tiempo que tú no has estado aquí. Te juro que me gustaría decirte, que cuando tú lo veas, quizás te vuelvas a enamorar de mí, pero quizás yo, ya no lo esté más de ti. Pero es que no puedo decirte eso, porque nadie ha podido jamás estar aquí, porque nadie jamás podría comparase a ti. Yo tuve la suerte de conocer a un ser maravilloso como tú, jamás podrías imaginarlo siquiera. Pero también he sido tan tonta y he despreciado el amor de alguien que solo merece mi amor, mi respeto, mi admiración, junto a mi gratitud.

Yo tuve la bendita suerte de conocerle, y también he cometido la estupidez de dejarle ir...No todas han tenido el privilegio, ni esa hermosa sensación que se queda en el corazón, de conocer a alguien como tú. Yo que tuve la dicha de poder mirarme fijamente a través de sus ojos, esos ojos. Esos ojos café claros, que no mentían, y solo sabían verme con tanto amor. Esos benditos ojos, que estaban llenos de ternura y verdad. Esa verdad que no he podido volver encontrar en nadie más.

Fui tan privilegiada de tener de ti no solamente tu gran amor, puro limpio y sincero; sino también el bello recuerdo de saber que te robé tantas sonrisas. Esas sonrisas que hoy se quedan plasmadas en mi alma, en lo más profundo de mi corazón, guardadas en lo más recóndito de mi mente. Esas sonrisas que te robe y que tan feliz nos hicieron, a ambos. Porque fueron dadas por ti, el que tanto me amo. Esas sonrisas que tanto te hicieron feliz a ti, porque fue tanto lo que me amaste, que reías de mis locas ocurrencias, y hasta de mis torpezas más absurdas.

¡Hoy te digo la verdad! Una tan sola de todas mis verdades, jamás mi vida triste, gris, vacía, y solitaria conoció antes a un ser como tú. Tu alma tan noble, tu corazón tan puro y sincero que solo sabe dar amor, de ese que no miente, no traiciona, no engaña.

Ese amor que es incapaz de dañar, o lastimar, nunca antes sentí o viví una experiencia tan igual. Esa experiencia que solo puede comparase al aroma tan cautivador que a veces ni la flor más hermosa posee. Me hizo tan feliz probar de la dulzura, de tus labios suaves, llenos de tanto amor, de tanta pureza. Esa, que solo puede salir de un ser que tenga una alma noble y buena. Esa pureza que solo me inspiro paz, y felicidad a mi vida.

Así eres tú, el clavel más hermoso, que pude plantar en el jardín de mi hogar, pero que por tonta yo perdí. En esta vida tan llena de mentiras, engaños, traiciones y dolor, jamás volveré a tener la suerte de conocer a alguien como tú. Tú fuiste la luz que por un tiempo quiso iluminar la marcha más larga del sendero que hay en mi vida. Tú, él que quiso siempre ser la esperanza en vida, el que quería hacer que mi corazón viviera contento y feliz. El que en este momento no es más que el culpable de la inspiración de este triste poema. Hoy sé que te perdí, y ya no hay vuelta atrás para poder recuperar lo que un día pudo a ver sido mi felicidad.

Escrito en un dia especial de 11/12/2007, para un ser único y especial en mi vida…

"ASI TERMINA NUESRA HISTORIA, NUESTRO AMOR"

En este mundo que es a veces tan cruel, tan despiadado, y tan imperfecto, en el que hoy solo puedo sentir la lejanía de tus ojos, que se pierden en lo más profundo de un cruel horizonte que hoy me sabe a olvido. El anochecer solo me trae el dolor y el recuerdo que dejaron en mí, cada uno de tus besos. ¿Pero me pregunto cómo puede terminar así la historia de nuestro amor, acaso fue que nunca me amaste? Yo siempre pensé que nuestro amor seria para siempre; que nada ni nadie podrían desvanecerlo, porque era más fuerte que las propias rocas.

Hoy de ese amor que fue de mí para ti, solo me queda el inmenso mar, gris y triste que mis lágrimas a través de mis ojos que han llorado tanto acumularon para formar sus olas. Esas que vienen llenas de desdicha, y de tristeza. Porque dichas olas provienen de mis lágrimas, de un corazón que yace sin vida alguna, a causa de tu desamor, tu traición, y tú engaño. Hoy así termina nuestra historia de amor, porque así lo decidiste tú, y así tengo que aceptarlo yo... Con tu abandono, y tu partida te has llevado el calor que tu cuerpo le daba a mi cuerpo, y con ello me has dejado completamente helada, como un tempano de hielo, sin vida y sin deseos, así vivo hoy yo sin ti...

Tu boca ya no es mía, tus manos a las que mi cuerpo extraña tanto, ya no me pertenecen, ya no pueden rozar más mi piel. Ya no puedo tener tus abrazos, ya no puedo tener tus besos, porque me son prohibidos; porque tu cuerpo ya no anhela mi cuerpo, ni tu boca anhela besar mi boca. Tus brazos ya no pueden abrirse para juntarse en un solo abrazo con los míos. Hoy solo quiero decirte lo importante que siempre fuiste para mí. A pesar de este mundo cruel e imperfecto yo no te amé, yo te adore, quise darte todo de mí, hasta mi vida, pero tú la tiraste al abandono, y al olvido. Hoy solo me queda de este gran amor, tu desamor y tu adiós como eco, que mata y desgarra todo mi ser. Hoy solo me queda decirte adiós, adiós para siempre…, aunque lo que me reste de mi vida, yo siga pensando en ti…, Siempre, siempre te amare…

ASI

Este poema va dedicado a todos aquellos seres llamados mujer o hombre. Porque quien en la vida no ha sufrido un engaño, una tradición, un dolor por una triste desilusión.

Así como la lluvia no para en el invierno, y se ven granizos caer, así como se ve la belleza de la nieve, que invita a todos a tocarla y admirarla, por su belleza y su blancura. Así, mi corazón no ha parado de llorar y de sufrir por años. En mis ojos no ha parado de llover tormentas de lágrimas, que han sido lágrimas de sangre que he derramado a causa del dolor, el engaño, y la tradición.

Pero también, así como la lluvia estampa y se va para darle tiempo a la primavera, en la cual se ve florecer las hermosas flores de distintos colores, olores y estilos. Así en mis ojos también dejaran de llover lágrimas, un día, para ser feliz, una vez que el dolor deje de existir. Ese día habré aprendido a ser fuerte, y a vivir con la experiencia que el dolor me dejo…

ATRÉVETE A SEGUIR TUS PROPIAS HUELLAS

DEDICADO A MI SOBRINA CINDY MEDINA

Atrévete a caminar por esos sitios inimaginables que jamás, nunca nadie antes halla caminado. Se tu misma, usando tu imaginación y haz lo que nadie hasta ahora ha hecho, para que valga la pena. Camina de frente en tus propios zapatos, sin mirar, lo que dejaste atrás. De esta manera, tu vida dejara huellas. Esas que serán tus propias huellas. No seas nunca la sombra de nadie, por seguir la huella de otros. Nunca…jamás en la vida te atrevas a caminar por donde otros ya han caminado.

Se tú la creadora de tu propia marca, y tu propio estilo, se única. Para que así, sean otros y no tú los que encuentren lo que ya fue por ti encontrado…Si te atrae una luz en el cielo síguela, no importa a donde te conduzca. Aun, cuando sea un sitio inimaginable porque significa peligro. Tu síguela, que eres lo suficientemente, mujer valiente para escapar de él. Si no te atreves a seguir esa luz, vivirás toda tu vida lamentándote, sin saber si era una estrella fugaz, que te conduciría directo a la felicidad.

"AYER COMO HOY, Y MANANA"

Ayer como hoy vi pasar con tristeza, el amor. Ayer, como hoy, y mañana veré pasar al amor por mi ventana, en silencio tendré que callar para no gritar, que ayer, como hoy, y como siempre, el amor, y yo jamás pudimos ir juntos de la mano. Ayer como hoy, y como mañana veré pasar de lejos el amor, y yo tendré que sonreír tristemente, y conformarme, con ver el amor en otros, pero jamás en mí. Ayer como hoy, y como mañana, seré feliz viendo el amor en la sonrisa de un anciano, en la mirada tierna, e inocente de un niño, en la alegría de una madre al ver por vez primera vez los ojitos de su hijo abriéndose a la vida.

Ayer, como hoy, y mañana tratare de sonreírle feliz a la vida por todo aquello que yo quise vivir, pero que no me fue posible, pero que, si lo vi, vivir en la vida de los demás. ¡Ayer, como hoy, y mañana veré pasar la vida como el amor, y en silencio, sonreiré, y seré feliz por todos aquellos que sí pudieron alcanzar esa palabra mágica q se escribe con nueve letras, y se denomina "¡FELICIDAD," ayer como hoy, y por siempre tratare de vivir un día más, como si fuese el último en mi triste existir…!!!

AYER Y HOY

Ayer, y hoy no he llorado un río, ni mucho menos un mar. He llorado un océano, pero ahora es tiempo de levantar mi cabeza. Ahora, es el momento, para entender que está vida es solo una comedia. Si una comedia, en la que si quiero sobrevivir debo ser fuerte, y levantarme, para continuar el show. "Porque esta misma vida es como un tango un día amanecemos felices y al otro amanecemos llorando…"

"BELLEZA TEMPORAL"

DEDICADO A AQUELLAS MUJERES, QUE CREEN QUE LA JUVENTUD Y LA BELLEZA SON ETERNAS.

Quiero decirles a ustedes mujeres que la piel no siempre es joven y bella, porque ella se va arrugando con los estragos que dejan los años. Nuestro cabello se va volviendo blanco, tan blanco como las nubes, o como la misma nieve, a causa del pasar de los mismos años. Esos, que en su mayoría no han sido, solo llenos de sabiduría, y buena experiencia, sino también de dolor, sufrimiento, lagrimas, soledad y tristeza. Los días van pasando hasta convertirse en años, esos mismos que no son más que la consecuencia de nuestras experiencias. Esas mismas que a veces nos hacen ser seres más nobles, o seres más perversos. Pero las cosas importantes, esas sí que nunca cambian, esas que si sabemos utilizarlas nos pueden convertirnos en mejores seres. Nuestra fuerza, nuestro amor, y nuestra convicción de lo que amamos y anhelamos eso no tiene precio, y tampoco tiene edad.

En verdad es nuestro espíritu lo que hace el plumero de cualquier tela araña de los estragos que a veces creemos que hacen los años, o las líneas de expresión en nuestro rostro. Detrás de cada llegada, hay una partida, porque las despedidas duelen más, de lo que duelen los años. Pero, así como detrás de cada llegada, hay una partida. Así, detrás de cada caída, hay una nueva ilusión, una nueva esperanza de volver a levantarnos, después de una triste desilusión o una mala decisión. Porque la vida es así, se trata de caer, pero también de aprender a levantarnos con más fortaleza. Por eso mientras tengamos juventud, y estemos vivas, debemos vivir, la vida, sin extrañar aquellos años de juventud que solo forman parte del pasado. En ese pasado, donde solo debes recordar, lo que lloraste, sino también todo lo que reíste. Porque en él también fuiste feliz, reías de las cosas plenas que te hacían reír a carcajadas.

Si extrañas lo que hiciste cuando tenías quince años, no sientas vergüenza, vuélvelo a hacer. No importa, si todos se ríen, lo importante es que tu no abandones lo que todos esperan que tú dejes en el olvido. Vive, pero vive intensamente para ti, como si los años, jamás hubieran dejado ningún mal estrago en ti. No dejes que se olvide la fortaleza que hay dentro de ti, en esa mujer que, con los años, no se volvió más vieja, si no más sabia, y con mayor experiencia. Porque los años, no son más que nobleza y experiencia. Has que tus años vividos valgan las pena, has que aquellas personas que un día sintieron lastima por ti, hoy te respeten, más de lo que pudieron hacerlo antes. No permitas, que el cansancio de lo que tú, crees te han dejado los años, te haga sentir cansada. Cuando creas que la vejez, y los años vienen uno tras de otro, y sientas que ya tus piernas no pueden correr más, entonces trota. Si un día sientes que no puedes trotar más, empieza a caminar, y un día tus pies ya no pueden caminar, usa un bastón para apoyarte y seguir tu marcha. Pero jamás te detengas, ante nada ni ante nadie.

"BIOGRAFÍA DE MI MADRE"

Trinidad de Artica

Nació en Honduras Centroamérica, en una pequeña aldea, llamada El Pedregal Villa de San Francisco, un 16 de Junio de 1935. Sus padres fueron Teodora Gutiérrez, y Rafael Medina. Ella tuvo tres hermanos por parte de su madre y padre, al igual que muchos hermanos, solo de padre, pero a los que ella amaba. Murió en la Ciudad de Los Ángeles CA, USA, el 10 de Septiembre de 2010. Estuvo casada junto a su esposo Félix Artica por seis décadas, le sobreviven 7 hijos, de 9 que procreo junto a su esposo, y más de 50, nietos, incluyendo, bisnietos, y tataranietos.

Trinidad de Artica no tuvo educación escolar, pero fue la mujer más educada, y más sabia q muchas q han pasado por la Universidad. Al paso del tiempo hizo junto a su esposo **FELIX ARTICA,** muchos logros, como inculcar a sus hijos, el amor, el respeto al prójimo, y sobre todo la humildad, la sencillez, y la nobleza. La decencia fue su prioridad, y la mayor de sus riquezas fue ver crecer a cada uno de sus hijos, a quienes les dio tanto amor, y el cual fue bien correspondido.

Trinidad estuvo siempre divida entre 2 fronteras como el Norte, como el Sur, siempre decía que su vida era como el hombre que tiene 2 mujeres, la esposa, y la amante, que de una manera, u otra las amaba a las dos, porque cuando ella se iba a Honduras, extrañaba a sus hijos en USA, y cuando estaba en USA, extrañaba a sus hijos en Honduras. Trinidad, fue la flor más hermosa, y perfumada que Félix Artica planto en su jardín, la cual dio vida, a 9 frutos hermosos, 5 orquídeas, y 4 claveles que le dieron vida a su propia vida. Antes de morir su deseo fue regresar a la tierra que la vio nacer, aunque ya su cuerpo no tuviera más vida. Esta es una pequeña biografía, para la mujer que no tuvo Universidad, pero que fue la mujer más sabia, audaz, e inteligente que jamás conocí, antes de ella, ni después de ella…! Mami siempre te amaremos, mas allá de la vida, y la muerte…, tus hijos, y yo, tu hija que te adora, y te extraña.

Ledia Victoria

"BUSCAME"

Yo seré ese colibrí que se pose para cantar en tu ventana, cada mañana. Seré quien, con mi canto, te haga saber, que aun cuando creas que ya no hay esperanzas, siempre existirá un mañana. Así como existe la bella naturaleza y el cantar de un colibrí que te alegra a través de su canto posado en tu ventana. Por favor no permitas que me marche, búscame y me encontrarás en el perfume de las flores que podrá entrar a través de tu ventana, si tan solo te atreves a dejarla abierta.

Yo quiero ser ese sol que te alumbre cada mañana, que te haga despertar hacia un nuevo día, para que puedas admirar no solo el aroma de las flores, sino también sus más hermosos colores. Aunque yo me allá marchado, mi recuerdo siempre se ha de quedar contigo. Búscame y me encontraras en las oscuras noches, seré esa estrella que más brilla en el cielo por las noches. Seré tu rayo de sol cuando vengan las tormentas.

Búscame en cada rincón de tu alma y de tu corazón, en aquellos gratos recuerdos que a mi lado tú viviste. Por favor nunca te sientas en soledad, porque yo siempre estaré contigo. Aunque yo haya partido siempre me guardaras en tu corazón, como el más bello de todos tus recuerdos, recuerdos de quien mas te amo, y de quien nunca te olvido…aunque ya allá muerto.

"CAMINAR BAJO LA LLUVIA"

Caminar bajo la lluvia con el alma llena de soledad y tristeza, y el corazón partido en mil piezas, confundida, y triste. Cuando ya no crees en nada ni en nadie. Cuando ya no tienes hacia dónde caminar, con quien hablar, o en quien confiar. Cuando se siente que cada gota de agua que cae sobre tu cuerpo, es cada pedazo de tu alma, cada pieza rota de tu corazón, y cada lágrima que no es más que la sangre de tu propio corazón. Entonces solo te queda caminar descalza bajo la lluvia, y pedir a Dios que tenga misericordia de ti...

Cuando has perdido la fe, y sientes que ya no puedes creer en nada ni en nadie. Es entonces, cuando sientes que la única solución es la propia muerte, porque es preferible morir que vivir así..., sin sueños, sin ilusiones, sin ninguna esperanza. Porque perdiste todo, hasta la fe. Por eso, ahora solo deambulas por las calles solitaria y triste sin tener un hoy, ni la esperanza de un mañana. Porque viva o muerta de ti solo queda un muerto que camina...

"CANSADA DE TODO"

Estoy tan cansada de llorar por lo que perdí, que no tengo fuerzas para luchar por lo que aún no he perdido. Quiero dejar de sufrir y llorar por quien ya ha muerto, porque quiero aprender a luchar por lo nuevo que ha nacido dentro de mí. Ya no quiero llorar más, por aquel amor que presiento pronto se marchara, para no regresar más...

Quiero luchar por aquel amor que me ama, y quiere quedarse a mi lado, aun sabiendo que mi corazón le pertenece a otro. Ya no quiero preocuparme, por quienes me odian, quiero luchar por mantener a mi lado, aquellos que verdaderamente me aman. Ya no quiero llorar más por ese amor del pasado, quiero aprender a luchar por ese amor que me ofrece un presente, un hoy, y un mañana mejor...

HOY, necesito aprender a no llorar por el sufrimiento que tu desamor me causo, quiero luchar por mi felicidad...con el tiempo, y el sufrimiento he aprendido, que en esta vida nada es imposible, solo hay que seguir adelante, no detenerse, solo mirar de frente, y seguir **INTENTANDOLO**...aunque a veces sea doloroso llevar la carga, con el dolor de frente...

MAMA, PAPA...!

Mami, Papi a veces me pasan cosas, y quisiera en verdad ser esa mujer fuerte, dura de carácter que a veces aparento ser, pero no lo soy. Yo sé que debí aprender, cuando ustedes trataban de enseñarme, no porque fueran malos, sino porque siempre me decían que de sus hijas, yo era la que tenía un corazón de pollo, cuanta razón tenían viejos. Hoy cuando la gente me hiere y me lastima, no sé cómo enfrentarlo, es que desde que ustedes me dejaron ya no hay fuerza en mí.

Ya no puedo, ni defenderme por un instante como antes lo hacía. Tengo miedo de hacer cosas malas, y no ganar el cielo, y así poder verlos de nuevo. Porque...Porque se fueron...? Cada día de mi vida, cada atardecer, cada anochecer, y cada otro amanecer los necesito más...! Como vivo sin ustedes, si a veces me siento muerta yo también.

"CARTA A MI ESPOSO"

¿Amado mío, hace ya tantos años que me gustaría saber si sabes lo que la palabra remordimiento significa? Si es así debo imaginarme que tal vez te carcome por dentro, este sentimiento. Porque han sido tanto los engaños que a mí me causaste; todo el daño que a mi corazón hiciste, y como a mi alma heriste. Eso si es que tú tienes alma, no sé si un ser como tu, un día pueda conseguir la calma, nunca tuviste ni un milésimo de honestidad conmigo. Nunca fuiste capaz de reconocer ante mi tus traiciones y tus engaños porque es que allí si te faltaron pantalones. A ti, nunca te importo saber que tus mentiras, tus engaños y tus traiciones me romperían el corazón; Antes de empezar a decirte lo que siento. Quiero que sepas, que mis madrugadas las he pasado llorando por tu ausencia. Sola aferrándome a la pobre de mí almohada que hasta ella sentía tanta pena por mí; al ver como todas las noches, y los amaneceres eran iguales, llorando por ti. Mientras en otros brazos tú te encontrabas, viviendo la vida de los placeres que según tú te daban las zorras. En más de una ocasión, cuantas veces llegaste a casa, ya al amanecer oliendo a alcohol y a perfume barato de mujer de burdel. Con un sin fin de pretextos estúpidos que olían a mentira, traición y engaño. Con eso querías cubrir tu cobardía, mientras yo te miraba con mis ojos abnegados de amor, pero llenos de llanto. Mis labios siempre intentando sonreír, con una sonrisa triste tratando de pronunciar palabras para decirte cuanto me dolía tu desamor y tus engaños.

Cuantas veces tuve que fingir que dormía, y tuve también que apretar fuertemente mis puños, bajo la tristeza de las sabanas, recuerdo cuantas veces llore de dolor y tristeza, cuantas veces a un ahora sigo golpeando con tanto coraje mi pecho, cuando el dolor ya no soporto, y cuando llorar, no puedo, porque hasta eso se me ha negado. ¿¡Recuerdas como cada vez que se acercaba la navidad, compraba mi mejor vestido, para verme hermosa para ti…!? Pero tú jamás podías mirarme en ese hermoso vestido rojo. Cuantas veces te espere sentada en la mesa, o en el sofá de la sala junto a mi hijo Anthony, que se quedaba dormido entre mis piernas esperando por ti; para en coro decirte **"FELIZ NAVIDAD"**. Nunca olvidare todas aquellas navidades en que me esmeraba, preparándote la mejor cena, esperando que llegaras a casa, pensando que pasarías la navidad conmigo. Pero todo se quedaba en un triste sueño, porque allí estabas otra vez tu, pero arruinando, y haciendo de mi navidad la más infeliz cada otro año. Para ti era más importante celebrar cada navidad con tu aventura, que con la mujer que llevaba un hijo tuyo en su vientre. ¿Recuerdas como siempre en cada navidad, en el árbol había tres regalos para ti? Esos regalos, no eran abiertos; sino hasta año nuevo cuando regresabas a casa con tu cara bien lavada, como si nada hubiese pasado. ¿Sabes cuantas noches después de navidad me levante, y mire aquellos regalos en el árbol, que seguían allí para recordarme mi soledad y el hecho de que aun tu no llegabas? Y otra vez tuve que contener el llanto y apretar los puños para no llorar…

¿Hoy me pregunto si tienes sentimientos? Si cuando miras la carita inocente y desilusionada de tu hijo, y miras mi rostro, torturado por el llanto, y mis mejillas empanadas de lágrimas, esas que fueron, y siguen siendo provocadas, por el sufrimiento que tus engaños me han causado. ¿Me pregunto si no te sientes el más ruin, y el más miserables de todos los hombres? Más cuando miras y lees una tarjeta que te he dejado diciéndote: "Para el hombre de mi vida, con todo mi amor, te amo". ¡No…! yo no creo que esto te suceda a ti, porque tú no tienes sentimientos, no tienes corazón. Tu solo sabes mentir engañar, traicionar, pero no sabes amar. No sabes cuidar, y respetar a tu familia, no sabes lo que es dar un amor bonito, ese que no engaña, no traiciona, y no miente. Ese que no hace daño, ni con hechos, ni con palabras. Porque si tú supieras amar entonces pensarías en todo el dolor, que todos estos años, tú me has causado a mí. Entonces sentirías que estas recibiendo más de mil puñaladas en tu pecho, por haberme dañado tanto. Tú por fin comprenderías, como duele un engaño, una traición, y los tuyos ya perdí la cuenta. He estado a punto de perder la razón a causa del dolor, que me has provocado por causa de tu supuesta hombría. Una hombría que te sirve solo para andar de cama en cama; porque recuerda que **(SER HOMBRE NO ES CUESTION DE TENER MUCAHAS MUJERES, SINO DE HACER FELIZ A UNA SOLA).** Esa hombría de la que tanto presumes, porque crees, que te hace ser más hombre, invitando a tus amigos de cantina en cantina; teniendo otras mujeres de la calle, eso solo te minimiza no te hace ser más hombre.

Te sientes grande en tu hombría, cuando te revuelcas con esas mujerzuelas, que al final te dejan sin dinero en el bolsillo, y soledad en el alma. El día que por fin tu comprendas todo lo que mi amor valía, ese día en que por fin tu egoísmo te deje ver y comprender que siempre fui una gran mujer. Un maravilloso ser humano, una madre excelente y la mejor de las esposas. Ese día será una lástima porque ya no podrás decírmelo frente a frente mirándome a los ojos. Porque justo en ese día yo te habré abandonado; ese día te encontraras completamente solo, sin mi hijo y sin esta mujer que tanto te amo, y la que tanto sufrió por cada herida que tú le causaste. Ahora me voy, y te dejo como compañía a tu hombría, mientras tu cobardía se burla a carcajadas en tu cara. **PDS:** He visto ya, a tantos que como tú hoy lloran su pena, arrepentidos por haber sacrificado por una aventura, su hogar, su esposa, su veredero amor y sus hijos. También se de aquellos que a aun no saben lo que les espera en el futuro cuando su mujer los abandone cuando por fin ella realice lo poco hombres que son. Porque saben tener más de dos o tres amores para sentirse hombres, Cuando en realidad no son nadie, porque no saben hacer feliz a la que es su esposa.

CARTA A MI ANGEL, MI AMADO HIJO, FELIX ANTONY

Mi ángel rebelde. Eres un joven de 22 años, pero conservas la inocencia y la nobleza a través de tu mirada triste, dulce cálida y ausente. A veces me miras, me hablas y es como si estuvieras tan lejos de toda la maldad de este podrido mundo. Tu mirada es como una Flecha que cuando me miras a través de ella, puedo observar la tristeza que existe en ella. Entonces, es cuando atraviesas mi corazón matándolo a muerte, porque quisiera cambiar tu tristeza por alegría, y tu llanto por la risa. Porque es que tu mirada caída, triste y ausente es capaz de atravesar aún el corazón más duro, como no atravesaría el de esta madre, que te ama con tanto frenesí. Un día mi amor tú y yo estaremos lejos muy lejos de este podrido mundo; y ya no sentiremos más dolor, porque ya no habrá más dolor, más tristeza, ni más necesidad. Yo quiero volver a verte, y a saberte feliz, quiero ver otra vez tu sonrisa tan bella, en tu rostro. Esa misma, que me hace sentir y pensar que aún hay esperanzas en la vida. Porque así, como en este mundo hay gente mala, también hay gente buena. Si tan buena como tú mi amor, de corazón noble, humilde, transparente, y sincero. Te amo mi amor... mi corazón sigue viviendo a través de tu corazón. Porque si tú vives yo vivo, y sino no estas, no estoy yo, y no podría seguir viva.

Tu eres mi timonel, mi barco ese que me lleva a puerto sana y salva. La brújula que me guía, cuando estoy perdida en medio de la nada. Eres mi fortaleza y mi esperanza de una vida mejor. Te amare más allá de la vida, no importa si se me va la vida. Yo fui primero mujer es verdad, pero cuando tú naciste decidí olvidar a la mujer y ser solamente madre. Tu madre mi amor, es que nadie te conoce como yo. Sé que cuando ríes, es porque estas llorando por dentro, porque tú no quisieras ser lo que eres en ese momento. Sé que cuando me miras y agachas tu mirada triste y callada es porque quieres llorar; y no te das cuenta que sin saberlo ya estás llorando. Daría mi vida a cambio de la tuya por no verte sentir el dolor que sientes, por no ver tu alma ausente, ni tu mirada triste y vacía. Esa misma que vive perdida en el abismo de ese cruel destino que te ha tocado vivir. aún me quedan fuerzas. Estoy aquí y luchare peleando la guerra hasta ganar la batalla. Hoy, te prometo, que si la perdiera no me rendiría jamás, volvería, a empezar de nuevo, como empieza cada nuevo día.

El corazón de una verdadera madre jamás se rinde, jamás se da por vencido, porque no tiene límites, no tiene fronteras. Prefiero morir que dejar de luchar por ti mi amor, tú eres, mi primer gran amor. Ese que mis ojos miraron por vez primera, cuando tus ojos se abrieron a la vida, ese dia que viniste a este mundo, porque yo decidí, dar vida a tu vida. Te amo mi amor, mi ángel 😇 rebelde pero dulce y tierno a la vez. Si Dios y yo contigo no habrá nada ni nadie que te destruya mi amor. Yo te prometo que un dia tú y yo, veremos la obra De Dios en ti, en tus sueños en tu esperanza, y en ese deseo de ser lo que siempre quisiste ser. Mama te ama y te amara más allá de la vida. No sé, si yo sea esa madre que tú dices que si querías tener. Pero tú sí eres el hijo que yo tanto desee tener. Amor inagotable e incansable ese es el mío por ti. No habrá jamás mujer alguna que te amé como mi corazón te ama.

"CARTA A MI HERMANA BEBA"

A mi amada hermanita, la más pequeña, con quien mi corazón está unido, con tantos recuerdos de la infancia, nuestra niñez, tantos recuerdos de esa época en donde hasta jugar con la envoltura de un dulce era motivo de la más grande felicidad. Quizás nuestras vidas, no fueron las más perfectas, pero si en lo que a usted, y a mí respecta fue feliz. Hoy quisiera escribirle mil o millones de palabras que le sonarán a música y a tonada de ritmo. Pero yo no hago música, sólo soy una simple poeta, que aún no publica su primer libro porque sigue allí en el baúl de los más hermosos recuerdos. Hoy después de tantas cosas que han pasado volví a recordar nuestra infancia, nuestra niñez en aquel pueblito tan humilde donde ud y yo fuimos felices. Sabe es irónico como mi amor por ud, fue tan grande que siempre la protegí aún de mi misma.

Pero lo irónico no es eso, sino el darme cuenta que ahora yo me he vuelto la niña y ud la madre que me cuida, me protege y me defiende, como una fiera defiende su cachorro. Todos piensas que siempre la he amado más a ud, entre mis hermanas, pero la realidad es que aprendí a verla como si ud fuera la hija, y yo la madre. Ahora es ud quien me cuide, me protege y me procura como sólo mami lo haría si estuviera aquí con nosotros. Todos dicen que le tengo miedo, y no es eso, lo que yo le tengo, se llama respeto. Hoy quisiera decirle que la amo tanto que me da miedo morir, y pensar que no habrá nadie que la proteja, pero ud ya es tan grande, tan madura que ya no es más aquella niña a la que mis brazos siempre acobijaron para protegerla. Yo quisiera nunca, nunca tener que irme de su lado, jamás dejarlos, a ud y a mis hijos.

Pero si ese día llega, quiero que sepa que en mi vida ud siempre fue es, y será lo más cercano a una hija, así es como yo la amo. Un día cuando ud cumplió 15 años yo llore tanto porque ya ud esperaba a nuestro hijo Jasón, y yo le regale mi primer poema. Se acuerda…? Se llamaba "Payaso", y sin quererlo y sin pensarlo ese poema relataba mi historia, no quiero parecer melancólica, o triste, dramática o algo parecido, sólo soy un bohemio que perdió su rumbo en el mar de los sueños. Ese poema hoy vino a mi mente, como olvidar la parte que decía. "Si payaso solo soy un payaso" que para no ser criticado, juzgado y señalado por la gente, mi rostro tiene que sonreír a fuerzas mientras mi alma llora, porque el mundo me ama a mí, con mi sonrisa y alegría, y yo amo al mundo.

No quiero que los seres que yo amo, y mi propio mundo me llamen arrogante, prepotente, o engreída. Por el hecho de que no pueda reír porque mi alma llora. Yo tengo que salir de mi caparazón y subir al escenario con mi sonrisa alegre, aun cuando mi alma llora, porque mi corazón yace muerta. El mundo me quiere a mí, y yo lo quiero a él, si no quiero dañar al mundo entonces este show de lo que es mi vida vacía, melancólica y triste debe continuar; para hacer feliz a mi mundo aunque yo ya este muerta. Pero mi mundo es ud y mi familia y ese mundo es el que yo tanto amo, y por el yo quiero vivir entre las sombras de un payaso solitario y triste. Hoy desde esa fecha han pasado casi 24 años. Pero desde entonces, hasta hoy, este poema está por completo en mi mente.

Yo podría escribirlo todo, si quiera pero ese poema es tan mío y es tan suyo que se lo dejo de herencia junto mis hijos el día que yo ya no este. Hoy me gano la melancolía al darme cuenta, que con mi actitud deprimente y egoísta sólo lastimo lo que más amo, «MI MUNDO», que son ustedes mi familia, a quienes tanto amo. Hoy sí Dios me da un soplo de vida quiero dejar de ser ese payaso, y salir con mis pies descalzos corriendo por cada calle, y gritándole al mundo que soy feliz, porque tengo por quien vivir, por quien luchar, y a quien amar a ustedes que son mi mundo mis hijos, mi familia. La amo, la respeto y la admiro tanto. Le doy las gracias por amarme tal cual soy, por protegerme y por dar la cara por mi como si fuera mi madre…!

"CARTA A MI HERMANO GUILLERMO"

Desde el día que te fuiste han pasado ya casi 22 años. Desde aquel cruel día de ese 26 de Agosto de 1995, donde las manos crueles de gente sin sentimientos, y sin escrúpulos cerraron tus ojos a la vida. En casa ya nada volvió a ser igual, como lo era cuando estabas tú. Mami día a día fue muriendo en vida. Recuerdo como ella ya no cocino más tus comidas favoritas. Pobre de mi madre para ella cocinar tus comidas favoritas era como enterrarse una puñalada en el corazón cada que lo hacía. Fue muy triste ver como todos en casa extrañábamos tus gritos, tus regaños, y esa forma tuya tan peculiar de ver la vida.

Hoy después de tantos años, te sigo añorando igual que siempre, igual que esos días donde venias en tu carro, a toda velocidad y podíamos ver como la velocidad, con que conducías hacia que levantaras todo el polvo de la tierra. Son tantos los recuerdos de ti, que invaden mi mente. Me duele tanto saber que nunca estuvimos cerca el uno del otro. Es que tú eras tan diferente a todos mis hermanos. Para algunas cosas tú eras el que decidías, el que mandabas, el que daba un orden y se tenía que cumplir. Para nosotras tus hermanas siempre fuiste el hermano mayor, al que le teníamos miedo porque si cometíamos un error el castigo vendría con ello.

Sabes hermano, con el paso de los años pude descubrir que esa manera tuya de hacerte ver estricto no era más que una caparazón, para no hacerte ver débil ante los demás. Descubrir que tú también eras un ser humano maravilloso, capaz de amar, de perdonar, y de ser humilde. Me llevo a entender cuántos años me perdió de tu cariño. Es tanto lo que te quise, lo que te amé, lo que te admire. Pero es tanto el dolor que siento, por haberte perdido y no haberte dicho nunca cuanto yo te amaba, y cuanto yo te admira. Si bien es cierto que una madre nunca se engaña, ella siempre conoce lo bueno, lo mejor, y lo peor de sus hijos. Mami siempre decía que detrás de esa fallada tuya de hombre rudo, y estricto, había un maravilloso scr humano deseoso de amar y ser amado. Mi madre murió amándote, tu ausencia fue lo que acabo poco, a poco con su pobre y delicado corazón. Ella nunca acepto la manera tan abrupta como unos criminales la separaron de su lado. Hoy que soy madre la entiendo tan perfectamente yo preferiría morir antes de perder un hijo.

Hoy te recuerdo con tanto amor, con tanto dolor y mucha tristeza. Sabes tú y yo fiscalmente no éramos parecidos. Pero si teníamos tantas cosas en común. El amor por la vida, por las emociones, la pasión a lo prohibido. Esa manía que ambos heredamos no se de quien de arriesgarlo todo, sin importarnos si lo perdíamos todo. Cuantas veces lo apostaste todo en una mesa de juego, cuantas veces lo perdiste todo, y volviste a levantarte. Tú siempre fuiste tan inteligente, y tan mágico, todo lo que llegaba a tus manos lo hacías magia. Pero qué triste es saber que con lo único que tú y yo nunca pudimos hacer magia fue con el amor. Tú y yo siempre nos enamoramos de la persona, equivocada, de esa que siempre termino hiriéndonos por la espalda, causándonos el dolor a muerte.

Hoy solo espero que allí arria en cielo, seas feliz, que hallas encontrado esa paz, ese amor, esa sinceridad que aquí en la tierra no se encuentra. Pero que allá junto a Dios se puede encontrar porque su amor siempre será el más incondicional, el más eterno. Te amo hermano, me despido de ti diciendo, que me hubiese gustado tanto decirte todo esto cuando tú estabas aquí entre nosotros. Pero me falto valor, es que siempre te vi tan estricto, tan alto y tan inalcanzable. Que me sobraba el amor, pero me falto el valor. Siempre te amare mi adorado hermano…

"COBARDE"

Quiero decirte que fuiste el más grande de todos los cobardes. Nunca supiste amarme, y jamás quisiste enfrentar y admitir todo el dolor que tú me causaste. Nunca tuviste el coraje y la valentía de mirarme a los ojos fijamente, y admitir que ya no me querías. Por eso ya, hoy es demasiado tarde para perdonarte. Nunca cambiaras, siempre serás el mismo cobarde, el que sabe más mentir, engañar, y fingir que hablar con la verdad. Por eso ahora, ha llegado el momento del adiós. Porque hay ocasiones como ahora que es mejor decir adiós a seguir soportando una cruel traición. Hoy solo me queda el deseo de tener la suficiente fuerza, para enfrentar esta triste verdad y con ello evitar una nueva desilusión.

Para mi tu solo eres el más grande cobarde, tu nunca tuviste, ni tienes ahora el coraje y el valor para verme a los ojos. Por tu cobardía, ahora has perdido no solo el amor que te tenía, sino que, hasta el cariño, el respeto y la admiración que de mí para ti existía. Ya no quiero, ni deseo reprocharte más nada, es que de nada sirve que yo pierda mis palabras reprochándote, todo el dolor que me causaste. Hoy solo le pediré a Dios que me ayude a sacar el rencor que por ti yo tengo. Hoy solo deseo que Dios me ayude a olvidarte; porque yo sé que un día te olvidare y seré feliz. Mientras que, a ti, tu cobardía jamás te hará encontrar el verdadero amor, y nunca podrás llegar a ser feliz. mientras que tú a mí me veras dichosa y muy feliz.

"COMO DEBEN CONTARSE LAS HISTORIAS"

A veces se cuentan o se escuchan las historias de la manera que dicen se deben contar o escuchar. Un hermoso ejemplo, de cómo contarlas para ser escuchadas seria. "Alguien que se enamoró y paso un invierno con su amado en un determinado país." Esto, por supuesto, sería el más preciado entorno, e inútil seria discutirlo. Sería tan inútil como arrojar alpiste en el suelo para que los pájaros se alimenten; mientras la nieve está cayendo tan rápido. Porque se perdería entre los cristales que caen del cielo a través de ella misma. En vano a veces, seria esperar, que las cosas pequeñas pudieran sobrevivir, en este mundo. Cuando hasta las más grandes se pierden, porque han sido destruidas por quien no ha sabido alimentarlas. La gente olvida los años sin recordar los momentos felices que vivieron, al lado de quien más los amo.

Ellos olvidan, aquellos segundos y símbolos que significan tanto. Esos mismos que han sido dejados y resumidos a nada, como si los sentimientos fueran, solo cosas. Si cosas, que pueden comprarse o venderse por dinero. Esas cosas como el sudario negro sobre la piscina de la casa: sin impórtales el significado de este. El amor para muchos, es solo una palabra corta. Pero para mí es una forma más corta, de expresar nuestros sentimientos, y se convierte, en una palabra, que lo encierra todo. Hoy lo que recuerdo de todo lo que viví, es un invierno triste, y ahora que lo pienso también recuerdo como la nieve seguía cayendo aun cuando mis lágrimas seguían rodando. incluso ahora, mismo para mi decir **"nieve,"** hace que mis labios se muevan para solo besar el aire que respiro.

COMO DEFINIR EL AMOR

Tratar de definir el amor de una manera concreta y precisa, sería como tratar de retener el agua de la lluvia en el puño de mi mano. Definir el amor de una forma concreta y precisa, seria no sentir que emerge de mi corazón y mi alma, ni una beta de dolor, tristeza, soledad, amargura, y nostalgia. Poder definir el amor de manera concreta y precisa, seria; sentir que mi alma, como mi corazón, mi amor, y mi vida no conocen de lágrimas. Mucho menos de ausencia, abandonó y olvido….

COMO EL AVE FENIX

Como el Ave Fénix he muerto, una y mil veces en vida. Me han aniquilado, me han destrozado el alma, y me han roto el corazón en mil piezas. Pero he resurgido de entre las cenizas, para alzar mi vuelo, y bajar a tierra para tirar lo que ya no necesito en mi vida. Como el Ave Fénix yo seré el sol que muere por la noche, para renacer por las mañanas. Un día como el Ave Fénix seré reconocida como una deidad, que representara la inmortalidad y el derecho a nacer de nuevo. Renaceré de mis propias cenizas para ser un símbolo único de la muerte hecha por el fuego, la resurrección, y la inmortalidad. Seré un ave de bello plumaje, y un canto inigualable. Como el ave fénix, yo he nacido, en un árbol entre el bien y el mal. Entre rosas fragantes y hermosas. Pero mis creencias hicieron que no perdiera mis principios. Así, como el Ave Fénix fue el único ser que no quiso comer frutas del pecado; y la inmortalidad fue el premio a su fidelidad, al no probar la fruta del árbol prohibido.

Como el Ave Fénix, el premio a mis principios, a mis clamores por mis dolores, será el conocimiento, y la capacidad de poder curar mis lágrimas. Ese día estará junto a mí, la increíble fuerza para morir y volver a renacer de las mismas llamas. Seré quien nace con un nuevo plumaje, y con mis nuevas alas de colores hermosos y un cuerpo dorado. Porque yo como el Ave Fénix, soy sin duda alguna, esa ave que puede volver a recomenzar. Si, recomenzar a pesar de haber vivido, entre el dolor, el engaño, la traición, y la soledad que deja el abandono de quien tanto amamos. Ese ser que prometió que jamás iba a lastimarnos, y al final fue quien más nos lastimo quemando nuestras alas. Pero yo renaceré de nuevo como símbolo de inmortalidad, renaciendo física y espiritualmente. Yo que naceré del fuego, de la purificación y la inmortalidad como el Ave Fénix

"COMO HAN PASADO LOS ANOS HIJO MIO"

A MI AMADO HIJO ANTHONY

Como han pasado los años y con el transcurrir de ellos, quizás tu pienses que me he vuelto avara en mis sentimientos, y mi comprensión para contigo. Pero es que la vida nos ha ofrecido sensaciones y experiencias de todo tipo, aun las más desconocidas. A veces la disciplina, la infelicidad, la tristeza, la soledad, la amargura, quizás me ha vuelto un poco egoísta, y no me deja darme cuenta que al igual que yo, en diferente forma tú sufres también. Me olvide que debía ser un poco más sensible quizás, más tolerante y no darle cabida solo a la intolerancia, pero mi amor es tanto lo que he llorado ya... y tanto lo que he sufrido, que a veces en medio de mi dolor, me he vuelto egoísta, y me olvido de los demás.

Pero esto no me hace menos humana, solo me hace ser otro ser humano más, que como tú también sufre, siente, padece, y también llora...Hoy como muchos, yo he querido despertar de mi sueño, para ver la vida en su total plenitud, y realidad. La he visto llena de responsabilidades, presiones de diferentes formas, pero siempre hay que encontrarle una solución a la vida. Porque lo único que no tiene solución es la muerte. Porque Dios en su infinita misericordia, siempre nos sierra una puerta hijo mío, pero nos deja una ventana de escape. Esa ventana que me llevará a mí, a ayudarte a que te escapes de esa prisión en la que estas metido, desde hace ya tanto tiempo. Recuerda que Dios tiene el poder que satanás no tiene, él es solo un pobre ángel caído.

Lo que Dios hace, y escribe con sus manos, nadie podrá destruirlo, y tú eres su hijo amado, hecho a su semejanza. Hoy he despertado de mi sueño más equivocado, y he vuelto a la realidad, para comprender por fin, que nuestras debilidades con la ayuda de Dios pueden convertirse en heroísmos, si le creemos a él. Solo tenemos que estar dispuestos a mostrarle nuestro amor, nuestra fe, y nuestra esperanza. Hijo; mío, hoy solo quiero decirte; que nunca olvides que siempre hay que aspirar de la que la vida obtener lo mejor de ella. Que la debilidad, y el miedo no te lleven a dejar que tu vida, se transforme en algo absurdo y carente de dignidad. No olvides todos los valores, que desde niño yo te inculque. Yo sé que están dormidos en ti, pero jamás serán olvidados, porque son verdaderos, y están llenos de pureza, lealtad, honestidad, y verdad.

¡Por favor hijo mío…! Que nunca te falte la esperanza, ni te falle la fe… Anthony hoy te escribí este poema desde lo más profundo de mi corazón, y mientras lo hacía, tantas lágrimas fluyeron de mis ojos, y rodaron por mis tristes mejías. Ya no sé cómo calmar mi llanto, y como limpiar mis lágrimas. ¿¡Cómo evitar que la tristeza deje de formar parte de mí mundo…!? Hoy quisiera escribir con mis manos tu destino, así como tengo la habilidad de escribir poesía. El cual yo desearía desde lo más profundo, de mi corazón que fuese lleno de cambios, que te conduzcan solo al éxito, y felicidad. ¡Sabes mi amor…! La juventud es la etapa más hermosa, y trae consigo, el tiempo preciso para que comiences a luchar, intentando forjarte una vida mejor.

Sé que todos los valores que te enseñe, te acompañarán siempre a través de los años. Esos valores harán que tengas una vida mejor; si dejas que tus valores sean amparados en la buena voluntad que tengas para luchar, y la certeza de hacer bien las cosas, sin duda te darán frutos y logros hermosos…, tú tienes la capacidad de inteligencia para obtener, todo lo que te propongas hacer para tu vida, ya sea en lo material, sentimental, pero sobre todo lo más importante es tu paz interior esa que sólo se encuentra cuando le entregas tu corazón a Dios, solo así podrás conquistarlo todo.

P.D. Nunca olvides que siempre estaré a tu lado cuantas veces me necesites… Siempre serás mi ángel, mi pequeño ángel rebelde… Te ama tan profundamente… tu madre.

"COMO LE DIGO A MI CORAZON QUE NO AME A QUIEN NO DEBE"

Cómo le digo a mi corazón que no ame a quien no debe, y que se enamore y ame a ese hombre que es maravilloso. El más leal y el más bello que no conocí nunca antes. Como le digo a este corazón que no pierda la razón, y que no se equivoque más. Pero decirle a este terco corazón, o hablarle es como hablar o golpear una piedra. Hoy quisiera de un solo golpe matar este amor, pero sería como matar las estrellas en el cielo. Desde el primer día que conocí a ese mal amor yo me enamoré. Ese día yo supe que el vendría a trastornar mi vida, y a cambiar mi mundo por completo. ¿Cómo le hago a entender a mi corazón que no debe amar a un hombre que no es bueno? Que ese hombre no es el príncipe con el que soñé. De que me sirve amarlo si él siempre ha sido el mismo, y ya no cambiara. Hoy quisiera besar otros labios, unos labios que pertenecen a un hombre bueno. Pero no me atrevo, porque ese hombre, no merece que lo obligue a vivir un amor a medias; o un amor prohibido. Porque este amor vive atado a un amor maldito que solo sabe de traición, mentira y engaño.

No tiene sentido vivir a tu lado, si tú siempre fuiste quien no me abandono, aun en medio de la tormenta, aun cuando ese mal amor me abandono; tú te quedaste allí junto a mí. Hoy dañarte yo no quiero. Yo quisiera que tú sepas que yo también me muero de dolor y tristeza, porque me duele en el alma no amarte como tú te mereces. Yo quisiera llenarme de fuerza y tener el coraje para romper esta tela araña salir corriendo para ser feliz a tu lado. Pero cuando llega ese momento en que yo me siento fuerte, de nuevo el aparece, y me vuelve atrapar entre sus mentiras. Yo vivió en sus redes y no puedo escapar. Ayúdame no me dejes morir entre sus redes ven y rompe la tela araña que me atrapa, y me aleja de la felicidad, ven y llévame contigo. Tú significas todo lo que significa ternura, romanticismo, caballerosidad, descendencia, humildad, respeto, cariño, y amor. Tu amor es tan puro, tan limpio y como el agua, y transparente, como el cristal. Él es quien pone mi mundo y mi vida al revés, quien me desestabiliza y me hace sentir menos que basura. Me siento entre la espada y la pared, camino por las calles todo el día, estoy viva, pero deambulo en las calles solitarias y tristes, hablando sola como muerta en vida. Yo quisiera que fueras tú mi dueño, pero no puedo, porque él siempre está allí como una sombra opacando mi vida y ensuciando mi mundo.

Tu amor me es prohibido y no es porque tú no seas libre para mí, sino porque mi amor vive atrapado entre el odio, el rencor, el engaño y la traición. Pero al final del día siempre descubro que eres tú a quien mi corazón anhela y desea amar. Yo lloro en silencio porque quiero tenerte y no puedo. Mi alma, me duele tanto, mi corazón se quiebra en mil pedazos; porque quiero tener la fuerza, para salir corriendo a buscarte. Quisiera decirte, que me atrapes fuerte entre tus brazos, y que no me dejes escapar de ellos. Pero es tan difícil poder lograr esto, pues la fuerza de su mal amor, es más fuerte que mi propia voluntad. Perdóname mi ángel si es que puedes algún día perdonarme. Mi corazón siempre te guardara callado, y en silencio, deseando algún dia poder amarte como tú te mereces. Perdona mi cobardía, y mi poca fuerza para enfrentar todos mis temores, y darle paso a la felicidad, que se a tu lado me esperaría. Me duele en el alma no estar a tu lado, y me llena de coraje el no permitirte cuidarme y amarme como solo tú podrías hacerlo. Mi pecado siempre ha sido querer aprender a amarte, besarte, y quererte como solo tú lo mereces. Pero soy solo una tonta, que sigue amando, a quien solo me ha hecho, y me sigue haciendo tanto daño.

"COMO OLVIDAR"

Como olvidar cuando un día susurrándome al oído me dijiste te amo demasiado, y yo jamás te haría daño. ¡Pero no solamente me hiciste daño, me heriste tanto, que me has dejado marcada para siempre...! Hoy con todo el dolor que llevo por dentro, y todas las marcas que tu desamor dejo en mi vida, puedo decirte que nada en esta vida duele más que ser lastimado por la persona que más amamos. Esa persona que creíamos también nos amaba, y que jamás creímos que nos haría tanto daño. Pero hoy solo puedo decirte, que a pesar de que tú actuaste con tanta maldad al hacerme daño.

Yo no te odio, ni te guardo rencor. Solo deseo toda la suerte que Dios, y la vida puedan procurarte, porque segura estoy amor mío, que pronto tú la necesitaras..., Entonces ese día de mí, tú te acordaras y lloraras bajito y en silencio, para que nadie sepa tu dolor, tu soledad, y tu tristeza. Ese día sabrás lo mucho que perdiste, la familia hermosa que tuviste, y la que jamás supiste amar lo suficiente para cuidarla como solo se cuida lo más amado lo más preciado.

Deseo que la dicha, el amor, y la buena suerte siempre te acompañen con tu nuevo amor. En verdad deseo que lo que estas agarrando, sea mejor que lo que estas abandonando. Te deseo de lo bueno solo lo mejor, porque no quiero verte morir, solo viejo, abandono, y con el corazón roto. A pesar de todo el daño que a mi corazón, a mi alma, y a mi vida tú le causaste, yo deseo que a ti te valla bonito. Que nunca llores por el daño que te cause un mal amor, deseo que nunca te engañen, que nunca a tu corazón le hagan daño.

Ojalá mi amor que nadie nunca te haga sentir que no vales nada, que los años que diste, y viviste no los tiren a la basura como algo que no sirve, como el árbol que no da fruto. No deseo verte así sufriendo, solo y abandonado, porque yo más que nadie se cómo duele vivir así, de tal manera que la misma soledad, y el dolor solo te provocan morir, dejar de existir, para ya no sentir dolor, soledad, angustia, y tristeza. En verdad mi amor por todo cuanto un día te amé, no deseo que sufras y padezcas todo lo que por tu causa mi corazón, y mi alma siempre padeció por tantos años.

"COMO SE VIVE"

Como se vive cuando se tienen heridas tan profundas en el alma, como se vive cuando se tiene un corazón que sufre y llora. Como se olvida y al mismo tiempo se perdona a quien más amas, si es quien más te ha lastimado:

Como se vive con tanta tristeza en el alma, con tanta soledad cargada bajo los hombros, como se vive una vía en la que una siente que ya no es vida, como se recuperan las fuerzas, la voluntad, y el deseo de volver a creer en el amor, si con el paso del tiempo por amar te han lastimado ya tanto.

Como se vive con las heridas tan profundas que llevan años allí doliendo, y tratando de cicatrizar, pero que han sido tan profundas y certeras que casi te causaron la muerte, y por lo tanto es difícil que puedan sanar. Como se vive con tanto dolor y engaño que se ha recibido en la vida, y que ha sido causado por la misma persona que tanto has amado.

¿Cómo se vive entre una combinación, de soledad, tristeza, dolor, desamor, angustia, engaño, y traición? ¿Cómo se vive amando a quien tanto daño le hizo a tu corazón?

"COMO SER PADRES"

La vida, y el dolor que llevo por dentro me han demostrado, que nadie nos ensena a ser padres. Es la tarea más difícil, de nuestras vidas; mis padres lo supieron hacer regalándome dos mundos y lograron con ello un equilibrio entre la fantasía y lo crudo de la vida real. Mis padres fueron las personas más grandes, fabulosas y magnificas que tuve, a las cuales tristemente he perdido. A ellos agradezco mis aventuras, mis alegrías, mis anhelos, y logros de mi vida, porque son el fruto y la recompensa de lo que ellos lucharon, para verme feliz. Mis padres, siempre vivirán en mí, como lo más admirado, lo más amado, lo más venerado, sublimé tierno y único del universo.

Aunque ahora, no estén aquí conmigo, yo siempre los llevo en mi mente, como mi amuleto de la buena suerte. Esos dos mundos que fueron la fantasía, y la realidad, me mostro que ser padres no solo significa, traer un hijo al mundo; porque nos equivocamos en la cuenta, o porque estúpidamente pensábamos que con hijo podríamos atrapar a un hombre. Esto es solo fantasía no la realidad de la vida. Porque la verdadera realidad nos enseña que un hijo tiene derecho a la vida, cuando se trae al mundo en el seno de una familia que lo concibió por amor, y no por un error. Un hijo jamás tendría que ser el producto de un capricho, de una aventura, o la consecuencia de una mala decisión.

Me da tanta tristeza, cuando veo tantos niños, sin un hogar, algunos porque fueron consecuencia de la irresponsabilidad de dos que creyeron que teniendo un hijo se les solucionaría la vida. A veces veo otros que han perdido su sonrisa, porque simple y sencillo no crecieron en un hogar con papa y mama, porque llego una intrusa o un intruso y les robo la oportunidad de tener un hogar; con quienes son sus verdaderos padres. Da mucha tristeza ver caritas inocentes y tristes llorando por un poquito de amor, ese amor verdadero que solo se tiene con mama y papa.

"CON MIS PIES DESCALZOS"

Aun cuando la tormenta sea imparable, yo quiero salir corriendo a la calle, con mis pies descalzos, correr, correr, y correr, sin detenerme ante nada. Aun cuando la tormenta sea fuerte yo quiero seguir corriendo. Quiero gritarle al mundo que sigo de pie, corriendo, que soy invencible, que nada, ni nadie me vencerá. Sólo la fuerza de Dios, podrá derrumbarme, pero se que soy su hija, y él me sostiene en el hueco de su mano, y de allí nadie podrá hacer que el me deje caer. No importa si mis pies al final de la carrera terminan vertidos en sangre. Mis manos con amor curarán las heridas, de mis pies descalzos. Hay heridas que duelen, y hay otras que matan, otras que son más profundas, que las que quedan en un par de pies descalzos. Si haber corrido tanto, sirve para limpiar las heridas profundas del alma, que deja la tristeza de una vida gris, y obscura, entonces habrá valido la pena haber corrido tanto, y haber pagado el precio, y el dolor, de mis pies descalzos.

Porque ese día ya no habrá vacío, tristeza, ni dolor. No quedara nada del inmenso vacío que da paso a la soledad, y de la soledad a la muerte. Hoy quiero gritarle al mundo que me amo a mi misma, y los amo también. Mi mundo es mi familia, mis seis adorados tesoros, esos tesoros que son mis hijos, mis pocos pero verdaderos amigos, que los cuento con mis manos y me sobran dedos. Quiero gritarles que por ellos vale la pena esta vida, vivir, luchar, correr y ganar hasta llegar a la meta. Mi meta es ser inmensamente feliz de la mano de Dios, que me sostenga por siempre y no me deje caer. No importa si tengo que correr hacía a él con mis pies descalzos. Al final de mi carrera, sé que el curara con su amor y bondad las heridas que queden en mis pies descalzos.

"CONFIA EN TI MISMA, NO DESMAYES"

Jamás escuches a aquellos mediocres que por envidia de lo que tú puedes llegar a ser, te dicen no podrás hacerlo, porque ellos jamás lo lograron. Tus oídos jamás deberán de prestar, la atención de aquellos cobardes que te dirán no te arriesgues porque si lo haces lo perderás todo; solo porque ellos jamás tuvieron el coraje y la valentía, de ni siquiera intentarlo una tan sola vez. No bajes la mirada jamás ante aquel absurdo fracasado, y desconfiado que como el nunca confió en si mismo te dirá: ¡yo no creo que lo logres…! Y, por eso se quedó en el lugar de los fracasados, solo contemplando el paso de los triunfadores, ¡aquellos que sin miedo a ganar o a perder lo arriesgaron todo…! No pongas oído a lo incierto, cuando el fracasado te diga no le intentes, es difícil, y no lo lograras, tú eres lo suficientemente valiente e inteligente y lograras todo cuanto intentes hacer…

¡Escucha aquellos que son optimistas que lejos de decirte detente…, te dirán avanza, sigue tu camino no te detengas…, tú eres capaz de hacer esto y más…, Ten presente que el valiente te aconsejara diciéndote no te rindas…! Sigue luchando hasta trazar la meta. Quédate a escuchar a los entusiastas que son los que siempre te animarán a seguir luchando por tus sueños, los que te darán siempre aliento, y fuerza cuando te sientas cansada. Pero sobre todo siempre ten presente escuchar a los grandes triunfadores, que soñaron con conquistar hasta lo más imposible, y pelearon fuertemente la batalla para hacerlo posible. Tú puedes conseguirlo todo, solo confía en ti misma, y en toda esa capacidad que, de ti emerge para conseguir todo aquello que te propongas….

"CONFUNDIDA DESILUCIONADA Y TRISTE"

A veces confundida, desilusionada, otras tantas veces triste, y sintiéndome sola. Pero intentado seguir de pie, para seguir intentando vivir mi vida. Hoy sé que esta vida no es de los cobardes, y miedosos que se tiran al precipicio, sin antes haber intentado pelear una batalla, para al final haber ganado la guerra.

Con el paso del dolor y el sufrimiento, aprendí que no voy a sentarme en la sala de mi casa, a ver, y contemplar el paso de los triunfadores. Hoy yo también me lanzare a iniciar mi batalla por la vida. No importando, si gano o pierdo, porque a veces el perdedor, se vuelve el vencedor.

Hoy no permitiré jamás que nadie pisotee mi dignidad de mujer, ni venga a opacar con maltratos mi belleza, mi capacidad de ser una mujer que es capaz de luchar y sobrevivir ante cualquier adversidad. Hoy echare, la tristeza de mi vida, y le daré paso a la felicidad, sin importarme lo que queda atrás.

Hoy puedes robar mi orgullo, no me importa, porque al perderlo me hace más humilde, y más humana. Pero jamás permitiré que robes mi dignidad, solo quiero que tengas algo en mente. Hoy se, que mañana mis mejillas se estarán secando, mientras las tuyas se estarán empapando…

Ese día entonces recordaras todo el daño que un día me causaste, sabrás lo que se siente, y lo que duele cuando se llora y se sufre por amor. Por un amor que un día te desprecio, te humillo y te hizo tanto daño. ¡Ese amor que anhelaras tener a tu lado, y al que habrás perdido para siempre…!

"CUANDO CAE LA LLUVIA"

Llega sin ser invitada, y con ella hay ocasiones que nos trae melancolía, tristeza con los recuerdos de las cosas, que fueron, pero que no pudieron ser más. Pero a veces llega para limpiarnos el alma, y las heridas de un corazón triste que quedo marcado por las penas que deja el mal de un desamor. A veces una tan sola gota puede calmar la sequía y mitigar la sed de amar de un corazón que siente; PERO que ya no vive más.

Hay ocasiones que no vale la pena llorar, aun cuando las penas duelen, hay que olvidar, para que recordar lo que tanto nos causa dolor. ¡Las penas duelen es verdad…! Y más cuando estas son causadas por amor. ¡Pero para que sufrir…! Si la vida es así con sus amores y desamores, con sabores y sinsabores es hermosa, y solo hay que vivirla, olvidando todo lo que nos causa dolor, pena, tristeza, o soledad…

"CUANDO CAE LA NOCHE"

Cuando cae la noche es la hora donde todos duermen, para mi es la hora de todos mis penares, de todas mis angustias. Es la hora de los recuerdos tristes, de los momentos que fueron y que no serán ya jamás. Momentos que un día me elevaron a la gloria, y me hicieron conocer el cielo y vivir en el paraíso. Pero que hoy me hunden en la tristeza y me llevan al infierno.

Noches tristes donde el cielo esta estrellado, y quisiera matar un poco mi dolor y mi tristeza contando las estrellas. ¿Pero al final me doy cuenta que quien podría contarlas? Y si alguien lo lograra entonces perdería la luna por seguir contando las estrellas.

Noches grises sin luna y sin estrellas, donde la noche solo invita a sufrir junto a ella. Hoy quisiera cambiar mis días por mis noches, pues sufriría menos, porque el día me trae menos tristeza que la noche.

Pero como cambiar los ciclos de la vida, es tan difícil y tan ilógico, más para quien como yo solo soy una simple mortal, que un día, así como nací, así yo moriré...

"CUANDO HABLA EL CORAZON DE UNA MADRE"

DEDICADO A MI AMADO HIJO "JEYSON"

Dónde quiera que tú vallas, no importa donde estés, ni con quien estés…quiero que sepas que le ruego a Dios, su imagen se apersone siempre en ti. Le pido que el envié ángeles y arcángeles a tu vida que traigan consigo millones de bendiciones del cielo para ti. Yo sé que donde quiera que tu andes, no importa con quien te encuentres; tu siempre pondrás atención, a mis palabras. Tu sabes mi amor que quien te va a hablar es el corazón de esta madre que tanto te ama.

Tú eres para mí, un capullo del clavel más primitivo, eres como un botón en flor, lleno de fragancia; que alegras mi corazón y mi vida. A veces te veo tan pequeñito, tan indefenso, a pesar de ser ya un hombre. Cuando, te veo así, lo que me provoca es protegerte con todo mi amor. Eres mi hijo, aunque no eres nacido de mis entrañas, pero te amo como si hubieras salido de mí. Ya no eres tan pequeño te me fuiste creciendo poco a poco, y ya de pronto no eras más mi niño pequeñito, ya eras un hombre.

Hoy ya no eres más aquel niño del ayer, ya no crees más, en aquellos cuentos que de niño te contaba. Porque hoy has dejado de ser niño y te has convertido en un hombre ya. Hoy ya empiezas a ser coqueto con las chicas, te gusta a veces vestir mejor, para verte más guapo de lo que ya eres. Pero a veces me da tanto miedo, porque has llegado a la fase donde crees que todo lo sabes, donde no miras el peligro, porque quieres vivir tu vida, tan intensamente, que no puedes ver el mal en la humanidad.

¡Pero hoy algo esta madre quiere decirte! Y es que quiero que vallas por la vida con cuidado sin dañar a nadie, pero sin permitir que nadie te dañe a ti también. Quiero que tus pies se paren bien sobre el piso que van a seguir tus pasos, porque la mayoría de veces dicho piso estará mojado. Hay piedras dañinas en el camino que si no tienes cuidado te harán tropezar, caer y salir lastimado. Encontraras tantas piedras en tu largo caminar, en donde siempre existirá la mala intención.

Recuerda hijo mío, que por más bello que ese camino se vea, no hay camino que no tenga piedras, como no exista una rosa que no traiga espinas. Esas piedras y esas espinas, que traerán consigo alegría, pero también traerán desolación. ¿Hijo mío es que quien dijo que este mundo sería perfecto...1? Mi amor no todo lo que brilla puede ser oro, recuerda que hasta el más puro lienzo se ensucia al pisar el lodo. Por eso hijo mío, escucha hoy los consejos de esta madre, que te habla con el alma y con el corazón.

El que quiere correr rápido por la vida, nunca llegara a la meta deseada, porque se cansa sin haber logrado su propósito, sin poder haber llegado lejos. Hoy pediré a Dios que te de toda la salud que tú necesitas para realizar tus sueños y contemplar tus metas, que jamás te falte la inteligencia, la humildad, la nobleza y la razón para que puedas tener un mundo lleno de mucha luz y amor, y con ello mi más grande y eterna bendición. ¡Jeyson! eres el hijo de mi vida, pequeño ángel de mi alma, hoy te escribe, este poema quien nunca te olvidará, tu madre la mujer que no te miente, que no te engaña y la que siempre te amará y estará allí incondicionalmente para ti...

"CUANDO MUERE EL CORAZON"

Quisiera expresarte con palabras como hoy mi corazón se siente. Pero desde hace tanto que ya me quede sin palabras, sin vos, y sin la forma de poder expresarte lo que a mi corazón está matando. Quisiera decirte que tu ausencia como tu indiferencia a mi corazón han matado ya. Hoy mi corazón yace muerto…

Hay días como hoy, en los cuales siento, que ya no puedo continuar mi marcha. Es tanto lo que he caminado, lo que he padecido, lo que he llorado y he sufrido, que, sin fuerzas, yo no me quedado. Hoy solo me queda recoger los trozos de mi corazón ya roto…

Hoy en mí ya no hay fe en tu amor, ya no hay esperanzas, d que un dia cambies, y vuelvas a ser el de antes. Hoy me queda solo la triste desilusión de entender que lo que un dia fue ya no será más. Porque mi corazón ha muerto…

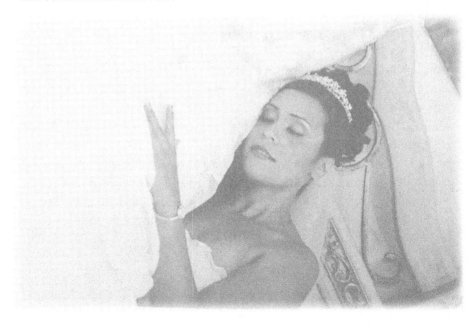

"CUANDO YO MUERA"

¡Un día yo moriré no sé si hoy, no sé si será mañana…! Pero tengo la convicción y la certeza de que ese día vas a querer estar en mi funeral. Yo te pediré de antemano con todo el dolor que mi alma y mi corazón encierran, que por todo el daño que en vida tú les causaste, no asistas a mi funeral. ¿Si no supiste en vida amarme y respetarme, para que te quiero en mi funeral, cuando yo ya estaré muerta? Por favor no te acerques, no me toques, no me lleves rosas. Para que acercarte si mis ojos ya no podrán mirarse con los tuyos, ya no podré saber si esos ojos en los que un día me mire, alguna vez fueron sinceros. ¿Para qué tocarme? ¿Si yo ya no podré sentir tus manos acariciando mi piel, para que llevarme las rosas que no me diste en vida? ¡Si en mi muerte ya no podré absorberlas, mucho menos disfrutar su perfume…! Ese aroma exquisito que traen las rosas junto con la felicidad que da el hecho de saber que quien te las regala es quien más amamos, o quien más nos amó.

Cuando yo ya este muerta, no quiero permitirte el hecho de verme allí…, ya sin vida, sin sueños, sin ilusiones, y sin felicidad alguna, porque todo esto pudiste dármelo en vida. Pero me lo arrebataste de mis manos, sin clemencia alguna. No quiero tus lagrimas hipócritas, no quiero tu arrepentimiento barato, solo déjame en mi ataúd descansar en paz, y que me lloren y me sientan, solo quien verdaderamente me amaron. Mis hijos, mi familia, mis verdaderos amigos. Pero tu mi gran amor, déjame descansar en paz, porque yo ya estaré muerta. ¿Ya de ti no querré nada, y es que para que…? Si ya nada de lo que hagas, nada de lo que digas, y todo cuanto llores, servirá, para cambiar la historia, si la triste historia de todo el daño que en vida me hiciste.

Vive si es que puedes en brazos de la que quiera ocupar mi lugar, segura estoy que no podrás jamas ser feliz con nadie, porque siempre mi presencia vivirá en tu mente. Sabes…, mi amor, es que de algo si estoy segura, y es que siempre supe que fui el amor de tu vida, y aun despúes de mi muerte tu corazón seguirá siendo mío.

Sé que sufrirás y querrás jamás en vida haberme hecho daño, pero será ya demasiado tarde, porque los arrepentimientos no reviven a los muertos. Yo siento pena por la que querrá ocupar mi lugar, porque ese puesto jamás estará vacúnate, si en vida es difícil luchar con alguien que esta presente, imagínate lo difícil que será pelear con quién ya se ha muerto..., y quien a pesar de la muerte vivirá presente en ti, como si jamás me hubiese ido...

CUANTA SOLEDAD, CUANTO DOLOR

Cuanta soledad, cuanto dolor no sólo físico, sino profundamente aquí en mi corazón, y en mi alma. Me hiciste tanto daño en el pasado, y tanto en el presente. Si hoy me fuera de este mundo, yo me voy con este dolor tan grande ahí dentro de mi. Habrá muchos que me criticaran quizás hoy, me gustaría invitarles en caminar una milla en mis zapatos, y si la pueden recorrer, sus críticas serán aceptadas.

Pero si mañana no estoy, solo deseo que los que me amaron en verdad, no permitan nunca que tu presencia sea una burla en el último adiós de lo que quede de lo que fue mi vida. No te quiero allí burlándote de mi, como lo hiciste siempre. Una despedida solo es entre seres amados, esos que realmente te amaron en vida. A veces un verdadero amigo puede ser mejor que un mal amor, para dar el último adiós a alguien que ya se ha ido [...]

DE QUE TE SIRVE TENER MUCHAS MUJERES

De que te sirve tener tantas mujeres a tu alrededor, de que te sirve tener sexo con ellas. Si a la hora de ir a la cama y dormir, siempre te sientes vacío y solo. Te que te sirve andar de flor en flor y subirlas a tu vehículo. Si el día que ese vehículo no te funcione, ellas te abandonaran, sin ayudarte, sin caminar a tu lado. Un verdadero hombre, el que sabe amar de verdad, no necesita muchas mujeres a su alrededor. Necesita una tan sola, quien sea su amor, su esposa, su amiga, su amante y su mayor complemento. No busques lo que no has perdido, no sacrifiques lo que has ganado, por una aventura que solo durara lo que dure el dinero en tu billetera.

Si tienes una maravillosa mujer que ha estado a tu lado, que ha vivido tus risas, tus alegrías. Esa maravillosa mujer, que también ha vivido, tu llanto y tu tristeza, entonces amala respétala. Dale el valor que ella merece. ¿Sabes por qué? ¡No verdad…! Pues habrá en el mundo muchas mujeres, quienes por algún interés te abrirán las piernas. Pero para amarte, para quedarse a tu lado, a luchar, y a sufrir contigo en la tormenta solo habrá una que se quedara contigo. Esa será, la que en verdad te ama, así tal cual tus eres, y con lo que no tengas…

"DESEARIA UNA LEY QUE NOS UNA, NO QUE NOS SEPARE"

Desearía que existiera una ley, que pudiera prohibir, la distancia, el desamor, la separación, y el olvido. Que los seres que se aman jamás pudieran separarse. Que el amor fuese eterno, y que no conozca el final. Desearía poder crear una ley, que haga que el amor una a las familias, y no que los separe así; de esta manera, esa misma ley nos mantendría juntos a ti, y a mí…

Como desearía, que esa misma ley, pudiera prohibir que la distancia y el tiempo existan. Me gustaría poder yo misma creer una ley, que haga y obligué a los que se aman, a estar siempre cerca el uno del otro. Que al igual que una orden de restricción dada por un juez, dictará una orden de acercamiento para siempre…, que nos hiciera vivir por siempre juntos, y enamorados…

Pero esto solo son mis deseos, mis sueños, mis ilusiones, porque hasta hoy no existe ningún juez, que pueda prohibir estas tres cosas tan dolorosas y tristes, llamadas **OLVIDO, DISTANCIA, Y EXTRANAR,** sin uno ser amado, o correspondido. No puedo entender, como esos seres inteligentes, que inventaron las leyes, se les paso de la mente, inventar esta ley, que haría que nunca muriese el amor, entre dos seres que un día fueron uno, y que hoy no lo serán nunca más…

"DESPERTARE CON UNA SONRISA"

Hoy no quiero vivir de tristezas, quiero dormir y mañana levantarme con una sonrisa dibujada en mis labios. Quiero agradecer a Dios por poder abrir mis ojos a la vida, y mirar todo lo hermoso que en su infinito amor el construyo. Quiero dar gracias porque puedo abrir mis ojos, y ver el sol brillar cada nuevo amanecer, y cada atardecer, ver como se oculta el sol, para darle paso al anochecer que me hará ver la luz de la luna y el brillar de las estrellas en ese cielo azul. Quizás el mí ayer fue malo, pero ya fue, ya paso no puedo seguir viviendo en él. Hoy tengo la oportunidad de volver a recomenzar, y ser diferente, porque es un nuevo día. Hoy intentare corregir todo lo que ayer me lastimo, curare todas las heridas que ese ayer me causo, y que tanto dolió…

Hoy yo sé que nada es fácil, pero también sé que nada es imposible, porque todo se vuelve posible, cuando se tiene la convicción de lo que no se ve, pero la seguridad de que si existe. Sé que si caigo, debo levantarme, y prepararme para una nueva caída. Sera fácil caer, y difícil levantarme, pero no me rendiré siempre lo hare con una sonrisa. No me permitiré jamás en la vida volver a tropezar dos veces con la misma piedra. No volveré a permitir que a mi corazón herido, lo lastimen más, no importa la razón, motivo o circunstancia de mi tristeza. Yo seré lo suficientemente fuerte y podre superar el dolor, contigo o sin ti. Hoy me prometo a mis mismas jamás en la vida volver a tropezar dos veces con la misma piedra.

Hoy sé que jamás dejare que a mi corazón herido y engañado lo lastimen más. Cualquiera que sea la razón, el motivo, o la circunstancia de mi tristeza seré lo suficientemente fuerte para superarla. Así como, cuando se siembra un árbol, este no deja jamás de crecer a pesar de que tantas veces le hayan cortado sus ramas. Hoy aprenderé a ser fuerte, no me rendiré jamás, levantare mi cara sin agachar la mirada, levantare con dignidad mi cabeza, y levantare como señal de alegría mis brazos para abrazarme a la vida. Porque sé que mi Dios me ama, me escucha, y me sostiene en el hueco de su mano, y de allí el jamás me dejara caer. Hoy voy a conquistar el mundo, si me es preciso y lo hare de la mano de Dios.

"DESPUES DE LA TORMENTA"

"Después de la tormenta puse tu amor a la venta, y nuestro fuego se quedó en cenizas. Brillastes por tu ausencia y aunque nunca fuiste oro en mi vida fuiste solo un trago amargo," y aún así yo seguí luchando por mantenerte en ella.

Tus frases para mí fueron en un tiempo música a mis oídos, sobre todo porque no eran frases copiadas en Google. Pero ahora me las sé ya tan de memoria, que escucharlas más no quiero, porque siempre caigo enredada en la misma mentira, y de estas ya mi vida se canso, y no las quiero más ella. Si tus palabras son sinceras eso solo tú y Dios lo saben yo ya no lo sé.

Si en ellas hay sinceridad, verdad y honestidad mucho será el camino que tendrás que recorrer; para poder demostrarme que te mereces mi amor, mi perdón, y la posibilidad de que alguna vez pueda volver a creer en ti. Dices amarme pero cada vez mientes, mientes y ya tus mentiras me tienen cansada…

"DIOS TE OFREZCO MI VIDA, A CAMBIO DE LA DE MI HIJO"

DEDICADO A MI HIJO "FELIX ANTHONY"

Dios quiero hoy decirte que te doy todo lo que con tanto amor y esfuerzo en esta viada yo he logrado. ¡Te doy todo! Mi vida, y todo lo demás. Yo estoy dispuesta hasta ofrecerte esa vida que tú me enviaste como préstamo, que quizás conmigo no se pueda quedar ya más. Te doy ese rostro angelical que mis ojos tuvieron la dicha de ver por primera vez, ese rostro que nunca antes en mi vida había visto. Esa sonrisa tan hermosa que nunca imagine recibir jamás de alguien a quien mi corazón amaría, sin medida y sin condiciones. Te daré sus manos, esas manos suaves y tiernas que acariciaron mi rostro tantas, veces mientras me llamaba mama. Te regalo sus sueños, sus metas, su caminar, su reír, su llorar, su alegría, su tristeza, su dicha y su desdicha. Te doy todo lo que nunca tuve, y lo que ahora anhelaría yo tener. Pero sacrifico todo, y todo te lo daré, todo será tuyo. Yo tomaré sus manos y te lo entregare señor, le pediré con amor y ternura que valla contigo, que camine a tu lado, que no tenga miedo porque atrás de él, tú siempre iras. El sabrá que Tú cuidaras con tanto amor como he cuidado yo de él.

Le diré que tú siempre lo abrazaras cuando tenga miedo, y que en las noches como cuando él era un niño al igual que yo tú acariciaras su cabello, y le contaras un cuento, de esos que nunca llegan a un final, para que él pueda dormir. Le diré que su nuevo mundo donde el vivirá será como aquella luz hermosa que siempre vivirá en mi corazón. Esa luz, que cuando yo me sienta sola, triste y cansada será la que me ilumine la vida, y me guie hacia el camino que me llevara a donde el estará. Sé que me dolerá mucho no poder abrazarlo, cargarlo entre mis brazos, besar sus suaves mejillas, acariciar su rostro, sentirlo pecado a mi pecho, y escuchar su voz diciéndome mama, como siempre lo hacía desde que era un niño. Pero Dios te pido que lo cuides, como yo nunca pude, ni podre hacerlo. Dale por favor la vida que yo le quité, dale el abrigo que el un día me pidió, y que yo por mis ocupaciones y por darla una vida mejor según yo, no pude darle. Hoy te pido que le des todo ese amor, ese cariño, de padre que el siempre anhelo y deseo tener, y que nunca tuvo. Dios dale [por favor todo, y dile que esta madre que hoy te entrega a su hijo lo ama con todo su ser. Te amo Anthony, mi corazón siempre… siempre te amara…

DISTANCIA

No siempre significa olvido, porque es a través de ella cuando en verdad recordamos a quien más amamos. Anoche como en todas mis noches tristes pensé en ti, recordé tantas cosas, algunas o casi todas tristes. Con tanto dolor en mi alma llegué a la conclusión que no me amas más, o caso nunca me amaste...Recordé como tus ojos me miraban antes, y como tus ojos me miran ahora. Antes tus ojos me decían mil palabras, y mi corazón vivía por tu amor, ahora se destroza en mil pedazos sin tu amor. Dicen que la distancia es causa del olvido. ¿Y lo es? ¡No lo creo...! Me parece que no, porque yo he intentado con toda mi fortaleza olvidarte, pero me ha sido tan imposible; que casi muero en el intento. Tú siempre estás en todo mí ser, en mi mente, en mis sueños, todo lo que hago, lo que digo, o pienso te trae a mi mente.

He tratado una y mil veces en otras cosas refugiarme para arrancarte de mí ser; pero tu siempre estas allí en mi mente, como escarcha pegada a mi cuerpo. Es tanto lo que lloro, y es tanto lo que sufro, porque forzar tu amor yo no puedo. No puedo obligarte a que me ames, aunque esto me hiera profundamente mi corazón. Ahora sé que quizás encontraste en otro amor, lo que jamás encontraste en mí. Yo no quiero guardarte más rencor, estoy tratando de aferrarme solo a los bellos recuerdos. Pero es que son tan pocos, que no me son suficientes, para renunciar a ti, sin odio y sin rencor. He tratado en otro amor refugiarme, pero solo he lastimado con mi indiferencia su amor y su corazón. Ahora estoy desesperada, y busco consuelo y amparo en mi propia esperanza. Ahora comprendo que la distancia no es el olvido, porque cuando verdaderamente se ama a un corazón que late por amor; con todas las fuerzas, no existe distancia, y tampoco olvido...

Lo único que queda es la tristeza y un corazón roto en mil pedazos. Anoche pensé en ti y descubrí que no me amabas, tus ojos decían más que mil palabras, y mi corazón se destrozaba sin tu amor. Dicen que la distancia es el olvido ¿y lo es así? me parece que no porque lo intente, pero fue imposible porque tú en mis sueños presente estás, todo me recuerda a ti y a veces trato de pensar en otras cosas, pero no es posible arrancarte de mí ser. Tú siempre estás presente en mi mente y lloro al no verte, pero no puedo forzar tu amor por que me duele en el fondo de mi corazón. Más te encontraste con otro amor y no te guardo ya rencor, trato de conocer nuevas personas, pero siempre lastimo sus sentimientos estoy desesperada y busco amparo en mi propia esperanza, y ahora lo comprendo, la distancia no es el olvido, porque cuando se ama con todas tus fuerzas se ama de verdad, y en mis pensamientos siempre estarás por que no te podré olvidar.

"EL AMOR DE MI VIDA SE LLAMA ANTHONY"

DEDICADO A UNO DE LOS MAS GRANDES REGALOS QUE TU ME HAS DADO, MI AMADO PADRE CELESTIAL.
MI HIJO MI AMADO "ANTHONY"

Tú eres el gran amor de mi vida, desde el primer momento que llegaste a ella, ya jamás dejaste de existir. Desde ese primer día que te supe en mi vientre, ya jamás dejé de sentir este amor por ti, que marco mi vida, mis sentidos, y todos mis esquemas. Yo solo soñaba, con ese primer instante en que al momento de nacer yo te tendría entre mis brazos, y cuando ese día llego supe que ya jamás, yo dejaría de amarte. Porque eras tú mi más grande y mi más puro amor, desde entonces hasta hoy, día a día te he visto crecer, tropezar, caer, para después levantarte, después de cada caida.

Cuando por primera vez tuve la dicha de escuchar tu voz, mi mundo se paralizó en alegría, y ese día supe que nada..., nada... en este mundo importaba más que tu mi pequeño ángel rebelde. Todo en ese momento me parecía hermoso, por muy negra y obscura que fuera la noche a mí me parecía de lo más clara y maravillosa. Tu amor me hizo traspasar barreras desconocidas, me hizo ser la mujer más fuerte. Me hiciste ser la madre más orgullosa, cuando con el paso del tiempo ibas creciendo, y yo miraba todos tus triunfos, y los halagos que los demás decían de ti. Es que, a pesar de muchos defectos, tienes tantas virtudes, un corazón de león, que no sé cómo cabe en tu cuerpo.

Aunque a veces tu amor me hace enojar, llorar y decir cosas que no quiero decir, porque no las siento. Pero lo hago, por como tu amor se porta a veces conmigo. Pero también fue tu amor el que me hizo llorar de felicidad, cuando por primera vez tus labios pronunciaron la palabra **"MAMA",** tu amor me ha hecho madurar, y ser la madre que ahora soy. Te pido perdón hijo mío, porque, aunque tú has fallado como hijo, yo también he fallado como madre. Te amo mi amor, y sé que un día todo, será tan diferente, y tu volverás a sonreír, y otra vez yo sonreiré contigo; porque el sol habrá salido también para los dos…

"EL AMOR"

"El amor no es un camino de rosas, donde uno va caminando a través de los pétalos". El amor es tan hermoso, nos eleva al paraíso, y nos conduce también al infierno. Es tan sublime, tan único, tan dulce y tierno a la vez. Cuando lo tenemos creemos que nada nos hace falta que lo tenemos todo, y cuando lo perdemos nos damos cuenta que somos nadie. Que solo somos pequeñas criaturas, indefensas, necesitadas, y co-dependientes de ese sentimiento tan maravilloso llamado amor para seguir viviendo.

¡Quien dijo que el amor es un sentimiento que no puede terminar, o perdurar para siempre…! Si puede terminar cuando los seres olvidamos que el amor es hermoso que puede perdurar para siempre, si lo cuidamos, cada día, cada mañana, cada anochecer, y cada nuevo amanecer, como se cuida una flor que se sembrado en el jardín. Pero que se igual manera puede morir se deja de regarse cada mañana y cada anochecer, como muere la flor cuando no se cuida debidamente, como mueren las hojas de los árboles en un triste llegar de Noviembre…

"EL AYER, Y EL HOY"

Mira como han pasado los años, mira lo que éramos, lo que fuimos, y como somos realmente ahora. Hoy me doy cuenta que mi vida antes de ti, jamás la viví a como la vivo ahora. Yo siempre fui una escultura, pintada a través de un lienzo por ti, quizás no las más costosa en dinero, pero la más valiosa en el amor para ti. Yo nunca pude apreciar, el arte de mi propia escultura, estaba tan ocupada amándote, y cuidando de cada detalle para no perderte, que me olvidé de mi propia existencia.

Me condene a mí misma, a vivir, como viven los vampiros sin derecho a ver la luz del día, porque mi día terminaba con cada anochecer que podía sentir todo tu ser vibrar juntó a mi ser. Entonces me resigne a vivir en el vacío que trae la inmensa obscuridad de la noche, y la tristeza que llega con un nuevo amanecer de un nuevo día, que quizás no sería el mejor. Pero aprendí a vivir a través de los ecos mismos que vienen del silencio que produce la tristeza, de cuando una calla cuando debe hablar. Me convertí en la cómplice de mi propia sombra, y me perdí queriendo encontrar lo que no había perdido jamás.

Con el tiempo fui comprendiendo que era verdad que me amabas, pero también tu amor era dañino y era mentiroso, porque quien ama nunca engaña, no traiciona, ni mucho menos condena al ser amado a la tristeza de vivir entre las sombras, al miedo de vivir aterrado de caer en el infierno de lo que significa una traición. Ya no pongas nuestro amor en una condena entre los gritos del silencio que trae la soledad, y los gritos del vacío que trae la traición.

¡Yo no puedo hoy creerte…! Yo no puedo pensar que esta vez eres honesto, y que otra vez mi corazón no destrozarás. ¡No puedo creerte cuando dices que aún podemos salvar nuestro amor…! No puedo creerte como te creí cuando sólo eras un joven de 25 años, y la casualidad llego a formar parte de nuestra realidad cuando permitió que nuestros caminos se encontraran y nuestros corazones se juntaran. No, no, no, yo no puedo ya creerte…, como te creí cuando sólo eras un joven de 25 años, en donde la casualidad llego a formar parte de nuestra realidad. Esa casualidad que permitió que nuestros caminos se encontraran, y nuestros corazones se juntaran. No creo que pueda creerte porque aquel muchacho de 25 años que la casualidad puso en mi camino, solo fue un espejismo que se desvaneció en medio de una cruel mentira que hoy solo me sabe a traición. No te creeré, porque ya me cansé de vivir como los vampiros, sin el derecho a ver la luz…

EL CACTUS Y LA ROSA

Tu rosa es esa, la que no es una puta, porque las putas tienen sentimientos y sufren cuando venden su cuerpo por necesidad. Ellas se sienten sucias, porque tienen que vender su cuerpo al mejor postor mientras su alma llora de tristeza, asco, y soledad. Tú rosa esa que presume ser joven y bella. Esa que presume estar más fresca que una flor en primavera, pero que no es más que una tipa, **"QUE VE UNA FAMILIA FELIZ Y SE METE EN MEDIO SOLO PARA DESTRUIR LA ALEGRIA DE ESE HOGAR..."** esa no podría compararse a las putas porque les faltaría el respeto.

Tu rosa fresca es esa, que tiene belleza externa, esa que le gusta el mundo, porque fue criada entre los mundanos. Esa que presume de juventud y belleza, esa que según ella brilla como el oro. Tú de estúpido impactado por lo exterior, de su supuesta belleza, y su brillo. Te sientes joven, y potente, porque ella es una experta en la cama. Es que ella ya nació siendo maestra en esas cosas del placer. Pero olvidaste que entre esos placeres que tú rosa te ofrece no está incluido el amor. Ella no sabe amar, porque lo que ella ama es el signo de dólares que se encuentra en tu billetera…

Tu cactus es esa mujer la que te conoció, y se enamoró por lo que tú eras. Esa que no mide la cantidad de números en tu chequera. Esa que llora con tus penas, que sufre por tus fracasos. Esa que ríe y celebra tus triunfos por muy insignificantes que estos sean. Esa que con orgullo habla de lo maravilloso, lo inteligente que eres. Esa que no mira tú belleza exterior sino la interior que hay dentro de ti. Tu cactus es esa que a diferencia de tu rosa te ama, te valora, te cuida, te protege y te procura como solo lo hace alguien que verdaderamente te ama.

Tu rosa, se cree joven y bella perfecta, porque ella cree, que su belleza y su juventud perduraran. Pero pobre estúpida, que equivocada esta. Como equivocado vives tú. Tu rosa se marchitara y morirá. **Tu cactus** a diferencia de tu rosa, sobrevivirá, sin importar el tiempo o el clima. **Tu cactus** seguirá allí firme lleno de espinas sí. **Pero un día ese cactus** dará flores hermosas, de esas flores tan hermosas y perfectas que tus ojos jamás habrán visto antes. Sabes porque? **Porque ese cactus** al que hoy compras con una flor que pronto se marchitara. Ese cactus es tu esposa la que conoce todo de ti, tus defectos, tus debilidades, tus gritos, tus ronquidos, tus malos genios, tu amargura. Pero aún sigue allí amándote con todos tus defectos.

Pero aun siendo como tú eres **tu cactus** sigue allí firme a tu lado sin importar lo que vendrá después...Tu rosa quien es tu amante, conoce lo bueno de ti, lo dulce pero no lo amargo. Ella conoce de tus caricias fingidas, de esas promesas estúpidas llenas de mentiras que jamás le cumplirás. No la harás porque es que dentro de ti, mientras le haces el amor a tu rosa, **sé que piensas en tu cactus.** Porque también no eres estúpido, y sabes que a tu amante solo la mueve tu dinero. Los lujos que contigo tiene, los espacios pequeños que tú puedes regalarle. Los pequeños momentos de felicidad que tú puedes darle, y no porque te amé, sino porque el sexo con sabor y olor a dinero, son el placer más exquisito.

Así que, tú rosa con sus mentiras y engaños puede robarte una sonrisa, pero jamás el corazón. Tu rosa, que está contigo, sin importarle el daño que causa en los demás sin importar cuantas veces tú la has mandado al diablo. Pero ella no te busca, te ruega, que regreses con ella. Ella que no deja arrastrarse ante ti, como una **"Snake."** Porque a ella solo le importa, el valor de tu cartera. Ella no conoce de dignidad, de principios, o de amor propio. Ella no sabe que es la vergüenza porque la perdió en cuartos de hoteles, a los que tanto ensucio. Ella mide el amor según su monto. Así, mi amor como ella podría dejarte ir...!? Ahora eres tú, quien debe decir, que es lo que prefieres, tu rosa que se marchitara o **tu cactus** que permanecerá verde sin importar el tiempo o el clima? Tú decides la decisión es tuya...Tu amante conoce tu dinero, tus lujos, los espacios de felicidad y tu sonrisa, por eso está contigo, ahora dime ingenuo con quién te quedarás, que prefieres tu rosa o **tu Cactus?**

"EL CORAZON DE UNA MADRE LLORA"

Cuando llora el corazón de una madre es como traspasar una flecha directa a matar para morir, lentamente soportando el dolor de una herida que será la causa de la misma muerte. Es como navegar en medio del océano aun sabiendo que sin saber nadar solo se encontrará la propia muerte. Es correr y correr tratando de alcanzar lo que amamos para salvarlo de que no se hunda en medio del pantano. Pero los pies se nos cansan y no podemos llegar a la meta deseada. Es cruzar barreras y escalar montañas en lo más alto para poder proteger lo que es tan nuestro. Pero que al final el camino es tan doloroso y arriesgado que caemos cansados y por más que luchamos para seguir la carrera; tenemos que parar sin poder llegar a la meta anhelada, habiendo encontrado ya lo muerte misma por el dolor que causa no haber podido conseguir nuestro objetivo, salvar y proteger a quien más amamos.

Es llorar y llorar sin poder encontrar consuelo en medio de la tormenta, es arrodillarse y pedir perdón a Dios por el mal que incluso con justificación hemos causado, a otros, a cambio de encontrar clemencia para ese ser que nuestro corazón adora. ¿Es pensar porque…? ¡Porque…! ¿Porque…? Pero también es entender que casi nunca se encuentra respuesta porque solo Dios tiene la respuesta para esos porqués. "Porque es el quien en su misericordia ha escrito derecho bajo líneas torcidas." Cuando el corazón de una madre llora, cansado, destruido y abatido solo queda la esperanza de descansar en Dios, y dejar y confiar en que el hará la obra. Cuando el corazón de una madre se quiebra en miles y miles de piezas solo queda la necesidad de creerle a Dios y saber que él es bueno. ¡Soy yo esta madre que habla, sufre, corre, llora, grita para encontrar consuelo y poder reconstituir los pedazos de su corazón que destruido en miles y miles de piezas se encuentra ya…! Te amo mi ángel rebelde, y aunque hoy ya eres un hombre, en mi corazón siempre serás mi niño bueno, el que a pesar de sus imperfecciones tiene un corazón de León; Dios estará contigo siempre mi amor y mama también. Yo jamás te abandonare por más larga, fuerte y cruel que sea la tormenta. Yo estaré allí peleando para salir a flote y al final haber ganado la guerra. Si tengo que sufrir lentamente, soportando el dolor de una herida que será la causa de mi misma muerte, no me importa morir, pero moriré peleando. Aunque seguir peleando en la guerra, sea como navegar en medio del océano aun sabiendo que sin saber nadar solo se encontrará la propia muerte. Es correr y correr tratando de alcanzar lo que amamos para salvarlo de que no se hunda en medio del pantano, pero los pies se nos cansan y no podemos llegar a la meta deseada.

Es cruzar barreras y escalar montañas en lo más alto para poder proteger lo que es tan nuestro. Pero que al final el camino es tan doloroso y arriesgado que caemos cansados y por más que luchamos para seguir la carrera; tenemos que parar sin poder llegar a la meta anhelada, habiendo encontrado ya lo muerte misma por el dolor que causa no haber podido conseguir nuestro objetivo. Es llorar y llorar sin poder encontrar consuelo en medio de la tormenta, es arrodillarse y pedir perdón a Dios por el mal que incluso con justificación hemos causado, a otros, a cambio de encontrar clemencia para ese ser que nuestro corazón adora. ¿Es pensar porque…? ¡Porque…! ¿Porque…? Pero también es entender que casi nunca se encuentra respuesta porque solo Dios tiene la respuesta para esos porqués. "Porque es el quien en su misericordia ha escrito derecho bajo líneas torcidas".

Cuando el corazón de una madre llora, cansado, destruido y abatido solo queda la esperanza de descansar en Dios, y dejar y confiar en que el hará la obra. Cuando el corazón de una madre se quiebra en miles y miles de piezas solo queda la necesidad de creerle a Dios y saber que él es bueno. ¡Soy yo esta madre que habla, sufre, corre, llora, grita para encontrar consuelo y poder reconstituir los pedazos de su corazón que destruido en miles y miles de piezas se encuentra ya…! Te amo mi ángel rebelde, y aunque hoy ya eres un hombre, en mi corazón siempre serás mi niño bueno, el que a pesar de sus imperfecciones tiene un corazón de León. Dios estará contigo siempre mi amor y mama también. Jamás te abandonare por más larga, fuerte y cruel que señala tormenta. Yo estaré allí peleando para salir a flote y al final haber ganado la guerra.

"EL DIA EN QUE NACISTE"

DEDICADO A MI SOBRINA ROSA Y. ARTICA

Aún recuerdo el dia en que naciste, fue un 18 de Febrero, cuando una flor hermosa habría por primera vez sus pétalos a la vida. Esos pétalos eran tus ojos, que se habrían para venir a descubrir a este mundo lo maravilloso que es vivir. Si vivir para luchar y llegar a ser a base de esfuerzo quien ahora eres. Desde entonces te amé, te arrullé entre mis brazos y le di gracias a Dios, por el privilegio de un regalo tan hermoso como tu mi amada sobrina. Dios me regalo en ti, a una joya, esa a la cual por nombre tus padres llamaron Rosa. Eres la Rosa más bella, porque en ti, todo es valentía, lucha, coraje, decisión. Tu nombre también es verso, poesía, y canción. Tu eres la fortaleza, y la esperanza en tu familia, el ejemplo de todos, de que se puede ser grande aun siendo de mediada estatura.

Tu eres la fe de tu familia en esos momentos difíciles, te vuelves fuerte como el roble, y pesada como el hierro cuando de dar fortaleza a otros se trata. Contigo no hay tristezas, porque aun en los momentos tristes sonríes. Si sonríes, como si tu no necesitaras de un abrazo, aunque por dentro lo estés anhelando. Pero debes seguir de pie, porque no quieres que los que aman te vean débil. Es que, si lo hacen, entonces como podrían en ti apoyarse. Como no amarte mi querida niña, si con tan corta edad, has demostrado de lo que estas hecha. Hoy a través de mi poema, te doy mi amor, mi cariño, mi admiración, y todo mi respeto.

"EL DIA QUE YO MUERA"

NO te acerques arrepentido según tu pidiendo perdón a un cuerpo que yace sin vida, ausente en el olvido de lo que la vida le quito… yo ya no podre oírte, y tampoco podre contestarte, que tus palabras me suenan a mentira, y a hipocresía barata. No mientas diciéndome que me amabas, porque en vida jamás pudiste amarme de corazón. Entonces como ahora que estaré muerta, vas a venir a hablarme de tu amor cuando en un ataúd yace mi cuerpo sin vida…

Para que me traerás flores, si yo ya no podre absorber ese aroma exquisito que en vida tanto me gustaba absorber de ellas. Si en vida jamás te gustaba llevarme a mi restaurante favorito, para que me echaras en mi ataúd, lo que tanto yo amaba comer, y que ahora solo será comida para los gusanos, igual que lo será mi cuerpo.

Cuando yo me muera, no vengas a llorar en frente de mi ataúd, con tus remordimientos baratos, diciéndome, que sufrirás por mi ausencia. Si en vida jamás me lo demostrarte, porque he de creerte ahora en tus palabras de arrepentimiento; ¿que solo sonaran ante los presentes, como mentira, hipocresía, y culpa?

Cuando yo muera, solo te pido una cosa, recuérdame como la mujer que fui en vida, aquella que te amo, y a la que tú jamás valoraste, amaste, cuidaste, y protegiste. Como aquella que te dio no solo su amor, y su vida, sino un hijo maravilloso, un ángel llamado Julián…

"EL DIA"

El día en que tú te des cuenta que sigues amándome, regresaras a buscarme. Pero ese dia también sabrás, que me has perdido. Tú decidirás luchar, deseando encontrar la forma de recuperar lo que un dia tuviste, y ya no tienes. Tu querrás seguir amándome, pero mi piel ya no necesitara tu piel, mis besos ya no desearan tus besos. Ese dia tristemente te darás cuenta que, a tu regreso, lo único que encontraste fue la jaula vacía. Porque tu ave después de tantos engaños, que tú le causaste en la vida, curo sus alas, y emprendió su vuelo a otro nido. Entonces comprenderás que el día que te marchaste dejándome con las alas rotas, y después de haberme caído tantas veces intentando volar; **CURE, MIS ALAS, ME LEVANTE.** Y, alcé mi vuelo, para volar lo más alto que pude, donde tu jamás llegaras alcanzarme.

Ese día tan deseado llegara, y con ello el fin de mi sufrimiento. Entonces yo podre gritar llena de dicha, de felicidad y paz, que por fin se curaron mis alas. Ese dia, **Yo** abre aprendido, a volar de nuevo. Si volare sin ti; aun cuando yo misma pensaba, que jamás podría hacerlo. Porque jamás imagine que podrían sanar mis alas y curar mis heridas, cerrar las cicatrices que me dejó el dolor; que tus engaños me causaron siempre… Volar en libertad es mi sueño, y ser feliz mi mayor anhelo…ese día habrá llegado y yo estaré feliz. Pero tú estarás solo… solo sin mí, sin amor y sin el dinero que tanto te hacia valer. Entonces sabrás que tuviste ante ti al amor de tu vida, pero lo perdiste, porque jamás supiste cuidarlo. Es que, a ti, siempre te gusto comer en platos desechables, pudiendo comer en porcelana y plata, fina como delicada.

EL EFECTO DEL PRIMER AMOR

DEDICADO A: MIGUEL ANGEL ANDINO SANABRIA (RIP)

El efecto del primer amor, nos marca tan profundo, en el alma, en el corazón, en la piel, y en todos los sentidos. ¡Es tan profundo, tan sublime, y tan hermoso, que lo recordamos para siempre..., hasta el día en que morimos...! Así fue mi amor por ti, intenso y eterno hasta la misma muerte...Yo que a ti, te amé en lo oculto, como solo pueden amarse ciertos seres, en la oscuridad. Así te amé yo a ti, en secreto, entre la sombra y el alma. Hoy yo quisiera poder tener la oportunidad de que estuvieras aquí. Quisiera expresarte con palabras como hoy mi corazón se siente. Pero desde hace tanto que ya me quede sin palabras, sin vos, y sin la forma de poder expresarte lo que a mi corazón está matando. Es que tú ya no estás aquí, ya no puedes verme, escucharme, ni responderme...Porque tú ya estás muerto...Hay días como hoy mi amor, que vives en mi mente, en mis recuerdos como vivías en el ayer. Pero luego comprendo que ya no estás aquí, y realizo que ya no estarás, porque para siempre te has marchado.

El día que te perdí, sentí que ya no podría continuar mi marcha sin ti. Ese día, te busque entre mis sueños, en todos los recuerdos que tenía atesorados en mi mente, como mi mayor tesoro. Pero me sentí cansada, porque sentí, que era tanto lo que había mi mente caminado, tratando de juntar uno a uno nuestros recuerdos. Desde que me di cuenta de tu muerte, es tanto lo que he padecido, lo que he llorado y he sufrido, que fuerzas ya no me quedan más. Solo espero un día en el cielo encontrarte, y que me cumplas la promesa que me hiciste. Esa promesa de en otra vida encontrarnos para amarnos, y no separarnos nunca jamás. Tu cuerpo se murió, tu alma se fue con Dios. Pero tu amor, me lo quede yo...Porque el efecto del primer amor se queda para siempre en el corazón, en el alma, en la piel, y en cada uno de los recuerdos que de ti me quedaron...

"EL ESTILO"

"Hay cosas que no podrías jamás comprar con tu dinero. El estilo es algo inédito, sutil que viene de adentro del alma, y se profundiza en el corazón. Es algo que se revela en los pequeños detalles. No en la ropa que usamos a diario, ni el carro del año que manejamos. El estilo es la forma como nos educaron en la vida, para poder actuar, movernos y hablar, siendo uno mismo, sin tener que imitar, ni dañar a nadie…"

EL NORTE Y EL SUR

TUS DOS FRONTERAS
A MI AMADO HERMANO EDWIN O. MEDNA ARTICA
(RIP)

"Una vida, un dolor, y un corazón agonizando, para después morir, quebrando en miles de piezas, por la división de su amor entre dos fronteras. El Norte, y el Sur." (Triny de Artica), hoy más que nunca entiendo tus palabras madre mía. Hoy tus palabras, vuelven a dejarme con mi corazón partido en miles de piezas. En esta división entre este gran amor, y estas dos fronteras como tú siempre nos los decías…! Qué bueno que te fuiste antes que tu hijo amado, y que no tuviste que pasar por tercera vez, este gran dolor. Él era tu hijo favorito, mami al que siempre cuidaste y protegiste, como a la niña de tus ojos.

Tu amor por él siempre fue tan justificado, aún cuando él hiciera las más grandes travesuras, para ti todo era gracia. Como se vive con tanto dolor en el corazón, y con tanta tristeza en el alma? Como se vive cuando en verdad se ha perdido un gran amor? Me siento vacía incompleta sin ti hermano. Una vida no me alcanzara para olvidar ese triste día en que supe que te había perdido… Te fuiste dejándome este hueco, este vacío y este dolor que no sé cómo llenar, y como aliviar […]

"EL PRECIO PARA SER LIBRE"

"A veces el precio para ser libre es estar sola, y de eso yo tengo tanta escuela. Me he graduado con las mejores notas. El precio fue al final mi libertad. Pero dicha soledad, me está haciendo inmensamente feliz…"

"EL VALOR DE MI PERSONA"

El valor de mi persona no lo define mi altura, sino los valores con que fui educada, la dignidad que me caracteriza, como persona y como ser humano. La inmensidad y la humildad de mis sentimientos. No me define el color de mi cabello, ni la longitud del mismo si es corto, si es largo, si es lacio o si es chino. La belleza de mi rostro, o la perfección de mi cuerpo, no define el valor de mi persona, sino la belleza de mi interior. No es un título universitario, mucho menos el dinero lo que hace a mi persona ser mejor, sino la calidez y la nobleza de mi alma lo que me hace ser y sentirme inmensamente grande. Lo que me hace ser diferente a los demás, es la honestidad con que veo la vida, y con la que trato a las personas, quienes merecen mi respeto, y mi admiración, y quienes me aceptan y me aman tal cual yo soy con mis grandes imperfecciones, y mis pocas virtudes.

Tratar a mis pocos pero sinceros amigos con humildad y respeto, me hace enaltecer mi nombre y engrandecer mi humildad y mi nobleza. Lo que más me llena de satisfacción y orgullo es hacer que se refleje en mi la decencia que herede de mi Santa, mi madre bella, que como ella jamás habrá sobre la tierra mujer alguna. De ella herede la mejor herencia que una madre puede heredarle a una hija; la amabilidad, humildad, lealtad que hoy llevo en mis venas es solo obra de ella. Soy una mujer que se define y se hace ver grande por el respeto, y el amor que siento por mi cuerpo. Ese mismo respeto que tengo y siento por los sentimientos y pensamientos de los demás seres humanos.

No me meto con nadie, sino se meten conmigo, o con lo que es mío. No trato de entrar en una vida donde está formada por dos, si dos que con esfuerzo y lágrimas construyeron un imperio, y no precisamente ese imperio tiene que ver con el dinero. Sino con la satisfacción de haber formado un hogar y con ello procrear hijos, unos hijos que no merecen que nadie venga a sus vidas queriendo entrar a la fuerza, como a la fuerza se quiere una poner un vestido rojo, que por más que sea bonito y sexy no se puede entrar por dos motivos, uno porque ya tiene dueño y dos porque aunque se pidiera no podría ser prestado. Pero claro de esto las mujeres indecentes nada entienden; ellas solo entienden de robar y destruir hogares, de quitarles sonrisas a niños inocentes que gracias a ellas papa les ha sido arrebatado. El hecho de ser sincera y hablar de frente, y no andar con hipocresías, hace que los demás me vean, y me define ante ellos como una loca. Pero no me importa, porque quienes me llaman loca, son los hipócritas, los que nacieron sin vergüenza, sin dignidad, y sin principios. Esos que no son felices, y no soportan la felicidad en las caras ajenas. Pero que me importa, lo que ellos digan, lo que ellos piensan; a mí solo me importa verme reflejada en la sonrisa inocente de un niño, en la calidez de un abrazo que me ofrece un amor verdadero, o un amigo sincero. Los demás para mí solo representan la hipocresía, la mentira, el engaño, la traición. Pero aun así, yo sí puedo pagarles a ellos, con una cálida y sincera sonrisa, porque de la maldad que ellos poseen mi corazón fue incapaz de haber sido contagiado. Esto es lo que define el valor de mi persona.

"ESPOSOS"

Somos esposos pero al mismo tiempo somos dos extraños, cada cual sigue una brújula, que nunca, nos conduce al lugar donde se encuentra el otro. Somos esposos sí, pero es como si fuésemos dos extraños en medio de la noche. No sabemos nada el uno del otro, porque tu jamás tuviste el suficiente amor, y la capacidad para entender que cuando dos seres unen sus vidas, estas pasan a ser una sola carne, y por lo tanto una sola familia.

Si somos esposos, pero a ti, nadie te enseño nada del amor, el respeto, y la protección que conlleva a ser un esposo fiel. A ti nadie nunca te enseño, que un esposo es aquel, que ama, procura, protege y trata a su esposa, como a una princesa, porque con eso demuestra que fue educado por una Reyna. Hoy siento tanta tristeza y dolor aquí en mi corazón, tanta soledad, decepción en mi alma, porque al parecer es como si tú y yo, jamás nos hubiésemos conocido, como si jamás nos hubiésemos amado. Estamos juntos.

Pero nuestras vidas viven al ritmo de una montaña rusa a veces arriba, y otras abajo, porque así lo decides tú, y porque así lo he permitido yo. Estas tan lejos, que hoy yo siento que tu mente, tu corazón y tu alma, como tu vida, nunca me perecieron, y jamás me pertenecerán. Yo solo fui la estúpida niña que creyó en los cuentos de hadas. Pero que hoy despierta de ese sueño para darle paso a la realidad. Mi realidad es que eres mi esposo porque así, lo dicen las leyes y un documento que me hace acreedora de ser legalmente tu esposa.

Pero no lo dice, ni lo siente tu corazón. Sabes antes dolía mucho, pero con el tiempo la vida, me enseno a no dar importancia, a lo que realmente no la tiene. Pero esa misma vida, es algo así, como el amor que viene y se va, como viene y se va la lluvia de la media tarde, dejando sólo su aroma en la tierra, y el deseo de poder poseerla. Así fue tu amor de fugaz y pasajero, ahora es momento de que yo lo deje ir…! Y aprenda a vivir sin ti, y sin tu sombra…

ESTA VIDA ES UN MERCADO

Esta vida es a veces como un mercado, donde no sólo se compra ropa que no sea de marca. Sino también se venden y se compran amores baratos, por unos cuantos dólares. Se sacrifica el amor, la familia, el hogar, y los hijos, por un pedazo de carne mal habida, como también la amistad. Quien creíamos era el amor de nuestra vida, y para quien una era el amor de su vida, traiciona el amor por unas noches de pasión insana mal habida. Pasiones que se dan, y se venden por unos cuantos dólares, y se pierde la dignidad por cuyo mismo interés.

¿Amigos cuáles? Porque los que creíamos amigos, ya no lo son más, o quizás nunca no lo fueron. Porque solo saben ser amigos en las parrandas, para debutar desde un Vino 🍷 Tinto Francés Chato de 1869, hasta una mala cerveza sin marca y sin nombre. Porque en fiestas, y parrandas son amigos, porque hay vino 🍷 cerveza 🍺 y tequila. Pero cuando en realidad estamos en el fango, los avientan de una patada, como si estuviéramos apestados.

"El amigo ama en todo momento; en tiempos de angustia es como un hermano." (Proverbios 17:17)

Hay amigos que no son amigos, y hay amigos que son más que hermanos. (Proverbios 18:24)

El bálsamo y el perfume alegran el corazón; los consejos del amigo alegran el alma. (Proverbios 27:9)

Gracias **Lizzette Lombera & ahora Nidika Kafati,** porque ustedes dos me han levantado, cuando he sido solo un árbol caído que no da frutos. Con su amor, y su hermandad de amigas, me han ayudado a levantarme para recuperarme y ser más fuerte que nunca....

"ESTO QUE VEZ HOY, ESA SOY YO AHORA"

Esto que vez hoy esa fui yo, esa sigo siendo aún ahora…

No soy ni más ni menos que nadie. Pero eso sí, no me comparo a ninguna otra mujer, solo si esa otra fuera mi madre. Yo solo soy un pedazo de ser humano, que lleva consigo un trozo inmenso de humanidad. Un puñado de risas melodiosas, con una gran cuota de una inmensa locura. Pero también con un pedazo inmenso de dulzura en mi alma, en mi corazón, y en mi vida. Esta que vez ahora soy yo. Una mujer fuerte, valiente y decidida a la que tu desamor no logró destruir.

Esa que fui, esta que vez ahora, es la que soy, y que seguiré siendo mañana. Una mujer a veces niña, con un alma rebelde, y otras veces una mujer con espacios vacíos, que nada, ni nadie logra llenar. Pero me veo al espejo, sonrió, olvido y vuelvo a ser feliz sin ti…

Esto que vez hoy, esa soy yo, una mujer a veces llena de espacios y otras tantas llena de infinitos. A veces inundada en un mar de pasiones, y otras veces confundida en un océano de dudas. Una mujer a veces llena de libertad absoluta, y otras tantas presa de mis sentimientos. Pero hasta hoy es todo lo que tengo, y todo lo que soy; a veces amor, pasión, a veces furia odio y rencor. Pero esto es todo lo que soy, y todo lo que tengo. Para ti, esto quizás no es nada. Pero para mí, lo es todo. ¡Porque está soy yo, con lo que tengo y lo que soy…!

"ESTOY PRESO DE MI LIBERTDAD"

DEDICADO A OSCAR ARMANDO BLANCO

Hoy me escribes desde las rejas que te alejan de tu libertad. En esa prisión llena de barrotes, donde desde hace ya 14 años has perdido tu libertad; y donde dichos barrotes, se encuentran ya tan oxidados, y donde difícilmente puedes ver la luz del dia, sino hasta que en raras ocasiones te sacan por algunos minutos a ver por un instante los rayos del sol. Han pasado tantas veces en que el aire no has podido respirar, ante la hostilidad y el hedor de lo podrido.

Hoy al escribirme, te has sentido tan solo, tan abandonado y tan perdido. Hoy estando allí has conocido, y has vivido de cerca en el infierno. Has vivido lo que es la amarga soledad, hoy te sientes acabado, destruido y quedado en el cruel olvido de todos los amargos años que has vivido allí. Hoy estas solo en tu celda, y veías las rejas que te separan de ese mundo llamado **"libertad."** Te preguntabas, si alguna vez serás libre, y si alguna vez tendrás la dicha de volverte a ver en libertad.

Hoy decidiste escribirme, porque es a través de tus letras, que quieres decirme; que **yo,** un dia fui, la única esperanza viva, de lo hermoso que alguna vez tuviste la suerte, de tener. Eso amor hermoso, y puro que Dios y la vida te regalaron, y que, por tu inmadurez, y tus vicios un dia perdiste. Quisieras decirme que tu sueño es recuperarme y tenerme a tu lado, como un dia me tuviste. Pero que tú sabes que perdiste, desde aquel dia, cuando tontamente me fallaste, y te fallaste a ti mismo perdiendo tu libertad. Ese dia triste, en que supe que habías perdido tu libertad, supe también que nos habíamos perdido para siempre, el uno al otro.

Hoy sólo me escribes, para que nunca te ponga en el olvido. Me pides por favor, recuerde solo lo bueno de ti. Porque tu fe y tui esperanza, es reencontrarte conmigo en la eternidad, y poder recuperarme, para poder vivir junto a mí, en el infinito para siempre.

Hoy no sé qué decirte, solo quiero hacerte saber que en mi para ti, no hay olvido. Tú vives entre los más bellos, recuerdos de mi vida. ¿Perdonarte de qué? ¡No lo sé...! Quizás solo, de que hayan sido, tus acciones equivocadas, las que nos separarán. Ya te perdoné, por eso porque son más las cosas buenas que tengo de ti, en mi mente que las malas.

"FELIZ DIA DEL PADRE PAPI"

Felicidades papi en este día del padre, aunque ya no estés conmigo, sé que estarás mañana en la presencia de Dios, junto a mami y a mis hermanos. Celebrando tu día. Gracias por haber sido el mejor padre del mundo, gracias por haber sido el padre que fuiste, el que sembró una semilla, para cultivar una familia grande, unida, y bella como siempre tú y mami lo quisieron.

Gracias, por no ser un padre irresponsable, por no ser de esos, que divide su familia como se divide un negocio, una herencia, o un par de fronteras porque se creen muy hombres. Porque riegan su semilla por doquier, y con cualquier mujer. Gracias por regar tu sangre en una sola casa, donde a pesar de ser pobres en dinero, fuimos millonarios en tu amor, y tu buen ejemplo. Te amo papa...! Gracias por amar y respetar siempre a mama... Para nosotros como hijas (os), siempre fue un privilegió poder llamarte papa.

Hoy por hoy, a pesar de que te fuiste de este mundo sigue siendo para nosotros tus hijas y tus hijos un orgullo poder seguir llamándote papa; aunque ya no estés aquí entre nosotros. Pero que orgullo tan grande ser la hija de un guerrero invencible como siempre lo fuiste tu papi. Tú que peleaste hasta con la propia muerte, y le ganaste la batalla por muchos años. Tú que eres ejemplo de rectitud, honestidad y buena estirpe. Tu solo tu fuiste y seguirás siendo mi padre, mi amor, mi orgullo, y mi mayor ejemplo...

"FUI MADRE SOLTERA"

Fui madre soltera, pero no significa que fui presa fácil, no confundas mi mala suerte, con el libertinaje. No soy una mujer cualquiera, solo soy una mujer que tuvo la desdicha de ser madre soltera. Pero al mismo tiempo esa desdicha se convirtió en dicha, porque lo más hermoso de ser mujer es tener el don de procrear la vida. Yo siempre fui, soy, y seré una guerrera invencible, aun cuando mis heridas sigan siendo profundas. Seré una guerrera que un día fracasó y casi murió al verse sola, y ver como se convertía en una madre soltera. Fui madre soltera y lleve el fruto del amor en mi vientre, ese fruto que vivió por nueve meses dentro de mí. En mis brazos vi reflejado lo hermoso de la pasión, ese amor sublime, tierno y puro que no sabe mentir, ni traicionar. Mi hijo fue el más bello, tierno, y cálido de los coloridos pétalos de un hermoso clavel.

Ese clavel que un día se plantó en mi vientre, para luego salir, y darle con su vida, vida a mi propia vida. Desde entonces hasta ahora lo he cuidado con mucho amor, vehemencia y dedicación. No me da vergüenza decir que fui madre soltera y por mi hijo doy la vida, pero antes mataría si fuese necesario por él. No me arrepiento del pasado que amé con todo, lo que fui, y lo que pude ser…Me arrepiento del cobarde hombre, al que tuve que abandonar, porque para él fueron siempre más importantes sus amigos, la sociedad, y las diversiones, que su propia familia. La herida, que en mi hijo, y en mi causo, ya que en nuestros corazones dejo un duro periodo de ausencia…Fui madre soltera y tienes que respetarme, tratarme con admiración y devoción. Porque jamás permitiré que pisotees mi dignidad de mujer; pues es verdad que fui soltera pero a nadie jamás me sometí.

Fui tierna y dulce, pero un ángel también te puedo sorprender. **Fui madre soltera** y no me da vergüenza decirlo, al contrario me llena de orgullo, y dicha porque nunca tuve que vender mi cuerpo, o quitar el pan a otros niños, para sacar el mío adelante…Yo amé con locura, aun hombre que también dijo amarme, y luego sentí que nunca fui correspondida, porque a él le importaron más otras cosas que su propia familia. Hoy en mí para ti, no hay odio, no hay rencor. Hoy solo te agradezco por la dicha de haberme hecho madre de tu hijo por vez primera. Yo soy consciente que el ayer no lo puedo olvidar fácilmente, como se borra algo que se escribió mal en el pizarrón. Pero sí pude superarlo y hoy puedo decir que mi herida ha sanado por completo.

"GOTITA DE AMOR"
"A MI HIJO JULIAN"

Mi gotita de amor fuiste tan esperado, por nosotros te deseábamos tanto, que tenerte entre nosotros, era el sueño más hermoso que luego se convirtió en las más grande y hermosa de todas las realidades. Cuando supe que vendrías a formar parte de nuestras vidas, me sentí tan bendecida por Dios, y pude comprobar su inmensa misericordia, cuando llegaste a este mundo y pude escuchar, tu llanto ese llanto que para mí fue música a mis oídos. Ver tus manitos y tus piecitos tan pequeños, e indefensos aferrándose a la vida; me hizo entender que Dios es grande. Hoy ya tienes 10 años, y me parece que fue ayer, cuando tu papi te cargo entre sus brazos a tu tercer día de nacido, para llevarte al doctor. Desde ese día hasta hoy cuanta felicidad has traído a nuestras vidas. Tu mirada tan dulce y tan tierna, tu sonrisa angelical y picara me dice a diario lo mucho que nos amas.

Ver tu carita tan linda cada noche al dormirte y cada mañana al despertar, me llena de tanta felicidad, de alegría, al comprobar que estoy haciendo contigo bien mi labor como madre. Cuando tus manitas tan suaves y limpias tocan mi rostro, esa es la experiencia más hermosa que jamás se puede experimentar hasta que no se es mama de un ángel como tú. Te veo, te toco, y me parece mentira que tú seas real, que existas, y que seas mío. Mi hijo, mi ángel, mi gotita de amor. No puedo creer lo grande que estas… cuando tu carita tan linda me sonríe y con tus ingles tan malo me dices **"TE AMO MAMA"**, o **BUENOS DIAS MAMA**. Cuanta felicidad, inunda mi alma y llena mi corazón de alegría y gozo cuando escucho tu vocecita tan suave y tierna pronunciar estas palabras. Entonces es cuando me doy cuenta que vale la pena vivir por seres como tú. Nunca antes creí volver a ser tan bendecida de nuevo hasta que Dios me dio la dicha de ser bendecida trayéndote al mundo. Mi mundo, ese mundo que hoy eres tú…

"GRACIAS A LA VIDA"

"Gracias a la vida por las flores, por el amor, por lo que no se puede comprar, o vender por y con dinero." Por todo lo que soy, y lo que tengo. Mi fortuna es mi familia, y mi mayor bendición es el amor de Dios. Ese, que cada nuevo día me lo demuestra en la sonrisa y la mirada noble de mis hijos. Gracias a la vida por ser lo que hoy soy, a pesar de que tantas veces han marchitado mi corazón; él se ha negado a morir, y sigue latiendo con más fuerzas.

HABIA SUFRIDO YA TANTO

Había sufrido ya tanto, porque en medio del dolor, el engaño, la tradición, y la mentira; me negaba a entender cuán grande era el amor De Dios. El día que entendí su amor por mí, y mi amor por él; ese día deje de sufrir, porque deje de mendigar por cualquier amor. Con él lo tengo todo, sin el nada soy. Hoy solo puedo decir que me falte todo, menos tu amor mi amado Dios…

HAY HOMBRES ASI

Hay hombres así que vienen a nuestra vida como un torbellino y nos perturban la vida, así como tú ahora perturbas mi vida. Pero es que como tú, claro quedan pocos hombres. Porque tú, si eres un hombre de a de veras. Un hombre real, que puede reír, llorar, sufrir y vivir cada momento con pasión. Cada cosa que haces, cada momento que vives lo vives con pasión. Un hombre como tú, ya no existen más, porque todo lo que sientes hasta lo que piensas se revelaba en tu mirada. Un hombre como tú, que sabe amar, respetar, querer, y cuidar a mujer. Tú no tienes una idea, de lo que mi corazón siente, cada momento que se imagina viviendo a tu lado, amándote y sintiéndome amada por un hombre como tú.

Cuando me imagino a tu lado, no sabes lo que mi corazón siente, lo que mi cuerpo vive. Es como si de pronto, todo el mundo desapareciera, y solo quedáramos tú y yo frente a frente. Eres el hombre más honesto hermoso y auténtico que he conocido. Mi hermoso caballero, eres de esos caballeros antiguos que ya no existen. Porque solo existen en los cuentos de Hadas…Quizás por mi cobardía solo te quedaras así, en mi mente y en mis recuerdos, como el más hermoso de mis sueños, como mi hermoso caballero. Vivirás en mi mente como un espejismo fugaz, como viene la lluvia de la media tarde, y luego se marcha solamente dejando su huella en la tierra mojada.

PD: Este poema este, dedicado a ese caballero que me lo dio todo, sin recibir nada a cambio. Si un día lees este poema sabrás quien eres cuando también leas el poema **"HOLA"**, que me inspire escribiéndolo mientras escuchaba la canción **"HELLO."** Te pido perdón por hacerte daño sin yo así desearlo (…)

"HIJA MIA VIVE TU VIDA COMO LAS FLORES"

Madre, ¿qué puedo hacer para no quedarme con el sabor amargo de un mal amor? Estoy tan cansada de que algunas personas hablan demasiado a cerca de mis sentimientos, y otras me parecen tan ignorantes. Porque no pueden entender la reacción que nos deja y causa un mal amor. Algunas **PERSONAS,** son tan indiferentes al dolor y al sufrimiento ajeno, que solo puedo sentir odio, por aquellas personas que son tan egoístas; que solo piensan en sí mismas, sin importar a quien destruyan. Esas personas que no les importa mentir, calumniar, y fingir sentimientos para ganar su objetivo. ¡Hija mía, Pues vive tu vida como la viven las flores! ¿Madre mía, pero como es que yo puedo vivir mi vida, como la viven las flores? Siéntate hija mía, y pon atención a lo que voy a mostrarte. Te mostrare una flor, ¿cuál es tu favorita hija mía? Mama tengo varias flores que son mis favoritas. Entonces dime cuales son, y te definiré alguna de ellas.

Las orquídeas, las rosas, los girasoles. Pero me encantan las Orquídeas, porque ellas representan de acuerdo a su color un sentimiento distinto. "seducción, sensualidad, y belleza suprema" podría también significar (**fecundidad y fervor**), entonces hija mía tu que sabes tanto de flores, dime mi amor que representan sus colores? **Awww…!** Madre mía **las orquídeas blancas** son el significado de un amor puro idealizado por la persona que amamos. **Las orquídeas amarillas,** son la expresión sublime y el calor de un amor lleno de erotismo. **Las orquídeas rosas,** son la viva expresión de la sensualidad, siempre podrás seducir al ser amado con una sensualidad extrema. **Las orquídeas rojas,** son las que expresan el sentimiento más sublime, porque ellas de alguna manera representan el modo intenso de hacer el amor con el ser amado.

¿¡Mi niña hermosa, sabias que las orquídeas significan algo más, que quizás nadie lo sabe…!? ¡Pero yo sé, hija mía! que eres tan inteligente y sabes mucho de flores. Yo sé, que sabrás ese otro significado de las orquídeas. Si madre mía, se dice que quien se casa en una boda de orquídeas tendrá un matrimonio feliz de 55 años. Vez hija mía como hay flores bellas con una historia y un significado interesante. Algunas de esas flores nacen en el estiércol, pero a pesar de ello nacen puras, y perfumadas. Ellas extraen del abono mal oliente, lo que les sirve para sobrevivir, alimentándose de todo aquello que les da vida, para después de nacer, crecer, y reproducirse. Pero ellas en su naturaleza no permiten, que lo agrio de la tierra, ensucie la frescura de sus hermosos pétalos. Por eso hija mía, vive hoy, mañana, y siempre como viven las flores. No permitas que la angustia de las culpas, que no son tuyas te hagan angustiarte por lo que ya no tiene sentido…por lo que ya no vale la pena.

No permitas nunca que la maldad de los demás, lastime tu vida, cambie tu rumbo, y tu forma de ser. No sería justo que la forma de proceder de los demás, y sus malos vicios, te incomoden y te hagan sufrir. Porque esos defectos son sus defectos, no los tuyos. No te sientas culpable por ellos. Así que, ahora solo te queda aprender a que se quede contigo la virtud de rechazar todo aquello que te haga daño. Rechaza y aleja de tu vida, todo aquello que venga a desde afuera para hacerte daño. Entonces ese día hija querida de mi alma, aprenderás a vivir como viven las flores, y ya más nadie nunca podrá lastimarte…

PD: Este poema significa tanto, es la esencia viva de los consejos de mi madre, representa, su forma de hablar conmigo, de amarme, de apoyarme, y lo mucho que ella deseaba para mi felicidad.

"HOLA"

ESTE POEMA ESTA DEDICADO A ALGUIEN MUY ESPECIAL

Sé que en tu mente y en tus pensamientos, yo he estado sola contigo… Dentro de tu mente y en tus más bellos sueños. Tú has soñado que besas mis labios una y mil veces. Algunas veces sé que has imaginado verme pasar por la sala se tu casa. E imaginas que voy, cruzando esa puerta, que nunca me he atrevido a traspasar…

Entonces piensas en sí soy yo, o es tu imaginación. Tú me dices…

¡HOLA!

¿Es a mí a quien buscas? Yo puedo ver el brillo de tu mirada, la felicidad de tu rostro, la dulzura de tu sonrisa, y la calidez de tu alma. Y es que te conozco tan perfectamente bien, que sé exactamente lo que tus brazos quieren hacer.

Yo hoy quisiera decirte tantas cosas, pero es que soy tan cobarde, que aún yo no me atrevo. Quisiera decirte todo lo que mi mente piensa, mi corazón siente, y mi alma anhela. Pero sé que hoy no es el momento, pero llegara ese día en que mis brazos pueden abrirse, y mi corazón pueda descubrirse…

Entonces tú verás cómo ese día el sol habrá salido para mí, y su luz se verá resplandecida en mi cabello. Entonces, solo entonces podré con todo mi ser decirte cuánto me importas…

Ese día ambos sentiremos que nuestros corazones se van a desbordar, de amor, de pasión y de deseo…

¿Solamente estoy escribiendo este poema porque a través de él, quiero saber a dónde estás? ¿Me pregunto qué harás ahora? ¿Dónde y con quién estarás? ¿¡O si estarás solo en algún lugar solitario pensando acaso en mi...!? ¿¡O caso hay alguien amándote a ti, ese alguien que logró ganar tu corazón, y que me ok olvidaras a mí...!?

¡Si es así entonces dime tu, porque yo no sé...! Como empezar a ganar de nuevo tú costaron para mí. Porque la verdad no se me ocurre otra cosa más que decirte

"TE AMO...!"

¿O dime es a mi corazón a quien sigues amando, a mi alma a quien tú sigues necesitando? ¿Es a mí a quien tú estás buscando? ¡Por favor dame una pista, porque yo solo puedo terminar este poema diciéndote, "¡Cuanto te amo, y cuanto te extraño...!»

PD: PARA ESE ALGUIEN QUE AL LEER ESTE POEMA SE IDENTIFICARA CON ESA CANCION QUE TANTAS VECES ME CANTO **"HELLO" BY LIONEL RICHIE.**

"HOY APRENDI"

Hoy puedo sonreír porque estoy aprendiendo a defenderme de quienes me lastiman sin utilizar esa palabra llamada venganza. Hoy estoy aprendiendo a perdonar, sin que en mi alma quede el más mínimo rencor. Pero antes de aprender todo esto, comprendí que para encontrar la paz de mi alma, y el regocijo de mi corazón, debía amarme y respetarme más a mí misma. Hoy aprendí a dejar todo en manos de aquel que siempre me amo. "Jesús de Nazaret". El que me lo ha dado todo, hasta su vida en la cruz del calvario, el que padeció todo por mí, a quien le debo mi vida, mi lealtad, mi gratitud, la honra, y la gracia.

"HOY COMPRENDI"

Hoy comprendí, que hay veces, es mejor callar en vez de hablar porque el silencio, es más hermoso que las propias palabras. El silencio puede decir a veces una y mil palabras que a veces no pueden ser escuchadas. Hoy pude comprender que ir por la vida tomados de la mano, no significa que tu corazón vivirá por siempre atado al mío…, o que tú me ames de la misma manera que te amo yo…

Hoy comprendí que no puedo salir corriendo, intentando alcanzarte, cuando tu solo quieres huir de mí…

Hoy comprendí, que el amor te lo deben demostrar con hechos y no con simples palabras, que no tienen razón de ser, porque son eso, solo palabras sin razón y sin sentido.

Hoy comprendí, que a quien se ama no se le debe mendigar amor, se le debe dejar libre, para que pueda correr a encontrar su felicidad. Hoy comprendí, que el amor como el respeto no se da por obligación sino por convicción de que a quien se lo damos, es a quien más amamos, y quien nos ama también, y a quien quizás no hemos sabido apreciar.

Hoy comprendí, que una forma de amarte, es dejarte en libertad, para que puedas volar, buscando tu felicidad. Y yo, solo desearte que encuentres toda la felicidad posible…

HOY INTENTE VOLAR DE NUEVO

Hoy intenté volar de nuevo, creí que mis alas ya estaban curadas, de ese mal que tanto me había hecho daño. Pero cuando quise volar, no pude alzar mi vuelo, me di cuenta, que nada era como lo imaginaba. Porque mis alas, aún no habían sanado. Mis alas aún se encontraban rotas. No pude alzar mi vuelo, y el dolor estaba allí, igual que antes, igual que siempre. Mis alas me las han quebrado y hoy de nuevo, no pude alzar mi vuelo, no me fue posible.

Mis alas me las quebraron desde hace ya muchos años, y el dolor está allí, como si nunca se hubiera ido. Pero me había hecho la idea que mis alas podían volar, cuando hoy descubrí, que en realidad me había hecho la idea de ser fuerte, de no sentir más, no sufrir, ni llorar más. Me había segado a mirar, y aceptar lo que, en verdad, era mi realidad; hoy solo me queda aceptar que eso que tanto me ha hecho daño, sigue lastimándome, y me impide curar mis alas, para alzar mi vuelo.

Me han hecho daño, pero necesito aprender de los golpes, para con ello ser más fuerte, para que un día ya nada, ni nadie pueda lastimarme. Hoy el dolor me por fin me hizo comprender, que mis alas aún no han sanado, y debe retrasar mi vuelo, para no caer, y volver a ser doblemente lastimada.

Hoy comprendo que todo lo cura el tiempo, que "el dolor se pasa, el amor acaba, y el tiempo todo lo alcanza." Hoy no puedo volar, mis alas han sido lastimadas hasta dejarlas quebradas. Ahora solo quiero dejarlas en reposo, hasta que puedan curarse; y así emprender mi vuelo, para un día poder bajar a tierra, solo cuando ya más nadie pueda volver a quebrarlas. Así, abre aprendido a proteger mis alas, y jamás nadie podrá volver a lastimarme….

"HOY LA TRISTEZA LLEGA POR MI VENTANA"

Hoy la tristeza llega a mi casa, toca mi ventana y con gran melancolía veo que el dolor sigue presente en mí. Los dos juntos voltearon sus ojos hacia mí, y pude presentir que los recuerdos estaban aún presentes en mí mente, y vivían en mi corazón; como el recuerdo de aquel amor que, aunque un dia murió los recuerdos seguían dentro de mí. Ese amor que un dia se marchó sin dejar huellas para volverlo a encontrar. Se marchó sin dejar nada, como si nunca existió. Pero hay días como hoy, que los recuerdos vuelven a mí, y me lo despiertan con tanto amor, pero también con mucho dolor.

Hoy que la tristeza vuelve a mí, tocando en mi ventana, con tristeza tengo que admitir, que aún quedan resacas de ese amor dentro de mí. Ese amor que, para ti, murió hace ya tanto tiempo, sin dejar ninguna huella, y ningún remordimiento por el dolor que tu causaste en mí. Pero hoy ese amor sigue queriendo con dolor atar los lazos que un dia unieron nuestro amor. Hoy sé que esos lazos no pueden ya quedarse, ellos hacen tan largos nuestros recuerdos. Esos recuerdos que vienen a darle vida a lo que un dia fue nuestro amor, y que duele tanto como puñaladas en el alma.

Hoy comprendiendo todo, lo que un dia no quería comprender, debo darme la vuelta, marcharme y decirte adiós, adiós para siempre… esperando un dia encontrar un nuevo amor, que me de la fuerza para poder olvidar, y de esta forma terminar con el dolor, la tristeza, y la soledad que aun de mi ventana no he podido sacar (…)

"HOY ME SIENTO FELIZ"

¡Hoy me siento feliz…! ¿Por qué? Es simplemente tan simple, como que estoy aprendiendo a no esperar nada de los demás; es que esperar siempre duele tanto. Yo ya no quiero sufrir, por seguir esperando lo que no tiene sentido, ni razón de ser.

Hoy comprendo, y asumo que los problemas jamás serán eternos, siempre habrá una solución para ellos. Lo que no tiene solución es la muerte. La vida es tan corta, y tan hermosa a la misma vez, que por eso estoy aprendiendo a amarla, y a ser feliz, con lo poco o lo mucho que ella me ofrezca.

Hoy deseo fervientemente ser feliz, y sonreírle y sonreírle siempre a la vida. Hoy quiero vivir mi vida intensamente, cada día como si fuera el último día de mi existencia. Quiero aprender a recordar, antes de poder hablar… Escuchar a los demás antes de escribir mis propias historias…

Deseo aprender a pensar en los demás antes de criticarlos, o juzgarlos, no importando cuando ellos me critiquen o me juzguen a mí. Aprender a examinar mi consciencia antes de herir a los demás…

Quiero sentir antes de arrodillarme e inclinar mi rostro para orar.

Quiero pedir a Dios que me enseñe a perdonar, en vez de odiar a quienes me hacen daño. Quiero aprender a amar, antes de gastar mi vida odiando a quien no vale la pena. Quiero ganar una y mil batallas, aun cuando haya perdido mil guerras. No me rendiré, lo intentaré… Porque antes de morir, quiero vivir…

"HOY ME VOY DE TU LADO"

Me voy de tu lado, porque **TU** no puedes darme lo que más deseo, y yo no deseo, ni necesito lo que **TU,** quieres darme. Hoy en el mar, puedo ver como la arena sigue cayendo. Mientras observo la arena caer, veo y comprendo, que mi única necesidad, es obtener la libertad, y la paz que hace ya tanto contigo **YO** perdí.

Hoy solo quiero encontrar la llave, que sea mi arma en contra de quienes quieren lastimarme... y me haga recuperar lo que hace tanto, mi alma y corazón perdieron... Esa paz, ese amor, esa lealtad, y honestidad que tu jamás pudiste ni podrás regalarme. Vive tu vida libre como siempre lo hiciste, sin pensar en mí, sin pensar en nadie. Es que los seres egoístas saben ser así...

'HOY PUEDO SONREIR"

Hoy puedo sonreír porque estoy aprendiendo a defenderme de quienes me lastiman sin utilizar esa palabra llamada venganza. Hoy estoy aprendiendo a perdonar, sin que en mi alma quede el más mínimo rencor...

Pero antes de aprender todo esto, comprendí que, para encontrar la paz de mi alma, y el regocijo de mi corazón, debía amarme y respetarme más a mí misma. Hoy aprendí a dejar todo en manos de aquel que siempre me amo. "Jesús de Nazaret". El que me lo ha dado todo, hasta su vida en la cruz del calvario, el que padeció todo por mí, a quien le debo mi vida, mi lealtad, mi gratitud, la honra, y la gracia.

"HOY SOLO ME QUEDA RENUNCIAR A TU AMOR"

Hoy debo renunciar para siempre a tu amor, y hacer de cuenta que si estuviste en mi vida nunca lo supe. Ese día tú pasaras en silencio, y al verte pasar quizás yo pueda sonreírte como se le sonríe al desconocido con una sonrisa por amabilidad. Ese día ya no sonreiré con dolor por haberte amado tanto, porque ese día ya no recordare que a mi amor lo lastimaste tanto. Pero, si ese día yo sintiera un poco de dolor tu jamás lo sabrás, porque en mi vida ya solo serás un extraño y nada más…

Ya no soñare más con tu sonrisa, no soñare con tus ojos color café, esos ojos en los cuales tantas veces yo me mire… Ya no sonare desesperadamente con tus labios, esos labios mentirosos y traicioneros que tantas veces yo bese. Yo ya no soñare mas con tus besos y eso tu pronto lo sabrás. Ahora estas con ese alguien más joven que yo, quien te habla al oído y te dice palabras bonitas que no siente, porque no salen de su corazón. Pero jamás te dirá esas frases que yo te decía, porque ella jamás te amará como lo hice yo. Ese día cuando la realidad toque a tu vida y a tu corazón realizaras que ahogaste en el olvido mi amor, dejándolo inadvertido en la soledad y el abandono. Quizás ese día yo aún te amé, más que nunca, pero tú jamás lo sabrás porque no te daré la oportunidad que vuelvas a lastimarme.

Si no puedo renunciar nunca a ti, yo prefiero morir mil veces, o amarte en silencio hasta que la muerte quiera llevarme. Pero jamás volverás a lastimarme, si no logro renunciar a ti, yo te amare como algo inaccesible, como un sueño que jamás será una realidad porque nunca logre realizarlo. Tú serás solo como el aroma del perfume más exquisito que deja el recuerdo de un amor que ya es imposible. En mis sueños y en mi mente siempre acariciare tu cabello, pero eso se queda conmigo en mis sueños, tu jamás lo sabrás

Y si un día una lágrima cae de mis ojos, y eso viene a denunciar ante ti, mi tormento de este amor que me hiere, me desgarra, y me mata en vida. Ese día yo seré fuerte y no permitiré que mi tormento tan profundo y triste se descubara ante ti. Te sonreiré fingiendo ser feliz, y te diré que no es nada que tenga mucha importancia. Que ha sido el viento que ha dejado caer un a basurita en mis ojos, y eso me ha hecho llorar. Correré y enjuagaré mis lágrimas para que tus ojos no me vean llorar ya nunca jamás… no dejare que sepas que he vuelto por ti, a llorar…

HOY YO ELIJO

Hoy, yo soy quien elige a dónde va el barco que conducirá mi vida. Hoy yo elijo valorar lo que tengo. Hoy yo elijo superar todo lo que me ha caudado tanto dolor. Hoy yo decido pelear por lo que anhelo, mis sueños, mi amor, mi familia, mi hogar, mi casa. Hoy yo elijo pelear por lo que es mío, sin dejar de ser yo; sin abandonar mi esencia, **NI** el material de que soy hecha. Porque este, no puede terminar en la basura. Hoy yo decido no implorar amor a quien, mi amor no se merece. Hoy elijo ser feliz, con solo lo que mi corazón necesita…

Hoy yo elijo que mi corazón solo necesita algo, ese lago que se llama **"GANAS,"** si ganas de vivir la vida, sin miedos, sin medidas, ni reservas. Ganas de amar y ser amada, por un verdadero hombre que sepa amar, cuidar, respetar. Pero sobre todo que sepa lo que el concepto **"FAMILIA"** significa. Hoy decido que si alguien va a entrar de nuevo a mi vida, es porque a mi corazón él debe cuidar. Ese alguien que será capaz de cambiar mi vida, y que la cambara para hacerme bien, no para hacerme mal. Hoy yo elijo volver a ser feliz, pero sin ti… Hoy tu sales de mi vida para siempreeee….

"HOY YO PREFIERO"

He preferido perderte a seguir lastimándonos el uno al otro, tú con tus mentiras y tus engaños, los cuales nunca dejaras de lado. Yo con mi dolor, mi tristeza y mis reclamos a causa de mis celos. Estos celos que son mi peor castigo y mi más grande tormenta. ¡Aun amándote como te amo…! ¿Ya no puedo continuar contigo…, como hacerlo? Si ya no puedo confiar en ti, me heriste tantas veces, que cuando una herida empezaba a sanar, tú te encargabas de hacerme una nueva herida, y así mi corazón fue poco a poco muriendo por todas las heridas que tú le causaste. Ahora para sobrevivir debo alejarme de ti, y poner a mi corazón en reposo para ver si así él puede sanar, y sobrevivir para volver a amar. Ya no podemos seguir el mismo camino así…

Hoy con tanto dolor en mi alma, y en mi corazón, con todos mis sentimientos a flor de piel. Yo prefiero dejarte ir… y ojalá que en otros brazos tú puedas ser feliz. Yo deseo que vueles alto y que puedas alcanzar ese cielo, que a mi lado nunca pudiste alcanzar. Me alejo de ti, porque no quiero odiarte, no deseo que el gran amor que un día nos unió, se convierta en el peor de mis recuerdos, y un odio imposible de borrar. No soy Dios, pero ojalá un día yo pueda perdonarte, por ahora son tantos sentimientos encontrados, que no quiero pensar que este odio que siento pueda durar para siempre…

Hoy prefiero llorar y llorar hasta quedar sin aliento, esperando que al final de mis lágrimas, por fin el olvido haya llegado. Ese día entonces secare mi ultimas lágrimas, para no llorar más; porque ese día habrá terminado todo el dolor que me dejo un amor dañino, y frustrado… no quiero decirte mentiras aun te amo. Sé que esta lucha mía por olvidarte será a muerte, pero yo venceré a la muerte, para volver a la vida. Yo te prometo que te voy a arrancar de mi alma, de mi corazón y e sacare para siempre de mi vida. Ese día que yo te olvide, daré gracias a Dios por quitarte de mi vida, y te juro que, si te veo con otra, voy a agradecerle a ella, por alejarte de mi vida. Pero también a compadecerla, por lo que a ella le espera…

Todo el mal que me causaste casi llego a desquiciarme…hasta el mismo hecho de que me creía el cuento aquel, de que contigo, lo tenía todo y que llegaría a perderte por mis celos. ¿Qué estúpida que fui verdad…? Me imaginó cuantas veces te burlaste de mi… por eso ahora he tomado la decisión más sabia de alejarme de ti, y para siempre decirte adiós. Sé que con esta decisión no te estoy destrozando a ti, porque en el fondo es lo que tú querías, que fuera yo quien dijera adiós, para así tu no sentir culpas. Pero tranquilo, los seres como tú, nunca sienten culpa de nada. Son tan egoístas, que solo piensan en ustedes mismos.

Hoy prefiero alejarme de ti, porque yo solo quiero que mis hijos me recuerden como aquella mujer, feliz, tranquila, y llena de felicidad. Esa que vivió en un cuento de Hadas, mientras estuvo a tu lado porque se creía todas tus mentiras. Esa que en medio de ese cuento te lleno a ti, de amor, caricias, cariño, alegrías, y mucha ternura. Pero que tú jamás valoraste. Porque al fin de nuestra historia, lo que ellos piensan y crean de mí, es lo único que a mi corazón le importa. Solo te pido como despedida, que ya jamás, nunca susurres más mi nombre, tira al mar mi nombre para que así se ahogue en el mar del olvido. Así, ni tú sabrás de mí, ni yo volveré a saber de ti…

"JULIAN Y NOAM"

MI ANGEL BLANQUITO, Y MI ANGEL NEGRITO
Julián y Noam

No germinaron en mi vientre, como si fueran gemelos, porque no lo son. Ambos son mis hijos, pero no los lleve en mi vientre a los dos. Son frutos de diferente semilla, pero hermanos si son. Fueron para mí un regalo de Dios, son carne de mi carne, sangre de mi propia sangre aunque no los lleve a los dos en mi vientre. Tan solo uno de ustedes creció dentro de él, y salió de mí. Pero de ambos yo soy su mama. Aunque en mi vientre no se tornó tibio para abrigarlos a los dos, yo los amo, porque de ambos soy su mama. Uno porque nació de mí, y el otro porque no necesito crecer, y nacer de mí, para ser mi hijo, y abrigar con mi amor, sus almas.

Mis caderas crecieron para darle vida a tu bello cuerpecito mi amado Julián, y aunque no crecieron para darle vida a mi Noam, ustedes dos son mi mayor tesoro, mi ángel blanquito, y mi ángel negrito. Ambos desde que nacieron rosaron mi piel en diferentes formas y situaciones. Sus gemidos angelicales, desde el día que nacieron hasta hoy, han quedado acunados en mi alma, como lo más grande y lo más sagrado de mi vida. Son ustedes dos el par más hermosos de claveles que nació del jardín que en mi casa con tanto amor yo plante.

Yo no exagero cuando digo, que cuando me miro en sus ojos, siento que he conocido a Dios, por el hecho de que el me haya dado el milagro, que ustedes dos nacieran. Esto me hace entender que Dios es real, que existe, aunque no lo pueda ver, ni tocar. Pero si lo puedo sentir, en cada pedazo de felicidad que él me ha regalado. En su infinita misericordia me los regalo a ustedes dos, y me hizo entender; que la vida es tan hermosa, como la lluvia que emerge para inundar el mar o regar las colinas de mi alma, y mi vida.

159

¡QUE IMPPORTA SI EN MI VIENTRE NO CRECISTE!

DEDICADO A MI AMADO HIJO "KENNY"

Mi niño hermoso, aunque no te vi, ni te sentí crecer dentro de mí, desde la primera vez que te vi llegar a mi casa, mi vida cambio. Si cambio, cuando vi como tu pequeña sonrisa de bebe iluminó tu rostro, y con ello ilumino el mío también. Ese día llenaste mi vida de una sensación que se define como alegría y felicidad. Esas dos pequeñas pero grandes cosas que solo se sienten cuando alguien ha robado nuestro corazón. Y, es que ese día mi amor tu robaste con tu sonrisa y tu carita angelical no solo mi corazón, sino también mi razón de ser, y de vivir porque ese día supe que te amaría como solo se le puede amar a un hijo.

Siempre me hizo feliz ver como tus manitas, se extendían llamando por mis brazos para que te cargaran y te abrazaran. Tu llanto tan inocente, conquisto mi vida llenándola de tanto amor que yo quería darte. Hoy recuerdo como tu llanto tan inocente y tierno me despertaba por las noches, y yo corría y te arrullaba entre mis brazos y así tú te volvías a quedar dormido. Mi amor no importa si de mi vientre no has nacido, ni creciste dentro de él. Si mi corazón te ama totalmente, tus ocupas un él un lugar especial y sagrado, tanto que tus miedos, tus lágrimas, tus risas, tus alegrías y tu felicidad ya son míos. En mi mente tu rostro hermoso y angelical de niño siempre en mi mente vivirá como uno de los más grandes y valiosos tesoros.

'Muchos me preguntan que si te amo? ¡A veces me molesta esa pregunta, pero luego, sonrió y respondo, que como no amarte...! Como no quererte, si esa noche de Diciembre que llegaste por primera vez a mi vida, tu mirada a través de tus ojitos tan inocentes perforo para siempre mi corazón. Tus lagrimas mojaban siempre mi sonrisa, y ahora mi niño hermoso por primera vez tus manos ya más grandes puedo ahora yo acariciar. Ahora que escribo este poema para ti, me siento tan triste porque muy lejos de mi tu estas. Hoy solo vivo de la esperanza que un día no muy lejano tú mi niño vuelvas a mi casa. Si mi niño vuelve a casa así como ese día de Septiembre tú me lo prometiste.

Vuelve a casa mi niño, vuelve otra vez, que mi corazón y mis brazos te esperan para darte todo mi amor. Que importa si de mi vientre tú no has nacido, si mi corazón te ama incondicionalmente, mis brazos te añoran fervientemente, mi mente te recuerda cada día, aunque tú no estés presente. En mi corazón siempre vives cómo si de mi hubieses tu nacido…

"LA AUSENCIA ES LA PENA A LA MUERTE"

TENGO LO NECESARIO para escribir un libro el cual estaría lleno de tristeza. En mis manos poseo una pluma de pájaro; y un tintero lleno solo de ausencia. Todas las hojas de ese libro serian pálidas, y caídas sobre la sombra quieta de lo que es mi vida. De mí, solo quedan mil besos disecados, llenos de ausencia y olvido. Mi sangre tirando a través de mis venas; el calor que produce la pasión de un amor que dejaste en el olvido. Desnuda, se quedó mi alma, y dejaste en mí, solo unos pies, desgraciados, que no saben caminar sin luz, sin luna, sin sol, y sin estrella. Hoy solo me queda, un silencio de guitarra muerta; y un reloj que se ha detenido, justo, en la precisa hora de tu falta al cometer el más cruel y vil de tus engaños. Hoy, solo hay en mí, un cuerpo que me sobra, al que dejaste muerto en vida, y cerrada ya la puerta a tu presencia. Pero también a la posibilidad de volver a amar, y a creer en el amor…

Hoy de ti, solo tengo tantos recuerdos, entre ellos, esas canciones que vagan, en mi mente, recorriéndome el alma, e hiriéndome el corazón a muerte. Tengo unos labios desiertos que no saben cantarlas, porque cantarlas significa traspasar una flecha directa al corazón. Hoy solo me quedan las pequeñas hormigas de una luna tan hondas aquí tan dentro de mis entrañas. Estas mismas que significan mis noches de vigilia, tras tu ausencia, que me hace vivir y recordarte a través de tu sombra. Mis días, son días de cansancio de caminos sin luz, sin destino, y sin alba. Hoy puedo decir, que tengo lo necesario para llorar, pero ya no tengo lagrimas para seguir llorando por quien nunca a mi amor cuido….

LA ENREDADERA

DEDICADO A MI GRAN AMIGA JULIA MARADIAGA

Tú eres como La enredadera, esa planta bella que se aferra a su entorno para mantenerse erguida a través de otros; porque no podría mantenerse bella por sí sola, sin antes haber dado a otros de sus frutos. Un dia a través de mi hermana llegaste a nuestras vidas, y desde ese dia, hasta hoy, y para siempre. Tu fijaste tu objetivo, y marcaste tu terreno, como el hombre que ama, fija su amor en la mujer amada. Nos e extendiste tus brazos, que se fueron ascendiendo en hermosas ramas que llegaron, a alcanzarnos a cada una de nosotras, y a nuestras descendencias. Cada una de tus ramas eran como pequeños pedacitos de cielo, llenos de tu humildad, amor, cariño, ternura y sensibilidad humana. Todo eso que nos fue acogiendo en el calor, de lo que significa la verdadera amistad que nació entre nosotras, y que ha florecido, con el paso del tiempo…

Las enredaderas son plantas tan bellas, y tan populares entre los jardines, y a diferencia de ellas que se crecen en el suelo, o en los balcones., o entre los árboles. Tú fuiste la diferencia porque tu amistad, nació, creció, y se fue extendiendo en cada una de nosotras; hasta llegar a enredarnos entre el calor que producían tus abrazos, y la sinceridad de tu bella y maravillosa amistad. Hoy solo puedo decirte quien pudiera tener la dicha de ser esa hermosa enredadera que eres tú, y que se quedó enredada de por vida en nuestras vidas. Porque es que no solo eres la mejor amiga de mi hermana, sino que eres parte de nuestras vidas, nuestra casa, y nuestra familia.

Dos son mejor que uno, porque sacan más provecho de sus afanes. Si uno de ellos se tropieza, el otro lo levanta.
(Eclesiastés 4:9-10)

"LA ESTACION EQUIVOCADA"

Esperaba el tren en el lugar de siempre. Pero un día ya no fue igual, y no paro en la estación, donde solía tomarlo a diario. Ese día comprendí, que ese ya no era mi tren. Esta era la razón por la cual él no se detuvo en la estación de siempre. Ese día yo comprendí que ya no podía esperar más en la misma estación, por un tren que ya no era mi tren. Así que, me fui, de allí con la esperanza de ir a buscar la otra, estación, donde pasaría el tranvía que me conduciría, a donde la vida no es una fantasía sino una realidad. Esa realidad que por años busque sin poder encontrar. Porque busque familia, hogar, amor, cariño, y respeto en el lugar equivocado, con la persona equivocada.

Yo buscaba todo lo que anhelaba para ser feliz, en un sitio equivoco. En ese lugar donde solo existía **vacío, soledad, mentira, TRAICION, DOLOR, y desengaños** Ahora correré velozmente para viajar en ese tranvía, que me llevara directo a hacer realidad, uno de mis más grandes sueños. Esa hermosa realidad, en donde tendré **amor, cariño, respeto,** y no habrá **mentiras, engaños, traiciones, desengaños.** No habrá **dolor, ni tristeza**, no habrá más **lágrimas,** porque volveré a reír, y seré inmensamente feliz. Ese día volveré a creer que **el amor, la bondad, y la verdad** si existen, cuando se busca, y se encuentra en el lugar correcto, con la persona indicada, la real, la elegida correctamente. Ese día tendré ese sabor en mis labios de poder a través de ellos gritarle al mundo ☐ **"Yo soy feliz, porque tengo una familia…"**

"LA FLOLR DE MI VIDA"

Dedicada a mi sobrina Mia

Tú eres la flor más hermosa, la cual en el jardín de mi vida yo decidí plantar, sin que fueses mi hija. Pero así es como mi corazón te ama, mi pequeña niña bonita. Tú representas el camino de las más bellas flores, por donde yo camino, y por donde a diario yo voy. Sé que hay muchas flores hermosas, pero como tu jamás existirá ninguna. Porque a pesar de que esas otras flores son bellas jamás serán tan perfumadas como tu mi niña inocente. Porque tú te ves tan bella en tus colores, tan esplendorosa y exclusivamente única. Tú que eres tan radiante como el sol, y tan pura como el agua cristalina. La brisa suave del atardecer acaricia tu rostro, de la misma manera que el sol da luz y alegría a tu vida. Esa vida tuya que alegra a este pobre corazón esperanzado y triste.

Cuando el sol se oculta, con la claridad de la luna, aun puedo ver tu hermosa sonrisa. Esa que me contagia y me invita a vivir. Porque aunque no seas mi hija, me esperanzo en la dicha de verte crecer, y desarrollarte como una mujercita de bien. El resplandor de las estrellas ilumina tu rostro angelical y tu sonrisa de niña buena. Tú eres para mí la flor más bella, que mi corazón decidió plantar en el jardín de mi vida. Cada uno de tus pétalos perfuma mi vida y me invita a vivir con solo absorber uno tan solo de tus perfumados pétalos. Desde que supe que existías yo ya te quería, y cuando cada uno de tus pétalos fue saliendo tú con ellos ibas perfumando mi vida. Ahora con el calor de tu ser, mantienes cálido y sereno tu hogar. Con tu belleza, con tu inocencia, y tu juventud a flor de piel, alegras no solo la vida de tus padres, sino también de todos los que como yo caen locamente enamorados de ti…

Mia

Tu eres la flor más hermosa que habita en mi vida, y mientras yo tenga vida, no permitiré que te marchites jamás. Tu raíz se queda por siempre sembrada en mi corazón, porque mi amor por ti siempre será eterno, como eterna serás siempre tú para mí...

"LA LLUVIA"

"Es eso que nos enamora a los seres humanos, y es que ella, nos pone más juntos a los que siempre hemos estado juntos; y más lejos a los que siempre estarán lejos, y más solos a los que siempre vivirán solos." Cuando la lluvia cae, con cada gota que viene de arriba, nos hace sentir el amor que tenemos a nuestro lado. A otros les hace sentir, y saber que ellos están lejos de saber lo que significa la verdadera felicidad. Así que, siempre vivirán solos, en la espera de su pequeño momento, de un instante que jamás será eterno. Porque ellos solo podrán gozar de una limosna de amor.

Porque un amor que ya tiene dueño no puede ser eterno entre los brazos de otro ser extraño. Hay seres que amamos por amor, sin embargo, hay otros que dicen amar por amor sí, pero por amor, a unos cuantos dólares. Qué pena, que vallan por allí ensuciando un amor, bonito, destruyendo hogares, y borrando sonrisas para marcar tristeza y lágrimas en el rostro de un niño inocente. Lagrimas que pueden ser comparadas a la lluvia que cae del cielo, para recordarnos, si amamos y si somos amados…

"LA MUERTE OTRA FORMA DE VIDA"

Duele vivir, como duele imaginar morir. Porque nadie sabe en realidad como es la muerte. ¿¡En verdad personalmente pienso que "la muerte, es otra forma de vida, pero que nadie la conoce!?" ¿¡Será que cuando ese día tan temido llegue a mi vida, tendré el valor suficiente para enfrentar otra vida que me es desconocida…!? ¿Oh, acaso en esa otra vida se puede ser feliz, porque allá no hay mentiras, engaños, ni traiciones, será que allá se puede aprender a ser feliz, como en esta vida no se ha sido…?

Será que debo perder el miedo y enfrentar con valentía y coraje lo desconocido. Porque si morir duele como a veces duele vivir, entonces no sabría definir entre la vida y la muerte. Yo solo sabría decir, que he vivido, he sufrido, he amado y he sido cruelmente lastimada, engañada, y traicionada. Pero aun así valió la pena vivir por esos seres tan maravillosos que Dios me dio el privilegio de procrear. Mis hijos, ellos son mi vida, y por ellos vale la pena vivir, para morir por ellos.

"LA MUJER"

La mujer más inteligente es aquella que sabe amar pero que también sabe darse a respetar…No existe mujer más hermosa, que aquella que tiene un corazón, noble, y sincero, incapaz de hacer daños a terceros. No existe sobre la tierra mujer más fuerte que aquella que puede creer en ella misma…

No existe ninguna otra mujer más admirable que aquella que no pierde sus valores, su esencia, y con ello no pierde su dignidad. No existe mujer más elegante que aquella que verdaderamente es una dama. Una dama que sabe cuidar su hogar, su casa, sus hijos, su esposo. Pero que sobre todo sabe cuidar y mantener en pie su dignidad.

No hay mujer más feliz, más plena, y más sana, que aquella que realmente se conoce a ella misma. No hay mujer más elegante, y más virtuosa que aquella que sabe amar, cuidar y valorar su vida, como su cuerpo…

No seas esa mujer, que comercializa, y utiliza su juventud, su cuerpo, y su belleza; para destruir hogares y borrar sonrisas en los rostros de niños que gracias a ella ya no sonríen felices…

LA TRAICION

"La **IRA,** el **RENCOR,** la **TRAICION**, el **ENGANO,** vuelve a los seres más nobles crueles." Es que, en su mayoría de veces, los demonios no vienen solamente del infierno; también pueden venir del cielo. No olviden que Judas vendió a Jesucristo por 30 monedas de plata. Así que, basta del chantaje de las personas echándome en cara que soy una hija de Dios, cristiana.

Si lo soy, y él me manda a que sea mansa no mensa. Yo quiero que entiendan que no soy Jesucristo, para poner la otra mejía, para que me abofeteen. ¡Se imaginan ustedes, Dios es tres veces Santo si tratara de igualarme a él moriría...! Así que, no se equivoquen señoras y señores. Soy mansa pero no mensa.

"LA VIDA ES ASI"

Así es la vida después de una desilusión algo mejor esta por llegar. He aprendido que después de la tormenta, la calma llegara. El sol también brillara para todos, y especialmente para mi. Seguiré adelante, como si nada triste en mi vida hubiese pasado. Soy fuerte porque soy del mismo material, con que se construyen los sueños. Hoy sé que mientras yo tenga vida seguiré soñando con una vida mejor…!

Yo siempre fui, la roca, la arena, y no la arcilla que queda reducida a nada. Yo soy y moriré siendo fuerte, porque estoy hecha de buena madera. Un dia, sé que realizare todos mis sueños. Esos sueños que jamás moriran, porque permanecen así, como una huella indeleble, en mi vida, y en mmi ser…!

"LA VIDA ES TAN CORTA"

Quiero aprender a olvidar, a las personas equivocadas. Ya no quiero perder mi tiempo con quien no me hace feliz. Cuando alguien ama en verdad, siempre tendrá para el ser amado, un lugar un tiempo, y espacio, para dar. Por eso hoy, no veo la necesidad de gastar mis energías en lo que ya fue, y no puede ser más. Hoy ya no quiero vivir tratando de luchar por la persona equivocada, esa que solo me ha hecho inmensamente desdichada. Hoy comprendo, que amar al ser equivocado, solo me ha alejado de lo más hermoso que es la felicidad.

Ya no quiero estar al lado, de quien para el soy invisible, quien me ignorara a cada instante, sin importarle mis sentimientos. Hoy quiero vivir para la persona que pueda amarme constantemente, con todo lo que soy, y lo que me merezco. Aprenderé a valorar a quien me acompañe en mi lucha por la vida, y por la felicidad. Esa que hace ya tantos años, yo perdí, y que quizás por mi terquedad me negado a encontrar.

Quiero aprender a amar, a ese ser que se quede conmigo, no solo en la alegría, la felicidad y la abundancia. Sino también en la tristeza, en el dolor, y la desesperanza. Ese ser que tiene nombre y que está allí constantemente esperando por una respuesta de mis labios. Ese ser que me amara en los buenos, y en los malos momentos, incluso se quedara conmigo en los peores momentos de mi vida. Ese ser maravilloso está allí esperando recibir un sí de mis labios, a quien mi corazón anhela aprender a amar, querer, valorar, y respetar.

LA VIDA ES UN SUSPIRO

A MI AMADO HERMANO
EDWIN OMAR MEDINA ARTICA
(RIP)

La vida es un suspiro, cerré mis ojos me quede dormida, y cuando desperté tú mi amado hermano te me habías ido. Hoy se cerraron tus ojitos a la vida, mi ultimo abrazo y mi último beso te lo di exactamente diez días. Hoy he perdido a mi cómplice de la infancia, y la adolescencia, he perdido mi amado hermano. Este dolor me destrozo el alma y me ha partido el corazón en miles de piezas. Daría todo, porque nada fuera verdad, que todo fuera solo un mal sueño y poder volver a ver tu inconfundible sonrisa, tus bromas.

"Las balas aciertan o fallan, pero nunca regresan para atrás…porque algunas te matan y otras te dejan herida de muerte." Así me dejaste tu a mi, mi **CHULO** bello, mi hermanito querido. Pero te encontrare en el cielo, y volveremos a estar juntos como antes cuando éramos niños, cuando éramos adolescentes. "I promise you, we will meet soon in heaven." En mi corazón y mi mente vivirás eternamente como si nunca te hubieses ido de mi vida. Esta separación será temporal, porque pronto te re-encontrare en el cielo. Te amo hermano desde siempre y para siempre […]

"LA VIDA HA SIDO JUSTA"

La vida ha sido justa y me ha regalado de todo un poco, entre todo lo que me ha dado la vida está el maravilloso don de ser tía. Este poema se lo dedico muy especialmente a todas mis sobrinas, sin excepción alguna. Yo hoy no pudiera mencionar el nombre de todas ellas. Es que son tantas que perdí la cuenta. Pero todas ellas saben que las amo, y que viven en mi corazón por siempre…

A mis sobrinas las hijas de Félix Artica, Martha Artica, Francisco Artica, Armando Artica, Guillermo Artica, Iris Artica, Zulema Artica, Daniel, Artica, Lidia Artica, Joaquín Artica, & Adán Artica. Omar Medina Artica. A todas estas bellezas de sobrinas va mi poema…

Con ustedes he vivido lo mejor de mi vida, mis años los he vivido entre sus risas de alegría, y sus lágrimas de llanto cuando ha sido necesario llorar. Ustedes llegaron a formar parte de mi vida, y de mi mundo. En un mundo donde a veces con sus risas, sus alegrías y sus travesuras se me figuraban un mudo de fantasías. Esas fantasías que se confundían con la realidad y daban alegría a mi vida…

Entre esas mismas risas y alegrías, cuantas veces con mis manos acaricie sus mejías, o les regale una sonrisa y les di un beso en la frente. Sus risas eran como la mejor canción escuchada por mis oídos. Ustedes mis niñas siempre dieron vida a mi vida, porque con su amor lograron que mi vida siempre tuviera un sentido. Mis sobrinas hermosas, con sus risas, y sus alegrías, cambiaron mis días de sombra por luz, mi tristeza por alegría. Hoy puedo decirles con certeza que son ustedes el regalo más hermoso que Dios desde el cielo me envió.

Por ustedes, aprendí a dejar todo de lado, los problemas, la tristeza, los fracasos y las prisas. Ustedes fueron esas princesas divinas que Dios me regalo; para que llenaran todos mis vacíos, los espacios que habían en mi corazón que le daban lugar a la tristeza. Pero todo cambio con la existencia de ustedes en mi vida. Mi corazón se regocija de emoción y felicidad por tenerlas a mi lado, como mis sobrinas y yo su tía. Hoy puedo decirles que **"AMO SER TIA, PORQUE SOLO UNA TIA PODRIA AMARLAS COMO UNA MADRE."**

"LA VIDA ME HA GOLPEADO FUERTE"

Cuando la vida nos ha golpeado tan fuerte, ella misma nos enseña a resistir aun en medio de la peor tormenta. Cuando nos han mentido de tal forma que provoca morir de dolor. La vida misma también nos enseña a caminar siempre con la verdad de frente. Cuando nos falla esa persona que menos nos imaginamos, porque es quien más amamos. Entonces aprendemos que las palabras, no siempre son palabras reales, sobre todo cuando hay alguien que no puede cumplirlas. Aun cuando se tienen que cumplir, entonces solo nos queda hacernos cargo de los actos.

A veces es necesario, olvidar, darle vuelta a la página de un libro que no puede leerse más, y volver a empezar de cero. Es tan difícil, y duele mucho el alma, y el corazón. Pero "El mejor guerrero no es aquel que triunfa siempre, y se lleva todas las batallas ganadas. El mejor guerrero es aquel que después de haber peleado una guerra regresa sin miedo para seguir peleando hasta ganar la batalla". Quien dijo que la vida fuese fácil, es demasiado hermosa para vivirla fácilmente. Así que anda corre…, corre y vive la vida como un día a la vez…

"LAS AMANTES DE LOS HOMBRES CASADOS"

"Si las amantes de los hombres casados fueran un poquito inteligentes, y más humanas. Ellas entenderían que ser decente también es un excelente negocio. Pero no lo entienden porque jamás serán decentes, y jamás serán humanas. Si lo entendieran, las desgraciadas intentarían ser decentes tan solo por hacer negocios. Jajajajajaja…!"

"LAS DROGAS UNA TORTURA PARA TI HIJO MIO"

A MI AMADO HIJO "FELIX"

Escucha hijo mío, ahora que gozas de tu hermosa juventud. Debes tener mucho cuidado de aquellos que fingen ser tus amigos, porque ellos solo te conducirán al abismo, y te desviaran de las cosas, y las personas que realmente tienen un valor incalculable. Hoy quiero decirte que el que prueba la droga una vez, y no tiene control para decir no a esa primera vez, se esa sometiendo a la tortura y a la tristeza de una vida cuyo futuro solo es la destrucción y la muerte. Quien sin pensar en las consecuencias prueba esa basura se convierte en un títere de la miseria.

He visto tu carita, de desesperación y angustia, y déjame decirte hijo mío, que eso ha sido, para mí el cuadro más amargo, y la peor angustia que en mi vida yo he vivido, y la cual ya no quiero seguir viviendo más. Para mí que he sido en tu vida padre y madre a la vez, me ha tocado experimentar el dolor más profundo que una madre pueda haber conocido. Lo que para mí ha sido un dolor inmenso, para ti ha sido el peor de los tormentos, lo sé porque aunque no lo digas sé que sufres, y te duele mi dolor, mi tristeza, mi angustia, y mi desesperación por sacarte de esas sombras que dañan y matan, y que son llamadas "drogas."

Mi niño hoy quiero decirte, que el que por primera vez, acepta la maldita droga, lo pierde todo, su vida, su casa, su amor, su familia, su dignidad, y hasta su amor propio. Yo hoy solo quiero que entiendas, que mi amor de madre es tan grande, que solo deseo sacarte de la esclavitud de ese repugnante vicio. Porque quien aprende a vivir en ese des perecido mundo de las drogas, se daña, se tortura, pierde su libertad y vive aislado del mundo, preso de sus propios miedos y lejos de los seres que en verdad te aman, y que tienen un valor incalculable en tu vida. La vida es maravillosa, es una sola y tienes que vivirla a plenitud, pero alejado del mundo de las drogas, y cerca de lo que es el mundo real.

Si lo haces podrás descubrir la magnitud de su encanto, y toda la hermosura que encierra consigo ese mundo maravilloso del que tú te estás perdiendo. Quienes están en las drogas, me duele decírtelo mi amor, pero se convierten en drogadictos, y destruyen ellos mismos, su vida, su organismo, y aunque quieran nacer de nuevo, siempre queda en ellos sino son fuertes la rezaga de ese maldito vicio.

Te Amo, y te bendigo hijo mío…! Tu madre te ama con todo mi corazón…

Por: JDR

"LAS HERIDAS DE MI ALMA"

Las heridas mas profundas, son las que no se pueden ver, porque fueron las que nos dejo un amor profundo, que se fue para jamas volver. Un amor que un día nos hizo reír, y ser felices con palabras tiernas, dulces, y bellas, pero que nunca fueron.

Un amor que nos hizo amar sin ser amados, pero si amamos, y nunca nos amaron, perdonemos a ese alguien que en su momento nos hizo felices, con esas frases bellas, y hermosas que nunca fueron. El amor es algo así, que viene, como la lluvia de la media tarde, y luego se esfuma dejando su aroma en la tierra y el deseo de poder poseerla por siempre...!

"LAS HUELLAS DE MIS PIES EN LA ARENA"

Caminando por la playa veía el atardecer de un día que pintaba haber sido un día maravilloso, el mejor quizás. Pero el cual para mí, no significaba lo mismo. Mientras caminaba a orillas de la playa las huellas de mis pies descalzos iban quedando marcadas en la arena. Entonces vino a mi mente de pronto un triste pensamiento, y es que aquellas huellas significaban tanto, para mí. Porque en ellas se reflejaba, mi dolor, mi tristeza, mi pena, mi soledad, mis vacíos, mi angustias. Cada huella era el producto del desamor, que causó el fruto de un mal amor.

Ese mal amor que solo me dejo la hiel amarga, el corazón partido en mil piezas, mi alma vacía, y el profundo deseo de no volver a creer en nadie, y que es a causa del dolor que nos deja la sombra de un amor que no valió la pena. Hoy solo quisiera que así como las olas del inmenso mar vienen y se van, con ello así como pueden borrarse las huellas de mis pies descalzos en la arena. Así, de esta misma manera quisiera que las olas del mar se llevarán todas las huellas de todo el dolor, la tristeza, y la soledad, que tu desamor le causó a mi corazón.

Quisiera no odiarte, no sentir este sentimiento de amor, pero también se rencor que me hace pensar y sentir que solo seré feliz el día que tú estés muerto. Quiero borrar los sentimientos que me hacen tanto daño, y que están aquí clavados en mi pecho como una daga que traspasa aún hasta el corazón más duro hiriéndolo de muerte. Quiero votar de mi mente, de mi alma, y de mi existir el amor que por ti siento, así como se pueden borrar las huellas de mis pies del abrazos con la inmensidad de las olas que vienen y se van en un atardecer tan triste, donde se siente que se ha perdido todo, aún la propia vida.

LEALTAD Y FAMILIA

ESTE POEMA LO HICE INSPIRADO EN LAS PALBARAS DE MI HERMANA AMARELYS ARTICA

Dicen que, aunque el tiempo no perdona, la memoria es nuestro libro para poder leer lo que queremos olvidar. Yo sé que, con los anos, ni un solo recuerdo se habrá pedido en mi memoria. Porque emociones de nuestra mente, y de nuestro corazón, siempre serán como pájaros en pleno vuelo. Así que, nuestra memoria, nunca olvidara estas sabias palabras.

LEALTAD, con nuestra **FAMILIA,** porque bien es cierto que hay unos buenos, y uno que otros miembros de la familia malos. Esos que son capaces, de vender a su propia familia, por unos cuantos $$$$$, así como, Judas vendió a Jesucristo por 30 monedas de plata. Hoy yo les pido no olvidar estas dos palabras **"LEALTAD y FAMILIA."**

LIMPIEZA DE MI VIDA

Yo necesito hacer una limpieza en mi vida..., salir de casa, correr por la calle, y tirar algunos o muchos de mis pensamientos, más tristes, mas indeseados..., y que tanto me han lastimado. Luego regresare a mi casa y pondré en la lavadora algunos tesoros que están ya un poco oxidados de tanto haberlos abandonado...

Sacare de mi closet cosas innecarias, que ya no uso, y que no me dejan espacio, para las cosas que realmente aún tienen valor. Hoy tirare algunos sueños, y un poco de mis tontas ilusiones que solo me condujeron al dolor. Hoy saldré a la calle e impartiré todas esas sonrisas que por mi tristeza jamás regale. Tirare todo mi odio, mi rencor, y mi rabia de aquellas rosas que se marchitaron en mi imaginación, porque jamás volví a recibir. Hoy mirare hacia adelante, y con ello veré mi futura felicidad, esa que vendrá junto a las alegrías que siempre contigo pretendí yo encontrar, pero que jamás encontré..., y ahora que las encuentre, las pondré muy bien guardadas, bajo llave que solo yo pueda encontrar...

Sacare todo de mi vida, y lo pondré sobre el piso, para allí darme cuenta, que saque de mi vida las pasiones escondidas que tu jamás me dejaste sacar, mis deseos reprimidos como mujer que siempre por temor yo tuve que ocultar. Las heridas que tu amor me causo, y que hoy yo tengo que olvidar. Los recuerdos de todos esos días tristes que tus engaños me causaron, y que hoy me toca olvidar...

Pero hoy también saldré de la casa, e iré rumbo a la calle, porque hay otras cosas hermosas, que sé que allí yo voy a encontrar..., quizás la sonrisa de un niño, que me invite a pensar, a creer que existe la oportunidad de un nuevo mañana que traerá consigo el canto de un pájaro, que se acerque a mi ventana, y yo poder escuchar su cantar, El deseo de ver el sol ocultarse, para traerme consigo la ilusión de la luna que me hará sonar.

Me iré enamorando de todo esto, hasta que ya nada de ti me haga recordar…, solo iré caminando y recordando aquellos recuerdos que en su momento me hicieron inmensamente feliz, y que vale la pena recordar, porque son recuerdos que NO viví junto a ti…

Escrito por: **Ledia Artica**

Especialmente, **dedicado a mí esposo**

"LLORAR"

Hay veces llorar es bueno, porque esta es la única forma que existe para sacar de adentro todo el dolor que nos hiere, y a veces nos mata. Hay veces el dolor toca parirlo con lágrimas, como se pare un hijo con fuerza, y con un dolor profundo; para que salga de adentro a empujones.

Así, hay veces que tenemos que sacar el dolor de nuestro corazón. Hoy quiero llorar, porque hoy yo sé, que llorar nos hace libre. Llorar es bueno; porque las lágrimas no siempre son hermosas perlas, para ser usadas por nuestros enemigos, sino también son perlas hermosas para nuestra alma (…)

"LO QUE TU SIGNIFICAS"

(DEDICADO A MÍ HERMANO JOAQUIN ARTICA)

Mi amado hermano hay tantas palabras hoy aquí guardadas por años tan dentro de mi alma. Las guarde aquí por tanto tiempo, que hasta hoy decido sacarlas del baúl donde se encontraban bajo llave. ¿Hoy no quiero preguntarme, que para que hasta hoy voy a decírtelas? Hoy solo quiero decírtelas porque así me nace dentro de mi corazón. La vida es tan corta, y perderte yo no quiero, sin antes decirte todo lo que para mí tu significas.

Hoy quiero decirte cuanto te quiero…

Porque quererte va más allá de la vida mía, más allá de los enojos, que antes me causaste cuando querías castigarme. Tú y yo siempre teníamos diferentes formas de pensar y de sentir. Pero seguíamos siendo hermanos, y después de que el enojo se me pasaba, yo te seguía queriendo igual. Entonces yo podía abrir mis ojos y ver cuánto mi corazón te quería…

Hoy, yo necesito abrir mis sentimientos, y poder decirte ahora y aquí cuanto te quiero; y lo orgullosa que me hace saberte mi hermano. Quiero que sepas que si me dieran a elegir, te elegiría de nuevo para ser mi hermano. Quiero decirte que ahorita en este momento que escribo estas líneas para ti; yo solo quisiera tenerte cerca, poder abrazarte fuertemente, y no soltarte nunca jamás, para que jamás nunca te fueras de mi lado. Que con ese abrazo, pudieras sentir dentro de tu corazón que yo te amo con todo mí ser, con todo lo que soy, y lo que tengo para dar. Hoy se que te necesito más que nunca, porque ya perdí dos hermanos, y sentí morir. Yo no me quiero imaginar una vida sin ti, por eso hoy deseo expresarte a través de mi poema lo que tu significas para mí. No me cansare de decírtelo, hasta que se quede en tu mente y de allí no puedas borrarlo nunca. Hoy me provoca estar cerca, llegar hasta donde tú estás, abrazarte una vez más, y no separarme nunca de ti; porque eres mi hermano y te quiero. Me gustaría que aparte de ser tu hermana pudieras verme como tu amiga, tu cómplice, tu confidente. Yo te prometo guardar y atesorar todos tus secretos como el más grande y hermoso de mis tesoros.

Hoy quiero que hagamos un trato, tenernos confianza mutua, quiero que juntos podamos recordar decirnos cada día lo mucho que nos queremos. Lo mucho que nos necesitamos. Te quiero, te extraño, te necesito. Porque la vida es tan corta y la muerte llega sin ser invitada, y no sé si habrá otra oportunidad para poder repetirlo. Entonces solo quedaran palabras que se quedaron guardadas en lo más recóndito de nuestro ser, palabras que el viento se podría llevar. Por eso en vez de eso, yo quiero siempre estar cerca de ti, y que esas palabras ni se queden guardadas ni se las lleve el viento. Quiero que mis palabras sean libres, y lleguen hasta donde tu estas, y descansen en tus oídos mi amado hermano…

"LO QUE YO NECESITO"

Hoy necesito que alguien me abrase, con un abrazo que dure por siempre, y no se marche al amanecer. Que sea un abrazo de esos espontáneos y sinceros que solo se dan cuando verdaderamente se ama, y, que hace a dos seres aman, unirse en un solo cuerpo. Un abrazo que una a dos almas, para no separarlas jamás. Yo no quiero un abrazo cualquiera. Yo quiero uno especial que venga de unos brazos nobles y sinceros. Deseo que venga lleno de nobleza, que me haga conocer ese toque especial que me conduzca a la eterna felicidad. Un abrazo que venga del hombre que me acepte, tal cual yo soy. Así tal cual, con mis grandes defectos, con mis maldades, con mis virtudes, con mi bondad; con mis grandes locuras, a veces llenas de lógica y otras tantas llenas de fantasía.

Necesito un abrazo sincero que me haga olvidar toda la tristeza que mi corazón lleva por dentro. Necesito olvidar con ese abrazo, todo mi pasado. Porque necesito que mi corazón y mi vida se sostengan en las esperanzas del presente; para que me ayude a no perderme en un futuro donde no exista la alegría. Necesito un abrazo que me cure las heridas, y que mitigue el dolor que su desamor me causo. Necesito recibir el calor de ese abrazo, que cure mi tristeza, y que me alumbre el camino para poder seguir adelante. Ese abrazo que haga desaparecer las cicatrices que tu amor me dejo. No quiero un abrazo momentáneo, quiero un abrazo que se quede conmigo para siempre…

"LOCA"

Tenía tan sólo la mirada pérdida, y el corazón partido en mil pedazos. Cuando morir yo quise a causa de tu desamor, me llamaste loca porque el dolor era tanto que amar ya no podía. Me habías engañado tantas veces, fue tanto el daño que tu desamor me había causado, que vivir ya no quería. ¿Cuantas veces en un hospital fui a dar, por amor? Ese amor que sólo me destruyo y me convirtió en una incapaz de sobrellevar mi propia vida. Me llamaban loca, porque mi capacidad de amarte, fue más fuerte que mi capacidad para olvidarte. Perdí mi nombre, mi orgullo y hasta mi dignidad. Loca fue mi nombre porque tantas veces intente morir por un amor que la pena no valía. Loca me llamas tú cuando gritó enfrente mi dolor, mi pena, mi tristeza, mi soledad, mis vacíos, mis angustias, y mis lágrimas.

Loca me llaman todos, porque así les dices tú a ellos que yo estoy loca. Si estuve loca, pero ya no lo estoy más. Porque hoy por fin comprendo, que sólo una loca podría vivir al lado de quien más la ha lastimado. Hoy le dije adiós a esa locura que por años me obligo a vivir, entre tanta mentira, tanta traición y tantos engaños. Me dolía cuando tú y todos me llamaban loca, para todos yo estaba y estoy loca. Pero hoy comprendo que loca en realidad yo hubiese querido estar, para no haber sentido, para no haber vivido, en la constante angustia, y soledad que vivió mi corazón; a causa de tus traiciones y tus engaños. Pero ahora que mi locura de amor por ti termino, es entonces ahora que yo volveré a vivir en el mundo de los cuerdos, de donde tú me sacaste, para hundirme en el mundo de los que son llamados locos. Locos porque han perdido el brillo de su mirada, y la ternura de su alma, y con ello su vida entera. Pero tú ya no me vas a robar ni mi amor propio, ni mi autoestima, mucho menos mi dignidad.

"LOS PAISAJES DE MI VIDA"

Los Paisajes más hermosos de mi vida, son aquellos que la han marcado, en un antes, y un después. Esos que han dejado una huella indeleble en ella...! Esos que, se quedan allí plasmados en el recuerdo de la vida, como se plasma el más bello recuerdo capturado a través de la más hermosa fotografía.

"LUKITAS"

L o que siente mi corazón por ti, no lo puedo expresar con palabras es que el amor verdadero es

Ú nico, porque el corazón no decide a quien amar con más intensidad. Yo caminaría millones de

K ilómetros con mis pies descalzos para llegar a ti, mi niño. En verdad te amo tanto que no me

I mportaría traspasar el mundo si eso me lleva a estar junto a ti. Es que mi corazón siente por

T i tanto amor, hay ocasiones yo siento, que no podre más, y mi corazón va a salir de aquí

A dentro de mi pecho. Me haces tan feliz, mi pedacito de él. El más pequeño, quien me hace

S entir tantos sentimientos encontrados. Soy tan dichosa cuando te escucho decirme **Ma**

Yeya. Nunca cambies mi amor. Porque yo deseo ser siempre tu **Ma Yeya.**

MADRE MIA

"Dejaste tanto amor en cada uno de mis amaneceres, que al despertar y ver el sol…siento tu abrazo. Dejaste tanto **AMOR** que está en mi cuando siento una suave brisa que pasa y me acaricia para calmarme en mi dolor. El viento me trae palabras de consuelo para calmar mi corazón y comprender así…porque no estas aquí. Dejaste tanto **AMOR** que el brillo de tus ojos quedo aquí…en la mirada de tus nietos."

MADRE OSA

DEDICADO A MARIA ENRRIQUEZ (MI MADRE, MI AMIGA, MI CONFIDENTE, MI COMPLICE)

Querida madre osa que pudiera hoy esta pobre mortal regalarte que no fueran solo mis versos, esos que con tanto amor yo puedo escribir para ti. Hoy quiero en ellos expresarte todo mi amor, mi gratitud; y también decirte que a pesar de todas las tristezas, de todo el dolor vivido, y anqué a veces sintamos que vivir ya no queremos. Yo debo decirte que también existe la alegría en este Universo, y un día tú y yo caminaremos por la vida tomadas de la mano, sin miedo al dolor, sin sentir tristeza, y con todas las ganas de vivir nuestras vidas.

Sabes madre hoy quiero decirte que toda moneda tiene dos caras, y todo depende con los ojos que tu o yo queramos mirar las cosas. Siempre una verdad oculta también un mentira, y a veces lo real frente a lo irreal se hace cada vez más inverso. Tú y yo a causa del dolor hemos naufragado envueltas en tantas noches tristes, sin luz, sin luna y sin estrellas. Sabes madre otras tantas veces tu y yo hemos muerto en medio de tantas días de dolor y desconsuelo. Eso desconsuelo que para otros es tan normal, y natural, para nosotras, no es más que la huella que deja el sufrimiento y el miedo de haber perdido, lo que más amamos.

Madre mía pero hoy esta hija prodiga te invita a que seamos como el Ave Fénix, y que emprendamos un nuevo vuelo. Porque esta vida madre aunque a veces es cruel, y nos hiere no nos mata porque también nos da la oportunidad de vivir, porque también son sus sabores y sin sabores es bella. Hoy te reto a que aprendamos a caminar a un en medio de la tormenta juntas tomadas de la mano. Solo quiero que tú y yo nos atrevamos a vivir, vivir, y vivir corriendo hasta quedar sin aliento, pero llegando a la meta con tanto anhelo y amor por nuestras vidas.

"ME DUELE"

Me duele mirarte a los ojos, porque es que todo tú eres solo una gran mentira. Por eso es que ya no puedo mirarte a los ojos y besarte como lo hacíamos ayer. Es que a veces aunque estés tan cerca, tus mentiras me hacen sentirte tan lejos, pero tan lejos de mí. Hay días que me duele mi alma, y mi corazón tenerte tan cerca y no poder decirte cuanto mi corazón te ama, y lo que mi alma te añora.

Es que hoy ya no te siento mío, porque no te siento cerca de mí, como lo estuvimos ayer. En ese ayer donde tú me abrazabas, me besabas, me cuidabas, y yo podía sentir que en verdad tú me amabas. Pero hoy quiero decirte que aunque fuiste tú quien decidió dividir nuestro amor, nuestro hogar, nuestra casa, y nuestra familia. En el fondo de mi alma, yo te amo a ti, solo a ti, con todo mi corazón.

'ME GOLPEASTE TAN FUERTE"

Un día me golpeaste tan fuerte, de tal manera que quise morir, para no sentir más ese dolor. Pero con ese golpe me enseñaste a sobrevivir. Toda la vida me mentiste de tal forma, que morir yo quise de dolor. Pero fue entonces cuando aprendí, que debía estar siempre enfrente, de pie alerta con mi verdad de frente. ¿Cuál era mi verdad? Mi verdad era que siempre quien más me había fallado era quien yo más amaba. Entonces aprendí, que no todas las palabras deben creerse, porque no todos tienen la capacidad de cumplirlas.

Aprendí que cuando cuando cometemos un error eligiendo a la persona equivocada de nuestros actos tenemos que hacernos responsables. Hay ocasiones que es necesario darle vuelta a la página para empezar a escribir una nueva historia. Hay ocasiones que duele mucho cerrar una historia, pero aunque duela es necesario cerrar ciclos, y volver a empezar de cero. Porque el mejor ganador no es aquel que cree que triunfo quedándose con lo que no le pertenecía; sino el que resulto el perdedor, y regresa sin miedos a continuar peleando para ganar la mejor batalla.

"ME HAS HECHO TANTO DANO"

Que mal me has causado tú, quiero irme de tu lado y no puedo, me quiero ir, pero sigo aquí contigo. Aun no me voy, y siento que, aunque no te vuelva a ver siempre estarás presente en mí como la peor de todas mis maldiciones. Odio saber que, aunque no te pueda abrazar siempre te sentiré cerca de mí… ¿Qué mal habré hecho yo para merecer esto de la vida?

¡No sé si en los lugares donde tu estarás, sentirás mi amor por ti…! Solo puedo presentir que te veré en mis sueños, ahora que yo te he dicho que me voy. Yo tengo que irme de tu lado, para que tus engaños, tus mentiras y tus traiciones ya no me hagan más daño. Ya no regresaré mas nunca para verte jamás, solo te recordare hasta el día en que mi corazón pueda dejar de amarte, no sé si lo lograre, pero lo intentare…

Si alguna vez, vuelves a verme solo recuérdame, como me viste la vez que yo me fui., y cuando no pudiste hacer nada para retenerme, ese día en que mi vida se perdió en la tristeza, la soledad, y el desamor que tu engaño le causo. ¿Dime cómo hacer para sacar de aquí adentro este dolor, y esta tristeza que tu engaño me causo?

Amor…
Mi más grande amor eso fuiste siempre tu para mí, lástima que yo no fui lo mismo para ti. Mi mente hoy vuela en el abismo que trae la soledad, de los tristes, y dolorosos recuerdos que tu desamor le causo. Mi mente, como mi corazón junto a mi alma vuela sin encontrar el camino que me lleve a encontrar a paz que tu desamor le quito.

Mi corazón ha llorado tanto y llora sin que tú limpies mis lágrimas, porque ni me quieres ni me amas. Nunca me quisiste, nunca me amaste. Es tan triste porque hasta ahora yo lo se…Pero duele tanto saber que ya no podre abrazarte, no podre besarte, pero siempre te amare con este amor de mujer tan puro y tan sincero que solo morirá cuando yo muera. Te digo adiós… adiós para siempre…

"ME LLAMAN LOCA"

Como se atreven a juzgarme, y a hablar de lo que no han visto…!? Como se atreven q condenarme sin haber sentido lo que yo he sentido. Si cada uno sabe el dolor que carga, el peso que lleva sobre sus propios hombros. Quien sabe las dificultades que en la vida yo he pasado? Para que vengan a criticarme, señalarme o juzgarme…! Quien viene y me dice de frente las luchas que yo he enfrentado. Quien lo hace? Si nadie que me conozca puede decir el dolor que en la vía me ha tocado enfrentar, pelaré duro para después ser vencedora. Me llaman loca y creen que me dañan, jajajaja…!

Me da risa porque si estar loco es tener este corazón inmenso que es capaz de sentir y amar incondicionalmente entonces quiero vivir y estar loca de por vida. Todos tenemos nuestra propia historia de vida, que no corresponde se igual forma a la de otros, pero que si nos asemeja a ellos. Así que esta misma vida mía que no corresponde a nadie más que no sea a mí misma. No me merece ser juzgada, ni señalada por quien no la vivió, ni la conoce. Porque esta vida es solo mía, y nadie más tiene el derecho a vivirla a juzgarla o criticarla, excepto Dios, y ni él lo hace, porque el mismo fue quien me la regalo. Así que, si estoy loca y soy feliz siéndolo y escuchando a los que mellaban loca.

"ME LLAMAN MALA MUJER"

Porque cuando llego a un lugar se nota grandemente mi presencia, y cuando me marcho se siente el vacío que mi ausencia deja. Soy mala porque grito cuando alguien me grita. Me llaman mala mujer, porque mis enemigos dicen que soy una mantenida. Sera porque no trabajo obedeciéndole órdenes a nadie, ni lambiendo las botas a ningún jefe, porque yo soy independiente, y mi propio jefe soy yo. Me llaman mala mujer porque me gusta comer, y vestir bien, pero soy tan independiente que mis lujos no me los paga un hombre, me los pago yo misma, con el sudor de mi propio trabajo. Me llaman mala mujer porque no me dejo de nadie, "porque pienso que donde pisa una potra, no borra su huella una burra". Porque no dejo que nada ni nadie excepto Dios haga que yo incline la cabeza. Porque cuando me lastiman, y me traicionan lloro, para luego secar mis lágrimas para volver a empezar como que nada paso, me subo el escote de mi vestido y sigo de frente siendo la misma de siempre…

Me llaman mala mujer porque yo no nací para ser dominada por ningún hombre, el único que pudo haberme dominado fue mi padre, y fue el quien más bien me enseño, a no ser sumisa, a no quedarme quieta escondida en los rincones llorado por quien no va le la pena. A no quedarme callada, o ser frágil, y quebrarme como se quiebra el cristal. Así que con todo esto aprendí, a ser soberbia con quien usa la soberbia para conmigo, a defenderme con unas y dientes de quien intenta con su hipocresía hacerme daño. Soy una mala mujer porque no me hago la pendeja, y no he nacido para aguantar, ni para dejarme de nadie. Soy una mala mujer porque aun sabiendo de la palabra fallo a mis principios cristianos, y me meto unos cuantos tequilas que me hacen sentirme feliz y reír a grandes carcajadas. Mala mujer me llaman porque mientras rio a carcajadas otras ruedan por el piso, porque quisieran ser como yo soy, y envidian lo que yo poseo, porque soy una mujer que deja huella con su presencia por donde camina.

Soy una mala mujer porque yo decido a quien mando al carajo, sea quien sea, no importándome si es mi propia familia. Entonces como me va importar poner en su sitio a una familia que no es la mía, y la que no se merece ni mi respeto, ni mi cariño. Se es mala mujer según la suegra, según la cuñada, según la gente. Pero que me importan toda esa bola de hipócritas reprimidos que solo quieren llevar el guion de mi vida, como si yo fuera una marioneta, si ellos solo son unos hipócritas que están de más en este mundo. Me odian, y me llaman mala mujer porque no estoy al nivel de ellos, porque soy distinta, por el hecho de no ser una hipócrita. Soy distinta porque para pertenecer a su dinastía se tiene que usar las nalgas para lograr un ascenso en su según muy prestigiada familia. Soy una mala mujer porque soy fiel, a quien me es fiel, porque no nací siendo mosca muerta, ni para ser mustia, porque no vivo para que una familia hipócrita me aplauda, ni se comprometa conmigo, o porque yo viva de sus dadivas, porque para eso, yo nací con tremendos ovarios, para vivir de las mías mismas.

Sabe fingir, mentir, y ser hipócrita. Soy una mala mujer porque si yo quiero puedo partirme el lomo como lo hace un hombre, porque no aguanto que nadie me minimice, ni me diga lo que debo, o lo que no debo hacer. Si soy una mala mujer porque no tolero, la hipocresía, las injusticias, porque no me callo, y hablo cuando debo hablar, sin importar si caigo bien, o caigo mal. No me importa lo que el mundo piense de mí, si quienes son ellos, no son mejores, solo son una bola de hipócritas reprimidos, que por su hipócrita callan lo que sienten, y lo que en verdad son. Por eso brindo por todas esas mujeres que al igual que yo, les vale madre el mundo, porque el mundo sobra mientras nazcan cada día más mujeres malas.

Salud…! Con tequila por todas las mujeres que somos eso "malas mujeres"

ME PREGUNTAS QUE SI
YO SOY FUERTE?

Si déjame decirte algo…

Mis ojos han visto, tantas cosas que has hecho, con nuestro amor, que me destrozaron el alma. A través del teléfono, he escuchado cosas que me han herido por dentro hasta matarme. He tenido que ver cosas con mis ojos, que jamás creí que un día vería. He tenido que soportar el dolor de tu desconfianza cuando más leal a mis sentimientos yo he sido. Pero he tenido que aguantarme el dolor y la decepción por dentro de tu desconfianza a raíz de tus propias traiciones, engaños y mentiras. Porque es que quien miente, engaña, y traiciona a un gran amor, no solo se convierte en un infiel. Sino, que ve en los demás las culpas de sus propias traiciones. Que si he sufrido me preguntas ahora? Como no haber sufrido, si de ti, solo he recibido las más crueles traiciones, cuando más amor, más ternura, y más confianza te he dado.

Pero sabes algo mi amor? Yo sigo aquí viva, de pie, luchando por la vida, queriendo alcanzar mis sueños, y devorarme el mundo. Sigo viva, con las inmensas ganas de volver amar, y brindar mi amor, y mi corazón a quien lo sepa amar, cuidar, y respetar. Aun después del dolor, que deja la decepción de un mal amor; se puede volver a amar y creer en ese sentimiento tan hermoso llamado **"AMOR…"**

"ME QUEDE VACÍA"

No tengo nada me he quedado con las manos vacías, con mis pies atados, con un alma rota, y un corazón destruido en mil pedazos. Si todo lo que tenía, y hasta lo que no tuve lo entregué por un amor que solo me hizo daño. Ahora vivo enferma de ese amor, tratando desesperadamente salir de el para que ya no me haga daño.

Un amor que destruyó mi vida, mis sueños, mis ilusiones, y hasta mis ganas de vivir. ¿Cómo se vive, cuando ya se camina sin alma, y con un corazón que, aunque palpite yace muerto? ¿Cómo se vive, para sacarse todo el dolor, toda la soledad, y la tristeza que un mal amor dejo? ¿Cómo recojo los pedazos de mi corazón que yacen en el piso tirados sin vida?

¿Cómo lo reconstruyo si ya no vive más? "Es tan corto el amor, y tan largo el olvido" aprender a amar es tan fácil, pero olvidar nos cuesta la vida. ¿Cómo se vive con un mal amor llevándolo por dentro hasta en lo más profundo de nuestro ser? Como le hago para Sacar de mi piel el recuerdo de sus caricias, esas caricias que hace ya tanto tiempo no me son dadas, porque han sido repartidas entre otros quereres.

Esos besos que un día me quemaban de pasión por dentro y que ahora ya no son más para mí. Ese cuerpo que tantas veces se juntó con el mío, para ser un solo cuerpo, y que ahora ya por mí no se apasiona más. ¿Cómo vivo con la tristeza, la soledad, el dolor y el vacío que tu amor me dejo? Como vivo si en realidad ya yo no vivo más.

Mi cuerpo deambula por las calles como deambulan los cuerpos que ya no tienen alma, y menos corazón porque ya han muerto de tanto dolor. Me quede vacía, siendo solo un cuerpo sin alma, una vida sin un corazón para poder reclutar: mis manos están vacías, y mis pies por siempre quedaron atados, sin poder caminar siendo libre, porque presa me quede en las manos de un mal y cruel amor.

"MI AMADO ANGEL REBELDE"

¡Recuerdo como sin yo pensarlo, te busqué, de pronto te encontré, y un día me di cuenta que estabas allí dentro de mí...! Y, antes de poder recibirte entre mis brazos, yo te esperaba con tanta vehemencia y tanto amor que salía de lo más profundo de mi corazón. Antes que salieras de mi vientre, yo te amaba tanto; que a una hora de que tú nacieras, casi muero por ti, y hubiese muerto feliz, por el solo hecho de que tú eras el fruto de ese hermoso milagro que es la vida. Ese día me di cuenta que no eres más humano y más feliz, sino hasta que descubres, que eres capaz de dar vida a otra vida, y que por cuya vida tu morirías. **Anthony**, mi amado ángel rebelde, tus eres ese cofre que para mí posee adentro el más grande, el más inmenso y el más valioso de todos los tesoros.

Eres un tesoro al que jamás mi corazón, y mi alma podrían comparar con ningún otro amor. Tú eres mi gran tesoro, hijo de mi corazón y mi alma. Ese tesoro que yo atesore con tanto amor dentro de mi vientre por nueve meses, al que le di vida, y al que vi salir de mí, y crecerse entre mis brazos. Tú me diste la alegría de ser yo quien viera tu primera sonrisa, de que me llamaras por primera vez "mama". De que fuera a mí a quien tu corazoncito tan pequeño e inocente le entregara tanto amor, tanto cariño, tantas sonrisas que me llegaban al alma. Todo esto me lo dabas, sin esperar nada en recompensa. Yo te amaba tanto..., tanto, mucho más de lo que mi corazón jamás dejara de amarte. Te amare, aun después de la vida, y si hay otra vida allí te encontrare y te amare como si jamás nos hubiéramos separado. Me aterra la idea de perderte, porque vivir sin ti, yo no quiero, no podría, me moriría.

Tú eres el aire por quien yo respiro, el motor que me levanta cada mañana, y la fuerza que me empuja a seguir con vida. Te amo hijo, y ojala un día tu corazón así lo entienda. Yo viviré por ese día que vuelva ver tu mirada triste, convertida en alegría, llena de vida y felicidad. Anhelo con el alma volver a ver el brillo en tu mirada, y a la calidez de tu hermosa sonrisa. Yo necesito escuchar tu risa, como música en mis oídos, como cuando eras feliz, y yo era feliz escuchando tus sueños, tus metas, esas que se un día vas a realizar, porque tú puedes hacerlo…, tú eres fuerte, eres valiente…!

Te ama tanto, tu madre la que hoy con lágrimas, escribe para ti, este poema, el que no se si un día tu leerás.

"MI AMADO HERMANO MAYOR"

(DEDICADO A MI HERMANO ARMANDO ARTICA)

Mi amado hermano tú siempre fuiste mi mayor ejemplo. Mi hermano mayor, el que siempre fue mi guía, y el espejo de lo que yo quería ser cuando fuera grande. Tú siempre me defendiste, me cuidaste y querías que yo fuera alguien en la vida. Cuando yo estaba a tu lado me sentía tan protegida, y es que en ti, no había miedo, no había cobardía. Junto a ti hermano, yo me sentía tan grande, tan invencible sentía que mientras estuvieras a mi lado; yo podría con tu amor, tu ejemplo y tu rectitud, ir a la guerra, pelear y librar una y mil batallas.

Para mi tu siempre fuiste mi hermano mayor, mi segundo padre, mi guerrero invencible. En la inmensidad de la batalla que a veces es la vida. En esta vida en la que a ti, te toco nacer primero, y cuidar de mí. Tú tuviste que luchar y aprender de la vida, y luego con tus conocimientos adquiridos me enseñaste el amor a la vida, al trabajo y a la familia. En mi vida para ti hay un monumento elegido desde los tiempos en que yo era solo una niña. Tu mi amado hermano, que siempre fuiste el soldado que me enseño en todo momento a estar alerta. A ponerme en guardia para ganar las batallas de la vida.

MI AMADO PRIMO

DEDICADO A EDWIM O. MEDINA ARTICA
(RIP)

Quiero recordar tu sonrisa ingenua y radiante, ver esa mirada de niño ingenuo en tus ojos, escuchar tu voz escandalosa y sincera, reir con tus ocurrencias. Hoy quisiera solo poder verte de nuevo; y no dejar de hacerlo, fuiste y seras por siempre ese ser a quien no se olvida, y mucho menos se deja deja de amar. Siempre te recordare y te amare querido primo.

Escrito por: Mayra Eliuth Gutierrez

"MI AMOR DE MADRE"

Dios hoy quiero agradecerte por los hijos que me distes, no pudiste darme otros mejores, porque los que tengo aun con sus muchos defectos, y quizás sus pocas virtudes, para mí como madre siempre serán únicos. Para mi serán siempre mis pequeños ángeles, aquellos que desde pequeños yo arrulle en mis brazos con la esperanza de que en el futuro fueran seres de bien. Hoy como madre me basta una mirada de sus ojos, para a pesar de sus defectos saber que me aman, como yo los amo también. Así como, también sé que cuando ellos están tristes y sienten una pena daría mi vida, para no verlos sufrir. ¡Yo quiero siempre verlos sonreír, con una sonrisa dibujada en sus labios siempre que me digan hola mama…! ¿Cómo estás? Mis hijos son la joya de más grande valor que Dios y la vida me han regalado.

Le pido siempre a Dios en el cielo, que me ayude a ser la madre que mis hijos necesitan. Que me ayude a encontrar las palabras correctas que ellos necesiten escuchar, cuando vengan a mí por un consejo. Una palabra de aliento y consuelo que no se escuche como un reproche, sino como un sabio consejo que les llegue al alma. Esas palabras de aliento que les quite la tristeza del rostro y les dibuje una bella sonrisa de esperanza y amor. Señor ayúdame a guiar a mis hijos por el camino correcto, que ellos deben continuar. Por favor concédeme la dicha de verlos llenos de amor, felicidad, y bondad para con los demás. Dame la fe y la esperanza de que los veré terminar de crecer y formar sus familias en un hogar bonito y feliz.

"MI AMOR, MI PAPI, MI ANGEL GUARDIAN"

DEDICADO A MI PRIMER Y UNICO GRAN AMOR
A MI PADRE, EL GRAN
FELIX ARTICA

Hoy otra vez como en tantas veces te extrañe, alce mis ojos hacia el cielo azul, y te busque entre las tantas estrellas que brillan. No lo puedo creer papi...! Porque no te pude ver. Me quede vacía, al comprender que mi amor como tú amor, solo se quedo aquí dibujado en mi corazón...

Hoy han pasado ya seis años desde tu partida, y a pesar de que el tiempo pasa como pasa la vida, en mi no hay olvido. Tú muerte no ha borrado de mi los sentimientos. Hoy comprendo que la muerte es otra forma de vida; porque ella no ha logrado separar de mi corazon todo el amor que siempre te tuve, y te sigo teniendo aun después de tu muerte. El tiempo a pesar de tu muerte no ha podido separar este par de corazones que siempre fueron solo uno. Tú y yo siempre nos amamos tanto, no hubo nunca en el mundo amor alguno como el tuyo y el mío "papi."

Hoy tu amor no sólo se quedo dibujado en el azul infinito del cielo, sino en mi corazón, porque jamás hubo corazón alguno que te amara como te amo el mío...

Yo siempre te recuerdo...! En mi mente, siempre estas como el más sagrado de los más hermosos recuerdos. En mi memoria, tu amor siempre vive. Hoy siento, que es tan hermoso poder escribir poemas para el más grande amor de vida. Porque tú papi, siempre fuiste, eres y serás el más grande amor puro, y el más verdadero...

Hay papi, hoy como ayer, y como siempre te extraño tanto...

Necesito de tu amor, de tus besos, de tu cariño. Pero sobre todo, de tus consejos. Papi hay días que mi vida es como manejar un carro de carreras, en donde no sé si debo frenar…o correr…? Papi es que a veces sin ti, soy tan débil, no sé luchar, no se pelear, no se vivir.

Hay papi, hoy sin ti, la vida no tiene sabor, ni sentido, ni razón. Pero hoy quiero que sepas, que jamás habrá en mi vida, amor más grande, bello, y sublime que el tuyo para mí.

Siempre vivirás en mi mente, mi alma, y mi corazón como el más valioso de todos mis tesoros…! Te amo papi, tú mi gran amor, mi refugio, mi ángel guardián…

"MI ANGEL HECHO MUJER"

A ti: **Nidia Kafati,** que supiste amarme y entenderme como pocos me amaron y me entendieron...

Tú llegaste, a mi vida cuando más sola y triste yo me encontraba. Yo nunca olvidaré, como con tu risa, tu alegría, tu amor, y tú sabiduría, cambiaste mis días grises, nublados y tristes, por días llenos de luz, alegría, y esperanza. Tú llegaste a mi vida cuando ya en mí no existía ilusión alguna, cuando morir era mi única esperanza. Pero tú, con tu dulzura, y tu paciencia, me escuchabas, me aconsejabas, y me dabas la paz que yo necesitaba. Tú que dedicabas tu valioso tiempo para escucharme, y al hacerlo me transmitías tanta paz. Tú llegaste cuando mis brazos estaban tan necesitados de recibir el calor de un abrazo sincero. Tú siempre me hacías sentir tan querida, tan protegida, y tan amada. Tu que todo esto, me lo enseñaste, sin compromiso alguno. Hoy recuerdo las tantas veces que me sentía sola, y solo quería llorar, ser comprendida, y allí estabas tú para escucharme, y aconsejarme sin herirme.

Tú me hacías sentir que si necesitaba a alguien en quien confiar allí estabas tú. Me hiciste aprender, a amar a Dios, y después amarme a mí misma, que a los demás. De ti, aprendí que, aunque todo se derrumbara, yo debía levantarme, ponerme de pie, y recomenzar de nuevo, para volver a renacer de la nada. Me enseñaste, que, si un día quería volver a saber que era la felicidad, allí estrías tú, para mostrarme cuál es el camino para encontrar esa verdadera felicidad que tanto he anhelado. Me enseñaste que, si un día tenía deseos de no seguir existiendo, allí estarías tú para recordarme lo maravilloso que es la vida. De ti aprendí, que, si un día quería recordar, lo que un día fui, debía seguir de pie, firme como un soldado cuando va a pelear a la guerra. En mi caso para no recordar lo que fui, sino lo que soy ahora, y lo que seré en mañana. Tú me enseñaste que los seres humanos a veces fallamos, pero que lo importante era reconocer nuestra falla, para ya no cometerla más.

Me mostraste que estando yo, en las buenas, pero aún más en las malas, allí siempre estarías tú. Me dijiste que, si algún día yo dejaba mis miedos, y me lanzaba a probar lo desconocido, ese día habría perdido el miedo que llevo por dentro de ser feliz; y de encontrar a ese alguien que me merece, y quien me hará feliz. Me prometiste que ese día allí estarías tú, esperándome, sin hacerme, ningún reclamo, ningún reproche, solo con tus brazos abiertos para abrazarme.

Hoy solo te pido, que si algún día tú te encuentras como tú me encontraste. Por favor nunca olvides, que, así como tú estuviste para mí; así aquí yo estaré para ti, siempre…, y para siempre…

Hay amigos que no son amigos, y hay amigos que son más que hermanos. (Proverbios 18:24)

"MI CORAZÓN A MUERTO"

Mi corazón no entiende de razón y mucho menos entiende de olvido. Este terco corazón, solo entiende de amor, dolor y tristeza. Esta tristeza que provoca este dolor que me hiere y desgarra desde hace ya tantos años. ¿¡Cómo puedo dejar de sentir lo que siento…!? ¡Si quien más amo, es quien más me lastima…! Como puedo hablarle a mi corazón de olvido, si el solo sabe querer a quien a mí no me quiere, y despreciar a quien verdaderamente me ama. Como le explico a mi corazón necio, terco, y estúpido que no debe sentir, ni latir por quien mi amor no se merece. ¿¡Cómo le enseño a este tonto corazón que quien verdaderamente ama, respeta, procura y protege…!?

Que quien ama no lástima, ni con palabras, ni con hechos. Esos hechos que se quedan como un aguijón clavados aquí en el pecho, y que mata a morir. Si morir en vida, y que solo nos lleva a deambular en las calles, como un muerto que no tiene vida; porque su alma, como su vida yace muerta. Una vida que pudo hacer distinta si él no se hubiese aferrado a quien jamás le amo. ¡Pero hoy ya es tarde mi corazón ya ha muerto…! Hoy nada de lo que hagas, o digas por cierto que esto sea, podría darle vida a un corazón que murió de esperar de ti, lo que nunca llego a tiempo…

"MI CORAZON LLORA DE DOLOR Y TRISTEZA"

Cuanta soledad y tristeza yace en un corazón que se encuentra cruelmente herido de muerte. Como hago para encontrar los pedazos de ese corazón que tu mataste a mansalva, sin piedad alguna, con cada una de tus traiciones. Como hago que sobreviva al dolor que tus engaños le causaron. Como recojo de entre las cenizas las partes de ese corazón que se quemó en el dolor, la soledad, y la tristeza.

¿Cómo se hace para renacer de entre las cenizas, cuando ya el corazón está muerto, como le hago para volver a revivirlo, y enseñarle a amar de nuevo sin miedo a volver a ser herido de muerte? Como pienso, como creo que esta vez, si logro volverlo a la vida, será distinto que nadie volverá a lastimarlo o a engañarlo jamás.

No hay una escuela, o un manual que te enseñe a sobrevivir cuando has sido herido de muerte en tu corazón, cuando tu único pecado, o crimen, fue amar con tanto amor, y con tanta vehemencia. ¿Cómo sobrevivir al dolor que causaron las heridas que en mi corazón tus causaste? ¿Cómo olvido el dolor, si aún no llego al perdón?

'MI ELEGANCIA"

"MI ELEGANCIA, no la define la ropa de marca que traigo puesta. Mi elegancia, la define la forma como me educaron **MIS PADRES,** para saber comportarme en la vida. Mi elegancia la define mi forma de hablar, de ser lo que soy. Lo que he aprendido de la vida, a través de los tantos libros que me he leído. De los cuales el más importante, e inspirador, y educativo para mi vida, ha sido **LA BIBLIA."**

MI GUERRERO

Mi guerrero, por amarte casi me arrancas la cabeza de tanto pensarte, de tanto amarte. Tú me besas con tanta fuerza que me duele hasta el alma, y el último hueso. Pero te amo, y me gusta tu manera de amarme. Tú eres como una explosión que borra los años grises, y aburridos entre el hoy, y esa noche ardiente en que tú fuiste mío. Te quise siempre en mi vida, siempre…, y nunca… estuviste en ella…

El fuego de nuestro amor, nos quemó a los dos, mi gran amor. En este mundo no hay lugar para nuestras llamas. Mi amor, siempre serás mío, siempre…, y nunca… jamás…Tu llegaste a mi vida cuando ya no era tu momento. Y, así de ella te vas ahora; porque siempre y nunca estuviste en ella. Mi guerrero, mi hombre invisible, sigue así oculto entre las sombras de la noche o de la propia muerte…

MI HERMANO

DEDICADO A MI HERMANO EDWIN
OMAR MEDINA-ARTICA

Sin duda alguna no hay mejor amigo, mejor consuelo, y el lugar más caluroso que los brazos de un hermano. Saber que tú eres mi hermano, y que siempre estarás allí para mí me reconforta mi alma, aunque quizás las cosas entre tú y yo, no vuelvan a ser como el ayer. Ahora que soy adulta, y cuando vienen a mi mente tantos recuerdos del ayer. Esos recuerdos de cuando fuimos niños; luego adolescentes, te acuerdas como eran nuestras vidas. ¿Te acuerdas como me hacías maldades, como te burlabas de mí, con tantas travesuras, que me hacías? ¿Pero también te acuerdas, como me protegías, de los demás, y me cuidabas como a la niña de tus ojos? ¿Qué paso hermanito, a donde nos perdimos? ¿Cuándo dejamos de amarnos, como nos amábamos cuando fuimos niños, cuando fuimos adolescentes?

Ahora que somos dos adultos, y que cada uno emprendió su camino en distinto rumbo, ahora es cuando te reto, a que aprendamos que estamos en la mejor edad, para recuperar, amar y valorar a un hermano (a). Yo te sigo amando, y admirando como cuando fuimos niños, como cuando nos visitó nuestra adolescencia. Esa que fue la culpable de nuestra separación, como hermanos como amigos. Nos separó porque fue la adolescencia quien nos elevó a la adultez, aun cuando nos hacía tanta falta seguir viviendo cosas como adolescentes. Hoy solo quiero decirte, que a pesar de que ya eres un hombre maduro, y con hijos grandes; para mí siempre serás aquel hermano que perdí en la adolescencia. Pero también quiero hoy a través de mí poema decirte que: si un día te sientes triste, viejo, apagado, y sientas que tienes el corazón comprimido, y tu alma arrugada. Por favor hermano no dudes nunca, en acudir a mis brazos yo te estaré esperando… para recibirte con mis brazos abiertos, para brindarte mi amor, y mi calor, así ya nunca más te sentirás solo. Porque sabes una cosa la mejor parte de tener un hermano es descubrir, que en el también, tenemos un amigo. De igual manera en tu hermana que soy yo, tú podrás encontrar a tu mejor amiga, de la niñez, y la adolescencia. Sabes hermano, un hermano, o una hermana, son sin duda alguna los mejores amigos que jamás podremos encontrar en ninguna otra parte. Nosotros como hermanos, podemos llegar a ser otra vez los más grandes amigos; siempre y cuando sea bajo el respeto mutuo de nuestra individualidad, y que con respeto nos escuchemos, y aceptemos, el consejo y captemos la corrección el uno del otro…

PDS: este poema te lo escribí a ti, mi amado hermano, un dia 2/18/2016. Desde ese dia, hasta el dia que te marchaste, habían pasado 4 meses y 11 días; dejándome con este vacío inmenso, y estas ganas de abrazarte, aunque sea una vez más…

"MI HERMANO ESTA MUERTO"

(DEDICADO A MI HERMANO SANTOS ADAN ARTICA)

Mi hermano, para quien fui más que su hermana. Fui su amiga, su cómplice y su confidente. Hoy ese hermano que mi corazón tanto amo, ya hace muerto. Pero podrás haberte ido, sin despedirte de mí, porque la cruel distancia nos separó. Te fuiste dejando este enorme vacío aquí dentro de mí, tantas palabras jamás pronunciadas. Tantas cosas que quise decirte, y que no las dije porque se me quedaron aquí en mi pecho. Esas palabras sin decir siguen doliendo, como una daga que punza poquito a poco hasta morir lentamente. Pero hoy es tu recuerdo el que me hace vivir, a pesar de sentir tanto tanto dolor. El recuerdo de tantas cosas hermosas, que juntos pasamos me hace seguir de pie. Tu cuerpo se fue, murió, pero tu recuerdo, tu valentía, tu amor, por los tuyos vivirá entre nosotros los que tanto te amábamos, y te seguimos amando aun después de tu muerte.

Ese día en que tu cuerpo se fue bajo tierra, no estuve allí, pero era como si estuviera. Yo podía sentir como cada pala de tierra era una daga en mi corazón. He sufrido todos estos años, tu muerte, tu ausencia, aun no supero el hecho de saber que la distancia nos separó, sin un adiós, sin un hasta luego. La tristeza siempre llegara sin ser invitada, invadiendo mi corazón de tristeza. Trayendo a mi mente la inmensa nostalgia del recuerdo de aquellos bellos días, donde siendo tú el mayor me toco a mí cuidarte y protegerte como lo hace una madre. Hoy solo te quedas como el más hermoso y sublime de los recuerdos más preciados que mi mente guarda como el tesoro más grande en el baúl de mis más valiosos recuerdos.

Te sigo amando, te sigo queriendo, aunque ahora no sea como antes, pues tu estas en el cielo. Tú probablemente seas feliz allá arriba, yo no puedo decirte lo mismo de mí. Solo puedo decirte que ya siento que me quede vacía. Es tanto lo que mis ojos han llorado, que ya no puedo llorar más. Mis ojos duelen ya mucho, y mis mejías se han empapado tanto en llanto; que se han quedado resecas de ver tanta lagrima correr. Yo quisiera poder escapar de esta pesadilla que ha sido mi vida; perder a los seres que amo, sin poder recuperarme de su ausencia. Pero despierto, y me duele regresar a la realidad, y es que no es una pesadilla, es una verdad. Porque tu mi hermano al que tano ame yace muerto...Pero tú te fuiste, estas muerto. Pero lo que jamás morirá será tu recuerdo. Porque tú vives en mi corazón, en mi alma, en mi mente como si jamás te hubieses ido...

"MI MADRE BELLA"

Mi madre mujer bella y hermosa, más fragante y delicada que una rosa, cual bella flor que renace en primavera, y cuyo verano, vino a arruinar su florecer. Cuantos frutos en tu vientre alimentaste, y crecieron para después nacer, y dar vida a otras vidas. Madre mujer hermosa, digna y única que naciste en un mes de primavera, y te fuiste en un verano cruel, que mato mis ilusiones, de lo que pudo ser el mejor de mis inviernos. ¿Porque te fuiste mama, en donde de mis otoños serian la salvación de mi existencia…?

Te he buscado tantas veces en mis noches tristes, donde solo te encuentro en medio de mis recuerdos. Sabes me doy cuenta que nunca crecí, que sigo siendo aquella niña que vivió y creció entre tus alas, y ahora emprender mi vuelo sola no puedo, porque jamás aprendí a salir de tu regazo. ¿Cómo vivo sin ti mujer hermosa…? Si todo cuanto soy es por ti mama, en mi mente y mi corazón, tú no te has ido, sigues aquí conmigo. ¡Quisiera gritar el dolor que me causa tu partida, y la de papi, pero no puedo, porque aún no concibo creer que no estén aquí conmigo…!

MI MADRE MI SANTA BELLA

Triny de Artica, siempre fuiste la flor más bella que mi padre el gran **Don Félix Artica,** planto en el jardín de nuestro hogar. Bendito fue y sigue siendo tu vientre aun después de la muerte, sigue siendo bendito, por los tantos frutos que en la vida dio. Esos frutos fueron somos nosotros tus hijos, procreados por un solo hombre. El apellido que hoy porto, me honra y me llena de orgullo. Porque gracias, a que en ti floreció siempre la honestidad, y la decencia, todos tus hijos poseemos con orgullo un mismo apellido, que nos hace grandes.

No soy la hija de un millonario hombre que tuvo acciones en la bolsa de New York, ni pent-house en Manhattan. Pero si soy la hija de un hombre que fue hacendado, trabajador y honesto. Un hombre que así, como lo tuvo todo, un día lo perdió todo, y se quedó sin nada. Pero no le importo y aun así, venció barreras y adversidades, que nunca, permitió lo dejaron caer, demostrando que el dinero no lo es todo en la vida. Te doy gracias madre mía, porque te fuiste y me dejaste la mejor herencia que una madre, puede dejarle a una hija. Esa herencia fue tu honestidad, tu decencia, y lo gran señora que siempre fuiste.

Gracias madre porque como herencia me dejaste también el hecho de ser la hija de un gran hombre, de un gran señor de los cuales ya no nacen y que no existen. Te amo madre, desde aquí hasta ese paraíso celestial en donde tú te encuentras. Me place mucho haber sido tu hija y poder seguir llamándote madre, aunque hoy ya no estés a mi lado. ¡La dicha que hoy porto, y toda la felicidad que en mi emerge te la debo a ti mi Santa bella, porque como tu jamás, jamás habrá mujer alguna…!

"MI MANERA DE AMAR"

Mi manera de amar quizás no fue la más perfecta. Pero si intente amarte de la manera más sincera, honesta, y dulce que se le puede amar a un ser humano. Sé que en ocasiones fui, caprichosa y atrevida, pero en otras tantas veces, fui tan ingenua, o mejor dicho tan tonta.

Por eso, fue que siempre supiste muy bien engañarme tantas veces, que cuando me di cuenta de tus engaños ya no sabía ni contar. Porque se me había ido la vida sufriendo, tratando de contar, la una, y tantas veces que a mi corazón heriste.

Me dio tristeza descubrir tantos engaños, cuando siempre mi manera de amarte fue con un corazón lleno de pasión, ardiente, y salvaje. Pero hoy dejaré a mi corazón en reposo, para que permanezca salvado por mucho tiempo, y más nunca nadie vuelva a lastimarlo. Sé que un día llegara a mi vida un buen hombre, que a mi corazón reviva, ese día volveré a amar y a entregarme por completo.

Pero el día que ese nuevo amor llegue, a mi vida, no le permitiré que juegue con mis sentimientos, ni mucho menos que a mi corazón lastime, como siempre lastimado resultó por tu causa. Porque mi corazón a pesar de haber sido tan cruelmente lastimado, y vilmente engañado, no le permitirá a nadie que juegue con él, porque es que ahora, él ya se sabe todos los cuentos…

"MI MEJOR AMIGA"

DEDICADO A IDALIA LOMBERA

Mi mejor amiga, es la que ríe con mis risas, la que llora mis penas. La que cura con su infinita amistad, sinceridad y amor mis heridas. Ella siempre está allí para mí, como amiga, cómplice, confidente. Pero lo más importante como hermana.

El ungüento y el perfume alegran el corazón, y el cordial consejo del amigo, al hombre.
Proverbios 27:9

MI NUERA

DEDICADO A IRMA HERNANDEZ

El tiempo ha pasado, y me parece que fue ayer, cuando llegaste del brazo de mi hijo a casa. Ese día en que el sonriendo te presento ante mi como tu novia. Desde ese entonces hasta hoy, ya muchos años han pasado, y me hace feliz ver que aun sigues junto a él. Hoy sin exagerarte ni mentirte, quiero decirte que con el transcurrir de los años, en una hija para mi te has convertido. Eres una pequeña mujercita, que nos ha alegrado la vida, día a día. Porque eres como la hija que mi hermana, y yo nunca tuvimos, nos alegras la vida con tu ternura, tu amor, tu cariño, y tu respeto hacia nosotras.

Yo solo espero, que siempre podamos caminar juntas de la mano, tu más que mi nuera como mi hija. Deseo que la dicha nos acompañe siempre…, y que la fortuna de una vida mejor no nos abandone nunca. Porque desde el día que a nosotras la fortuna nos visitó vestida de nuera. Desde ese día, hasta hoy, y para siempre…, solo hay algo que deseo, y es verte vestida de novia, yendo rumbo a la iglesia para unirte en matrimonio a mi hijo. Porque sé que ese día, serás en nuestras vidas como un rayito de luz, que llego a nuestra familia, para en un futuro dar vida a otras vidas que serán nuestra alegría.

Hoy llena de felicidad y alegría quiero, darte las gracias, y felicitarte por haber iluminado el rostro de mi hijo, con tu amor, tu cariño, y tu ternura. Eres una pequeña mujercita que es muy cariñosa, hermosa, honesta y buena. Hoy puedo decirte que eres una parte importante, en nuestra familia. Tú tienes en nuestros corazones un lugar muy especial, que a pulso tú, te lo has ganado. Yo solo espero que cada otro día sea igual que el anterior, y que cada momento vivido a nuestro lado, te ensene a vivir junto a nosotros hasta nuestro último aliento…

Tú eres mi nuera, mi hija, la que se asemeja a la bella primavera. Tu que con tu alegría y tu risa resplandece como luces de colores; y nos has alegrado la vida, desde lo más profundo de tu corazón. Tú con esa esperanza hermosa de que un día no muy lejano, cuando sea el tiempo, y el momento, llenaras nuestras vidas de más alegría. Cuando el fruto de tu amor a mi hijo traiga consigo unos hermosos retoños, que serán nuestra mayor bendición y nuestra mayor alegría.

Por ahora es un año, más que pasa, y tu sonrisa nos sigue llenando de alegría y cariño. Yo seguiré esperando que en el futuro, esa sonrisa venga vestida con hermosos vestidos de rosa y seda. Que serán los nuevos brotes producto de su amor, y de nuestras raíces. Porque solo así, nuestro familia perdura para siempre, a través de nuestros hijos. Si ustedes, que nos darán esos nietos que harán crecer nuestra familia, y con ello perdura su apellido.

"MI OLVIDO Y TU OLVIDO"

Sería bueno poder olvidarte, y dejarme llevar solo por las sensaciones que da el olvido. Dejarme llevar tan solo así, tan fácil como se entrega lo que ya no se puede tener más. Yo que siempre quiero y deseo olvidarte, pero es que es tan difícil el olvido, cuando tu imagen... Siempre..., siempre está allí...!

Perdonarte, sería un gesto hermoso y divino!, porque sé que eso enaltecería mi alma, aliviaría mi corazón, y endulzaría mi vida mientras yo siga aquí castigada porque no llega el olvido, y esa fría consciencia tuya que no entiende, que mi alma y mi corazón no pueden perdonarte después de todo lo que tu engaño le causo a mi corazón triste y ahora vacío.

Es tan hermoso poder tener a alguien especial, con quien contar, alguien a quien no se le pierda jamás la confianza, ese alguien que siempre está allí, y se queda en las buenas y en las malas, sin importar lo que venga. ¿¡Pero como confiar en ti...!? Si la ausencia de tus sentimientos es tan infiel, que se marchitan los sueños, se mueren las ilusiones, y terminan las esperanzas...

El amor es un sentimiento tan hermoso, no es cruel, no es dañino, no es mentiroso, somos los humanos los que lo pintamos se tal forma. El amor es eterno, es amar a otro ser a quien tu corazón pertenece. ¡Es caminar juntos tomados de la mano!

Pero qué pena y cuanta tristeza, que terrible será ese día, cuando yo pueda verte, y ya no recordar cuanto un día nos amamos...!

"MI ORGULLO DE VIDA"

(DEDICADO A MI HIJO GUILLERMO)

Mi hijo bueno, eres todo lo que una madre espera de un hijo, en sentido configurativo, del amor tu serias mi verbo. De mi vida eres mi gran amor, y mi mayor ilusión de que los milagros existen. Porque es que tú y tus hermanos son la mayor bendición de mi vida. Pero tu mi amor, eres una dulce, una tierna bendición enviada del cielo para hacer feliz mis días. Tu para mi significas la esperanza de que lo bueno existe, que tu gracia se resume en las más hermosa de todas mis verdades. Tú eres una de las más grandes promesas que Dios me regalo en la vida. Tu eres un ser que le da vida, luz y esperanza a mi vida. Tú eres ese hermoso pacto de amor, que une a un hijo y a una madre gracias al creador.

Tú eres uno de mis más grandes orgullos, mi razón de ser, amar, y existir. Yo existo mi amor porque tu existes. Yo le doy gracias a Dios por bendecirme con un hijo como tú. Es una bendita dicha ser tu mama, yo sé que con la ayuda de Dios tú serás un gran hombre, el mejor de todos. Me imagino que, en el cielo, tú eras un ángel, por eso Dios decidió enviarte aquí a la tierra para ser mi hijo. Ese maravilloso hijo, que ha llenado todos estos años mi vida, de amor, alegría, y orgullo; y es que tu mi amor eres mi orgullo de vida.

MI ORGULLO SE LLAMA "DANIEL"

DEDICADO A MI AMADO HERMANO

Si me preguntan si existe alguien a quien yo quiera y admire tanto les responderé que sí, que su nombre es **DANIEL.** Él es a quien admiro y respeto tanto. Es el ser que desde su corta edad ha vivido tanto, pero aun en sus ojos tiene la mirada y la inocencia de un niño. Él siempre fue tan responsable, tan excelente padre, buen hermano, buen amigo, un maravilloso hijo. Es ese ser al que todos amamos, porque es uno de nuestros más grandes tesoros.

Su alma a pesar de todo lo que ha vivido sigue siendo buena, su presencia nos hace sentir seguros, su forma como él nos mira y nos ama con tanta paciencia, Señor Jesús como quisiera que tú lo eternizaras, y que él pudiera vivir por siempre, sin que tuviera que irse un día contigo. Ese es mi más grande anhelo. Pero sé que esto es imposible porque toda vida tiene su ciclo, y cada ciclo tiene que terminar. Este mundo sería tan diferente y ya no existiría tanta crueldad.

Dios bendice siempre a este ser tan noble, que fue engendrado por un vientre que fue ya bendito por ti. Ese mismo vientre que fue el de mi madre, que ya está en el cielo, y que nos dio a sus hijos, su corazón, su alma y todo su amor. Este ser tan maravilloso se llama **DANIEL,** y no solamente es mi hermano, es mi padre, mi amigo, mi confidente y hasta mi cómplice. Los dos nacimos de mi amada madre, y orgullosos estamos de ello, porque Dios nos dio ese gran privilegio de ser hijos de la misma madre, y del mismo padre. Esos padres que nos enseñaron lo que es la unió, el mayor y el respeto por la familia…

"MI PEQUENO JULIAN"

A ti mi pequeño ángel que viniste a mi vida, como un milagro caído del cielo. A ti, que por muchos años te desee, te busque, y al final te supe en mi vientre. Ese dia me hiciste la mujer mas feliz de la vida… Eres un angel muy deseado porque fuiste consevido por amor, no por error, o porque quise ser madre. Tu eres la alegría en medio de mi tristeza, mi luz, en medio de mi sombra. Eres ese pequeño ángel que cada anochecer, y cada nuevo amanecer esta allí junto a mi, con ese calorcito que me fortalece…

Me parece un sueño, que tu mi amor con tan solo 11 años, eres mi fortaleza, y mi mayor apoyo. Tú quien me abraza, me besa, y seca mis lágrimas, cuando me siento sola; cuando siento que no tengo a donde ir, veo tus ojitos, mirándome fijamente, y tus manitas secando mis lágrimas. ¡Tus labios pronunciando frases como te amo mami…! Entonces vuelvo a mi realidad, y se que por seres como tu, vale la pena luchar, para levantarse, …

Te amo mi **JP,** tu eres mi niño amado, deseado, querido, mi gran orgullo. Tu, mi gran bendición, amo tu nobleza, tu humildad, y tu carisma…

"MI PERRO"

A CHRITHIAN VELASQUEZ

¿Qué te pasa ahora contigo mi amor? te miro, y te descubro más inquieto que antes. Ahora te veo más travieso, más curioso de lo que solías ser antes...

Ahora corres, gritas, saltas, tocas, pegas, y tu madre siente que la estas volviendo loca...

A veces quisiera arrullarte entre mis brazos, besarte, y acariciar tu rostro como cuando eras chico. Pero es que me doy cuenta que has crecido tanto, que ya no eres más mi niño pequeño, el que se paseaba junto a mí de la mano por el parque.

Mi amor, mi perro bello dime como ayudarte, sin el temor a que mi cariño, mis afectos, y mis mimos, no te ofendan, no te den vergüenza.

No sé, como ayudarte, ni que decirte por miedo a ofenderte. Yo no quiero que mi cariño y el deseo de comprenderte te llenen de coraje. O caso tienes miedo de que esta tía que tanto te ama pueda reprenderte. Pero como mi amor...!? Si mi corazón te ama, y jamás te lastimaría.

En mi corazón aunque hoy ya tengas 15 años, siempre serás mi chiquito hermoso, al que con tanto amor arrulle siempre entre mis brazos. Solo dime chiquito mío, que te hace falta? Tía está aquí para amarte, cuidarte y escucharte siempre. Solo quiero que vengas y te prendas de mi mano, y caminemos como antes juntos por el parque. Quiero que me enseñes tú con tu amor, a ser mejor tía, mejor madre, y mejor ser humano.

Ayúdame mi amor...! Por favor no te quedes callado, habla y dime en que te puedo yo ayudar...? Por favor no te quedes callado, que aunque te amo, mi capacidad de amarte, no me puede hacer que adivine, que es lo que por tu mente pasa. Pero si hablar tu no quieres, solo déjame estar siempre en tu vida, estar en tu corazón, y así podrás medir la inmensidad de mi amor, y comprender cuanto esta tía te ama…

MI PROMESA

Sin temor a equivocarme, puedo sentir que no es a mí, a quien quieres tener ahora a tu lado. Yo lo sé, no necesitas decírmelo, porque puedo yo sentirlo. Pero no te preocupes mi amor que todo tiene su tiempo bajo el sol. Pero yo te prometo, que a cambio de tu traición, y tu engaño; voy hacerte llorar lágrimas de sangre.

Tu que te crees muy inteligente, y vas por la vida engañando, y traicionando a quien te ama. Hoy sé que estás haciendo cosas a mis espaldas, por ahora me conviene darte cordel. Pero te juro, que el dia día menos pensado cuando menos te lo esperes te saco del juego.

Hoy te daré un gran consejo, aprende a volar muy alto con tus propias alas; porque las mias ya no estan disponibles para ti. Pero también aprende a caerte mi amor, y a soportar la caída. Porque entre más te creas importante, y más te eleves; no tienes una idea qué tan grande sera tu caída.

"MI SANTA"

Poema dedicado a mi madre
Escrito en septiembre 11, 2011

Recordarla aún me produce llanto, que no entienden que quien murió es la madre mía. Que mañana aun año de su partida no podré salir a la calle, porque la luz del sol cual espada lastimara mis ojos, y como espada misma, certera y como flecha apuntara directo a mi corazón, brotara mi corazón un rio de sangre. Hoy nada es lo mismo, desde que sus manos no tocan el pan de cada día, que alimenta mi triste existir. ¡Estoy cansada de llorar, pero más cansada de que no me entiendan! que todo es tan resiente, y no sé cómo pensarla muerta, ni como comenzar a soñarla ahora que ella yace sin vida. Hoy solo se que el dolor está dentro de mi corazón latente, y en mis dedos que escriben esta noche, de su muerte como el cataclismo de mi vida misma, que sin ella siento la muerte.

A ver como la llamo…

Como pienso en todas las cosas q me gustaría hoy contarle, y preguntarle yo a ella, algo así como que piensa de la vida, y la muerte…?

Hoy hace un año que te fuiste madre en ese cruel día de un Septiembre 10, 2010, y no sé cuándo Empezare a aceptar, y contarle al mundo sin dolor, que hoy mi madre ya está muerta…

Que fuiste mi madre, y que en tu vientre palpite por primera vez, hasta el día que salí de él. Por hoy solo me queda, mirar en la distancia hacia el cielo, y gritar que te quiero madre mía, y que te extraño. A través de esa misma distancia, este día me despediré de ti madre con un suspiro…, hasta que como siempre regreses a mi corazón, aunque sea en mis sueños, mis ilusiones, y mi esperanza de reunirme un día junto a ti. Ese día poder caminar como lo hacía a antes tomada de tu mano, y ver como el mundo admiraba tu porte, y tu hermosura. Hasta pronto mama.

Te ama por siempre…, tu hija.

Ledia

"MI VIDA"

"No es la elegancia de lo que uso diariamente para verme bella o no. La elegancia, de mi vida, es como le doy uso a las cosas; para que ellas sean el reflejo de lo que yo traigo dentro de mi alma, y mi corazón. Mi vida no se define por una marca de ropa, zapato, cartera, o perfume. Mi vida se define por la esencia de lo que verdaderamente soy, por dentro y no por fuera.

Porque mi vida, como mi elegancia, no solo son solo el reflejo, de cómo puedo vestir, o como puedo yo decorar mi casa. Mi vida, es la forma en que soy, en lo que valgo, y lo que traigo por dentro. La elegancia de mi vida son, los seres hermosos que me rodean, mis hermosos hijos, mi bella familia, mis amigos. Los libros que a diario leo, y los intereses que ellos me hacen sentir de la vida. Ese es el verdadero sentido, y la verdadera elegancia de mi vida"

"MIS ALAS ROTAS"

Cuando quise volar de nuevo no pude alzar mi vuelo, me di cuenta que mis alas estaban rotas. me las habían quebrado desde hace ya muchos años. Pero me había segado a mirar, y aceptar lo que tanto me había hecho daño. Solo así, entonces el dolor por fin me hizo comprender, que así no podría volar. Mis alas han sido lastimadas hasta dejarlas quebradas. Ahora solo quiero dejarlas en reposo, hasta que puedan curarse, y así emprender mi vuelo, y bajar a tierra solo cuando ya más nadie pueda lastimarme…

"MIS HERMANAS"

MARTHA ARTICA, IRIS ARTICA, AMADA ARTICA, LIDIA ARTICA, AMARELYS ARTICA, NUBIA ARTICA (BEBA)

Con ustedes aprendí las cosas más hermosas de la vida. Con ustedes he aprendido a vivir y a disfrutar las cosas plenas. Esas cosas que no se compran ni se venden por dinero. Nosotras siempre juntas caminando por la vida, escuchando una de la otra, las historias vividas. Hasta ahora nunca nadie nos ha podido desunir, abatir, o hacer que nuestra mistad y unión de hermanas se desvanezca. ¿¡Es que como separarnos…!? Si somos sangre de la misma sangre; hijas de unos maravillosos padres que nos heredaron lo mejor de sus vidas. Entre esas maravillosas cosas el amor y la unión por la familia. A nosotras nos une el mismo mundo, ese que nunca sale de nuestras vidas porque nuestro amor es el más profundo de todos…

Mis hermanas no somos físicamente iguales, pero tenemos el mismo corazón, los mismos principios, y el mismo amor por la vida, los hijos, la familia, los amigos. Quizás tenemos la misma mirada, que no necesita palabras para expresar lo que sentimos. Si somos un poco diferente la una de la otra. Pero eso no indica que baste una pequeña diferencia para separarnos y dejar de ser más que hermanas amigas la una de la otra. Hermanas, pero más que hermanas somos una a la vez. Cuando estamos juntas, es increíble como el amor nos hace tener el mismo poder, nadie nos podría igualar, o comparar. Dormimos juntas en la misma cama, compartimos todo, excepto el esposo, jajajajaja. Es tan hermoso que seamos hermanas, y poder compartir nuestros sueños, nuestros problemas, nuestras tormentas. Pero también compartimos la misma paz, la misma calma, después de que pasa la tormenta.

Hermanas, es tan hermoso saber que no tenemos nada que preocuparnos, porque nuestro amor, nuestra amistad nos hace ser millonarias. Porque tenemos un corazón que sabe amar, un alma que tiene toda la fuerza y la pureza de nuestros padres. Esos padres que nos enseñaron, a ser hermanas y estar allí la una junta a la otra, en la adversidad como en la abundancia. Nosotras tenemos algo que todos nos envidian, porque no tiene nadie algo que late segundo a segundo, y se llama **CORAZON**, y es que nuestro corazón es el más grande sobre el mundo.

MIS PADRES

Mis padres me enseñaron ante todo lo que es la humildad, la nobleza, y el amor al prójimo. Hoy humildemente puedo decir que siempre he sido una mujer fuerte, soy una mujer que puede aguantar el dolor, el sufrimiento, y muchas cosas más, sin echarme a morir. No soy de esas mujeres que se quejan cuando las cosas no le salen como las ha planeado. Yo sufro en silencio, lloro, y seco con dolor, y tristeza mis lágrimas, me caigo para levantarme, y seguir adelante. Hoy a pesar de ser esa mujer fuerte, puedo decir que pensé que había podido superar ciertas cosas, y personas que me hicieron y me siguen haciendo tanto daño.

Pero no es verdad, hay heridas que aun duelen más que la propia vida. Pero a pesar de todo esto, hoy también me di cuenta que después de haber sufrido tanto, yo estoy lista para seguir adelante… e intentar recuperar el amor, y rehacer mi vida, fantasmas del pasado, ni mucho menos del presente. Hoy esos fantasmas, salen fuera de mi vida. No les daré lugar a destruir, lo que con mis manos llenas de amor, tanto me costó construir. Hoy de la mano de Dios, luchare por mi amor, mi familia, y mi hogar; con la esperanza de un futuro mejor para mis hijos, y yo…

"MIS PIES DELCALZOS Y MIS MANOS VACIAS"

Hoy quisiera pedirle a mi mente que me haga olvidar no recordar. Quisiera que ella no me hiciera comprender y en vez de eso, me dejara tan solo descansar, es que estoy ya tan cansada de recordar lo que tanto me hace sufrir. Mi mente vaga por la incertidumbre de la noche, y me hace saber que no estás conmigo. Ella llega sin ser invitada apoderándose de mi ser, me abraza sin yo desearlo, toma mis manos y mirándome fijamente me dice que, estoy triste. Yo le respondo que sí, que estoy no solamente triste, sino también enferma, sola, perdida, y confundida. Hoy todo lo que sé, es que te necesito...

No pierdas por favor la paciencia para conmigo, es que a veces soy tan torpe que hago que mi corazón doblegue a mi mente, para que ella no entienda de distancia y olvido. Pero por favor no me prometas nada, no me jures, no llores mientras me dices que me amas. Porque aún dentro de este corazón no puedo hacer nada, con lo que dentro de él pasa. Aun cuando trato de sacar todo lo que llevo dentro de él, aun cuando trato de ser diferente no puedo lograr todo este mal que traigo aquí dentro.

Si tan solo dejaras de ser tan egoísta, y pudieras recordar y reconocer que ahora ya no me necesitas más, porque lo mejor de mi partió, hace tanto tiempo atrás. En ese tiempo en el que yo te entregue todo sin medidas ni reservas, ahora ya no me queda nada para darte. Por eso me abandonas, y no puedes quedarte a mi lado, para amarme hasta el final de mis días. Hoy me quedo con mis pies descalzos y mis manos vacías.

"MIS RECUERDOS"

Mis recuerdos son los que me hacen vivir, los que llevo atesorados en mi mente, en mi alma. Esos recuerdos que se quedan guardados en lo más profundo de mi corazón y mi ser. Recuerdos a veces felices de historias vividas que se quedan plasmadas en un vídeo o en una fotografía. Otros recuerdos tristes que me han hecho y me siguen haciendo llorar. Recuerdos tristes, de historias vividas, que me hacen sentir dolor. Esa nostalgia, que llega sin ser invitad, y me hace extrañar lo que un día tuve y hoy no tengo, ni tendré más. Es que la vida es, eso solo un recuerdo, que se queda plasmado en esa última foto, que un dia nos tomamos con quien más nos amó, o a quien tanto amábamos. Pero a quien jamás, supimos apreciar, cuidar, y valorar, mientras estuvo entre nosotros, pero una vez que se nos ha ido es cuando nos damos cuenta cuan valiosa era ese ser tan amado.

Por eso, hay que amar sin lastimar, sin medidas, sin condiciones, y sobre todo sin engaños ni traiciones. Porque nunca sabemos cuándo será el día que esteremos por última vez, con ese ser amado. Nunca sabremos, cuando será ese dia, en que nos tomaremos, esa última foto con ese ser amado. Ese dicho ser, sea un familiar, un amigo, o hasta un animalito al que decidimos adoptar, en nuestras vidas, como parte de nuestra familia. Es tan triste cuando no tenemos, ni la más mínima idea de cuándo será la última sonrisa que regalaremos y la última que recibiremos. La vida es algo así, un ir y venir como un vaivén. Pero continúa y tenemos que pisotear las tristezas, como el dolor. Entonces solo nos queda, seguir adelante sonriéndole a ella, como si nada hubiese pasado, aunque por dentro estemos destrozados. Por si no hay un mañana hoy te digo que siempre te quise, siempre te amé; y aunque no soy Dios, hoy ya te perdone.

MIS SOBRINOS

DEDICADO A LOS HIJOS DE MIS HERMANOS, ARMANDO ARTICA, FELIX ARTICA JR. FRANCISCO ARTICA, GUILLERMO ARTICA, DANIEL ARTICA, JOAQUIN ARTICA, ADAN ARTICA, Y LOS HIJOS DE MIS HERMANAS. MARTHA ARTICA, IRIS ARTICA, ZULEMA ARTICA, LIDIA ARTICA, AMARELYS ARTICA, c& BEBA ARTICA.

PERO MI POEMA MUY ESPECIALMENTE VA DEDICADO A: DANIEL OSTILIO ARTICA BORJAS, JEYSON SALAZAR, GUILLERMO ZAPATA, NOAM BERNAL, OSMAN ARTICA, DARWIN MARTINEZ, FERNANDO MARTINEZ, ISMAEL MARTINEZ, JOSEPH SANCHEZ, ANDRICK ARTICA, CRISTHIAN VELASQUEZ, JELSON PONCE (RIP). NO ES QUE LOS AME MAS QUE A LOS DEMAS SOBRINOS ES SOLO QUE JUNTO A ELLOS HE VIVIDO COSAS HERMOSAS, QUE LAMENTABLEMENTE NO PUDE VIVIR AL LADO DE MIS OTROS SOBRINOS.

Mis pequeños, mis chiquitos de mi alma, el gran amor de mi corazón. Ustedes han sido una parte fundamental en mi vida. Con muchos de ustedes, esta tía que los ama desde muy temprana edad, se estrenó como madre. Siempre tuve para ustedes, un cálido abrazo, un tierno beso en su frente, una caricia tierna cuando así lo necesitaron ustedes y así lo deseaba yo. Es que cada uno de ustedes lleno y marco mi vida en un antes y un después…

Ustedes siempre fueron la luz de mis ojos, la vida de mi vida. A muchos de ustedes, los he visto crecer, y formar sus familias. Pero he visto con tristeza como no la han sabido mantener unida. Yo que siempre desee lo mejor para ustedes mis niños ahora los veo en soledad, y quisiera tener esa varita mágica para poder arreglar sus vidas, y verlos felices.

Esta tía, que los ama como ama a sus propios hijos, los vi crecer, jugar, correr, hacer sus travesuras. Esas que se quedaron plasmadas como los más hermosos recuerdos de mi mente. Esos recuerdos que hoy atesoro en mi alma, mi mente y mi corazón como una de las cosas más sagradas de mi vida. Yo nunca quise quitarles el lugar a sus padres, porque ellos fueron quienes se encargaron de educarlos. Mi misión fue ser la tía canguro, la que los hacia reír, la que escuchaba sus secretos manteniéndolos así en secreto. Yo siempre quise ser esa cómplice que podía conseguirles las cosas imposibles, y hacerlos felices. Pero también fui feliz viendo la sonrisa en cada uno de ustedes con cada travesura, con cada cosa que los veía hacer. Los amo, y cuando me valla de este mundo, no les dejare riquezas. Pero si les dejare el recuerdo de mi amor, de mi cariño, y de todos los abrazos, los besos, la ternura, que en vida yo les di…

"MIS TRES NUEVAS AMIGAS"

Tengo tres amigas, una de ella se llama **SOLEDAD,** pero no me cae muy bien porque ella es muy dañina. Me causa tanto mal, me hace llorar y no me deja ser feliz. Ella llega a mi vida sin ser invitada, me pone triste y me hace llorar tanto. Ya no quiero que permanezca en mi vida ni un instante más. Ella me confunde, y me hace sentir tan mal. Me hace sentir que yo no valgo nada sin el…

Mi otra amiga se llama **ILUSION,** ella me hace soñar, me eleva al paraíso, porque me hace recordar las cosas más bonitas que he vivido junto a él. Me gusta que permanezca a mi lado, porque de una forma ella alimenta con ilusiones y recuerdos, mi corazón y mi alma, esto me da esperanza para existir. Me llena de la fortaleza y la paciencia para esperar, y soñar con una vida mejor junto a el…

Mi tercera amiga se llama **ESPERANZA,** ella es lo mejor que hay en m i vida, con ella hablo, y puedo pensar tanto en las cosas hermosas que puedo yo vivir. Pero ella también me hace pensar en ti, Porque ella me hace sentir la esperanza de que un día tú cambiaras, y volveremos estar ese día como estuvimos en el ayer. Ella me hace soñar y pensar que un día volveremos a vivir esos bellos momentos que un día me hicieron la mujer más feliz del mundo.

En estos momentos tan tristes de mi vida, estas tres amigas son las que me acompañan a donde quiera que yo voy. A ellas no les importa si es de día, o es de noche, si amanece o anochece, ellas siempre permanecerán conmigo, hasta el día que yo sienta que no te he perdido, y que estas aquí conmigo amándome como me amaste en el ayer. Si eso no sucede mi amiga la **Soledad,** me matara de tristeza.

"MIS TRISTES SUEÑOS MAMA"

Te he soñado, tal como antes fuiste, tan bella, tan hermosa, tan perfecta, y tan inalcanzable. He reído junto a ti en mis sueños, te admire como siempre. ¿Es que quien pudiese haber sido tan perfecta como tú? ¿Mama siempre te admire, porque como tu jamás hubo, ni habrá mujer alguna…? ¿¡Nadie pudiese ser como tu verdad mama…!? Siempre tan hermosa, tan elegante, tan única, y tan envidiable. Con tu cabello largo, negro azabache como la noche.

Te vi en mis sueños peinado tu cabellera sonriéndome, tan joven y tan llena de vida, diciéndome levántate haragana tu desayuno está listo. Hubiese querido quedarme eternamente dormida, para seguir admirando tu belleza tan incomparable, porque siempre fuiste mi Diosa, mi Santa tan bella, tan elegante y perfumada, oliendo a perfume de rosa. Me desperté llorando porque todo no fue más que un hermoso sueño del cual despertar, jamás hubiese deseado.

En mi realidad tus ojos no pueden verme, tus oídos no pueden escucharme. Tus manos ya no pueden tocarme mama. Tu voz ya no me alcanza, pero como pudieras hacer todo esto por mí, si tu yaces muerta. Ya tú no estás aquí, Ahora solo me queda esperar a que tú vuelvas a visitarme en mis sueños. Te juro mama que ese día que vuelvas a visitarme en mis sueños no te dejare escapar, e intentaré quedarme dormida, para que ese sueño no termine, y tú no te vayas jamás.

"MISERABLE YO, YA NO SOY"

Hoy sé, que lo que me quede por vivir en esta vida, yo no he de ser una miserable de esas que mendigan una limosna de amor. Hoy me pregunto, quienes somos más miserables; ¿los que sufrimos, por un mal amor, o los miserables que nos causan un dolor? Son más miserables aquellos que no saben amar. Esos que por no haber aprendido amar nos causan un gran dolor, convirtiéndonos en miserables a los que si tenemos un corazón; que sabe amar, dar, y sentir. Hoy se, que lo que me quede de vida, luchare por no ser más esa miserable, a la que tu amor tantas veces burlo. Hoy, soy yo quien desprecia tu miserable amor. Hoy he decidido por ti más nunca volver a ser la miserable que tú habías hecho de mí.

Hoy descubrí que miserable por ti, por siempre no he de ser. Pero hoy yo sé también que más miserable son los que como tú nos hieren, nos humillan, sin piedad. La razón es porque son miserables sin suerte alguna, porque los seres como tú no saben lo que es amar. Hoy me prometo a mí misma, que yo voy a recuperar mi vida, mi dignidad, y mi amor propio. Mi voluntad aún no está vencida, porque pudiste haberme quitado con tus mentiras, tus engaños y tu hipocresía, el orgullo. Pero la dignidad esa sigue tan latente aquí, dentro de mí. Hoy yo sé, que hay algo más allá detrás del sol, ese algo es para mí. Porque cada día, y cada noche existe la esperanza de un nuevo amanecer.

Ese algo que yo busco, lo encontrare, y ese día que lo encuentre, logrará abrirme paso a otros diferentes caminos. Esos caminos, en los cuales ya tú no caminaras de mi lado, porque habrá sido el final de nuestra triste historia. Porque así lo quisiste tú, y porque así lo acepte yo. Esos caminos que harán se cierren las mentiras, los engaños y las traiciones, que tu amor a mí me causo. Hoy siento que ya no existe dentro de mi más que la tristeza que dejaste en mi mirada, pero sé también que detrás de mi tristeza siempre habrá un ángel que me cuidara. No importa a donde yo valla, o donde yo este, ni con quien este. ¡Ese ángel siempre ira detrás de mí siempre estará allí, nunca me abandonará…! Ese ángel me cuidara, por siempre, y me ayudara a vivir sin ti.

Me enseñara, a vivir siendo fuerte aun con todo el daño que tu desamor y tu falta de respeto me causo. Ese ángel tiene nombre, y un día orgulloso de su mano el me paseara. Entonces yo caminar junto a él, sin miedo al dolor, sin temor a la tristeza, y con la esperanza de recuperar la fe en el amor. Esa fe que un día tu desamor me hizo perder. Hoy sé que existe el mañana, y que yo puedo aspirar a ser feliz. Si ser feliz, para ya no seguir siendo más solo una miserable que vivió muchos años a expensas de las migajas que tu amor le regaló.

"NI SANTA NI DIABLA"

Soy simplemente tu **SANTA,** y al mismo tiempo **DIABLA...**

Soy un pecado, capaz de hacer caer hasta el más inocente. Soy la culpable de tus sueños más infinitos. Yo soy la dueña de todos tus encantos, de todos tus sueños, y hasta tus fantasías más inconfesables. Me vuelve loca tu pasión tan desbocada, como un caballo sin bozal y sin control. Tu pasión descontrolada y el sabor tan dulce de tus ricos labios.

Yo soy la mujer que te encadena a continuar esta locura, de amor tan a veces perfecta, otras tantas imperfecta, sana y hasta impura. Lo tuyo y lo mío, no es juego de esos amores de un rato. Es más bien uno de esos amores apasionados y locos que nos llevan hasta perder la cordura, el uno en las manos del otro. Soy la mujer que te hace suplicar frenéticamente por mis labios, soy la mujer que no solamente te enamora, sino la que te vuelve loco.

Soy esa mujer que te ama con una pasión desenfrenada, como la fiera más feroz, y eso sé que no solo te enamora, sino que te apasiona, y te vuelvo totalmente loco... Yo soy todo lo que tu mente pueda imaginarse, soy lo bueno, y lo malo, lo dulce, y lo amargo, soy quien te ama tal cual tu eres, con afán y sin ninguna prisa, por ti lo arriesgue todo, y a veces lo he perdido todo. Soy esa dama del amanecer de un nuevo día, donde se pinta de color de rosas con una mezcla de alegría.

Soy quien con mis besos y mis caricias te hace envolverte en medio de las noches frías, y tibios atardeceres. Yo soy quien enciende tu pasión, hasta convertirla en locura desmedida. Yo soy quien saca de ti las palabras más ardientes, el sueño y el deseo de los besos más largos y exquisitos. Saco de ti las caricias más grotescas y salvajes, porque yo soy tu **SANTA,** pero también soy tu **DIABLA...**

"NO BUSCO LA BELLEZA EXTERIOR, BUSCO LA INTERIOR"

No busco la belleza en el rostro atractivo de un hombre, quiero escudriñar su alma y su corazón hasta encontrar la belleza en sus sentimientos. No busco la hermosura en un cuerpo exuberante, y musculoso, busco la belleza en el alma de ese hombre que se, aún existe en algún lugar, y que espera por mí.

No busco en un corazón desprecio, y traición, solo busco un amor puro, noble y sincero que perduré a mi lado, los años que me queden por vivir. No buscare su boca solo porque tenga ganas de besarla, sino por lo que mi corazón sentirá cuando mi boca bese su boca.

No quiero que él se mire través de mis ojos, solo por mirarse, quiero que el aprende a leer en ellos lo que yo siento, y entonces sabrá cuanto mi corazón le quiere...

Y si un día por esas casualidades del destino tu y yo nos encontramos el uno con el otro, por favor no digas nada..., solo calla, y deja que sea el amor quien nos atraiga, y una tu corazón al mío...

NO ME JUZGUES

Hay quienes me juzgan, por mi forma de ser, es que a veces suelo ser tan impredecible. Hay veces que sonrió de la vida, de la felicidad que ella me ofrece. Pero hay otras tantas que paso más caída que dé pie. No me juzgues, porque yo misma soy consciente de mi desdicha más que de mi dicha. No me juzgues porque yo misma sé que mis errores son tan infinitamente innumerables, y tan inciertos.

Es tanto lo que he sufrido, y he llorado; que no he terminado de curar una herida cuando ya vienen ciento de heridas en camino. Pero que hago con mi vida? Así soy yo! Que hago así es mi vida. Sé que tal vez alguna vez he lastimado a alguien sin querer. Pero tú que me conoces sabrás, que prefiero morir y autodestruirme a mi mima antes que lastimar a quien no lo merezca, o a quienes mi corazón ama de verdad…

"NO ME MERECES"

Es tan triste amar a quien con su indiferencia me hace sentir inferior a los demás, a veces invisible, y otras veces tan ausente. Un alguien que no me merece, porque solo puede merecerme, quien con su atención, me hace sentir una mujer importante, y presente.

Tú no me mereces, porque solo me ilusionas con todas las mentiras que me dices, para luego desilusionarme con todo lo que me haces. Solo puede merecerme, aquel quien me dice menos, y hace tanto a la vez por mí.

No me mereces, porque solo me buscas cuando me necesitas…! Me merece aquel, quien siempre ha estado a mi lado, cuando más lo he necesitado, alguien que da todo por el todo, sin esperar a recibir nada en gratitud.

"NO ME RENDIRE"

Me he equivocado tantas veces, he caído, he sufrido pero he levantado. He llorado lágrimas de dolor y he sentido que he derramado la misma sangre que hace a mi corazón sobrevivir. Pero de todo esto he aprendido de mis errores, y me he levantado aun con más fuerzas de las que yo jamás imagine. Ahora solo me toca vivir, ser feliz, sonreírle a la vida, y disfrutar cada segundo que ella me ofrezca. No vale la pena vivir del pasado, de los fracasos y sinsabores que este nos dejó…!

Más vale vivir un día a la vez, como si fuera el último en nuestra vida, olvidando el rencor, y el dolor. Quien vive del pasado se alimenta de tristezas que dañan el alma, y envenenan el corazón que se vuelve una roca e incapaz de volver amar. La vida es bella pero a veces es como un espejismo que viene y se va. Así que, hay que olvidar lo malo, y vivir solo lo bueno para ser feliz, y aprovechar de la vida lo que nos ofrece para vivirla en armonía sin odios y sin rencores.

NO QUIERO UN AMOR A MEDIAS

Yo ya no quiero vivir un amor a medias, un amor que yo siempre creí, que era solo para mí. Pero lo he tenido que compartir con seres sin escrúpulos. No quiero ya vivir en la misma mentira, que he vivido por todos estos años. He vivido un amor rasgado compartido, con otras, partido en varias mitades. Es tanto, lo que he sufrido y es tanto lo que he luchado, al igual que he llorado, por mantener este amor a flote.

Ya estoy cansada ya no quiero luchar más. Hoy he comprendido, y he llegado a realizar en mi mente, y en mi corazón, que yo soy una mujer que merezco de lo bueno lo mejor. Me canse de vivir un amor a medias. Yo merezco un amor bonito, un amor entero, inmenso como intenso, indestructible y que se quede conmigo para siempre…, un amor que no me mienta, no me engañe, no me traicione, ni me haga ya más daño…

"NO VIVIRE DE TRISTEZAS"

Siempre tendré en mente que no debo vivir coleccionando lamentaciones, porque quien vive de ello, camina bajo una lluvia de lágrimas, y yo no quiero que mi vida se llene de lágrimas cuando puedo tener una vida llena de dicha y alegría. Esa alegría que trae la felicidad de un gran amor de esos amores, que te quitan el aliento, y te llenan la vida de alegría, que te invitan a levantarte cada mañana con la esperanza de un nuevo amanecer. Hoy me levantare con mi pie derecho, y maquillare mi rostro, saldré a la calle con una sonrisa, como si el dolor y la tristeza jamás hubiesen formado parte de mí ser. Hoy me abrazare a mí misma, me peinaré el cabello y me pondré linda, iré a coquetear hasta darme cuenta que sigo siendo bella y que debo aprender a amarme a mí misma para que alguien me ame verdaderamente tal cual yo soy. Entonces me habré mostrado a mí misma, antes que al mundo lo que valgo y quien verdaderamente soy.

Lo que no me haga sentir infeliz para que lo quiero guardar, lo botare, y no sufriré ya nunca más por eso...! No voy a darte el gusto que me veas morir como mueren las hojas de los árboles en el triste invierno. Es verdad que la felicidad no es siempre estable, fija y duradera, más bien parece un parpadeo se va y vuelve como el tiempo. Pero la buscare por otro lado, y sé que mis ojos lo verán todos tenemos tiempos malos y buenos. Pero yo haré que los míos sean más buenos que malos. Cuando digo que buscare la felicidad no estoy diciendo que la encontrare en un hombre. Porque la felicidad no está en los hombres, sino en aprender a amarme y a valorarme a mí misma.

NUESTRA HISTORIA DE AMOR SE TERMINO

Cuantos años, tú y yo juntos amándonos; una historia, casi la mitad de nuestras vidas juntos. Los recuerdos del año, el lugar donde nos encontramos por primera vez. Los recuerdos de lo que fuimos, dos jóvenes que querían devorarse el mundo. ¡Y valla que lo conseguimos no....! Pero a ti se te olvidó que era yo quien más te amaba, y ensuciaste con tus mentiras nuestro amor. Con tus engaños derrumbaste nuestra casa y terminaste con nuestra historia de amor. Con tus promesas falsas heredaste en el rostro de nuestros hijos la tristeza. ¿Qué hiciste amor mío, con nuestro amor, nuestro hogar y nuestra casa? ¿A dónde se fueron tus promesas, aquel amor hermoso, limpio y puro que ambos nos prometimos ese 28 de enero? ¿A dónde tiraste todo lo que un día construimos juntos? ¿A dónde se fue tu amor por mí? Te importa más, ir tras las aventuras fáciles que mantener el calor de un verdadero amor. Ese calorcito que solo te lo da el verdadero amor, ese que se construye y se denomina "Familia, hijos, respeto, cuidados, y protección."

Hoy siento que no te odio, porque un día te amé como jamás imagine volver amar a alguien. Pero tú derivaste, y mataste mi amor por ti, con tus mentiras, y tus engaños. Hoy sé que jamás tú y yo volveremos a estar juntos, como estuvimos ayer. Yo después de sufrir tanto me resigne a perderte, y por fin comprendí que tú jamás vas a cambiar. Porque tú siempre has sido, y seguirás siendo el mismo. Yo, ya no estaré nunca más en tu vida. Solo pediré a Dios, para que seas feliz. En verdad deseo, que encuentres ese verdadero amor, en una verdadera mujer, a la que ames como jamás me amaste a mí. Espero que ella sea mejor que yo, y te amé más de lo que yo te amé; para que así aprendas, algo bueno de la vida. Así, de esta manera no sigas por la vida destruyendo hogares, y borrando la sonrisa en el rostro de otro hijo que no crecerá junto a ti. Espero que si encuentras esa mujer la sepas amar, y si dejes de ir por la vida matando las ilusiones de un corazón que solo te amo…

"NUNCA ILUSIONES EL ALMA DE UNA MUJER"

Nunca ilusiones alma de una mujer, ni hagas florecer en su corazón ilusiones diciéndole **"TE AMO"…,** para luego decepcionarla, sacándole miles de lágrimas, e hiriéndola de muerte, cuando tengas que decirle no te amo, "OLVIDAME"… No hay porque mentir, ni ilusionar con mentiras a un corazón noble que solo desea amar, y ser amado. Porque dañar a quien daño jamás te hizo? A quien solo se ilusiono, hasta enamorarse de tu amor; de ese amor que solo fue producto de tu engaño? El amor es más hermoso y más sublime que una ilusión, que una mentira que fácilmente pueden desvanecerse, y reducirse al olvido.

Nunca causes dolor a un corazón ilusionado, porque esta vida es como un karma, todo lo que aquí haces aquí se te devuelve. Es posible que con el pasar del tiempo, tú podrías sentir el mismo dolor, de aquellas lágrimas que tú causaste en otro alguien. De ese alguien que ya lloro tanto por ti… y que ahora le tocará ver como tu sufres y lloras a causa de un mal amor, que te causo dolor como tú lo causaste en ella antes. Entonces ese día vas a saber, y a sentir todo el dolor que un corazón y un alma vacía sienten cuando alguien con mentiras y engaños les causo dolor.

Solo te pido que recuerdes siempre que una lagrima no es solo aquella que sale de tus ojos, para verla rodar por tus mejías, Sino aquella que sale con dolor desde lo más profundo de tu corazón, y toca hasta lo más inmenso de tu alma. Estas lágrimas no es necesario que te las recuerden, porque se te quedan adheridas al cuerpo, al corazón y al alma por siempre, y para siempre…y nunca se olvidan, ni con el pasar de los años. Porque hay lagrimas que son causadas por un amor que se te quedo en el cuerpo, en el alma, en el corazón y la mente, sin poder arrancarlas de tu ser. Es que recordar es tan fácil, cuando se tiene buena memoria, y se ha amado tanto. Pero olvidar es tan triste, tan difícil, y cruel para quien verdaderamente tiene **CORAZON…**

"MIS PADRES, MI MAYOR FORTALEZA"

Quisiera encontrar un mar, donde yo pudiera depositar mis lágrimas, sin que nadie me pregunte un porque…? Ya que me duele responder que perdí la brújula que guiaba el barco de mi vida. "MI PADRE", luego perdí el velero de mis sueños, mi Reyna, "MI MADRE". Con ello, perdí mi castillo se quedó en el aire, hasta caer, y quedar reducido no en arena sino en arcilla. Hoy por eso mi alma está de luto, y mi cuerpo viste de negro. Quisiera encontrar ese mar, donde pudiera depositar el dolor, la tristeza, y la soledad que su ausencia me causo. Quisiera poder bañarme en esas aguas, y vestirme de nuevo con alegría, felicidad, y jubilo para poder volver a ser feliz, Hoy quisiera volver a sonreír de nuevo, como sonreía cuando Ustedes dos estaban aquí conmigo en este mundo terrenal; donde pocas veces se respira paz, y se conoce el amor sincero. Como encontrar el amor sincero, si eso solo lo encontré en ustedes dos a quienes ame tanto, y quienes me amaron tanto tal cual soy. Como poder seguir conduciendo este barco de mi vida sin ustedes dos. Mi fuerza no es la misma, quisiera poder recuperar la fuerza de mi mano derecha, para poder usar no solo la de mi mano izquierda. Pero es tan difícil encontrar esa fuerza porque ella la encontraba solo en ti papa, y en ti mama…! Por eso ahora mi castillo se quedó en el aire. No sé cómo constituirlo si de arena todo quedó reducido en arcilla, y con ellos mis brazos se quedaron ya sin fuerza. Como sobrevivo el dolor, como olvido la pena, como vivo sin ustedes dos…?

"PERDONAME MADRE MIA"

Se, madre mía, que allá donde estas, allá tan alto, en el cielo en donde nadie puede incomodarte. En donde nunca nadie te hará daño, allá tan alto, tan alto, donde esta solo lo bello donde está la luna, el sol y las estrellas. Allá donde esta…el mismo Dios, ese Dios que un día triste para mí, te llevo a su regazo. Pero dime madre mía… ¿Qué haces allá arriba junto a Dios…? … ¡Porque es que tú, aquí en la tierra, que yo recuerde quieta nunca pudiste estar…! ¿A caso bailas algún vals con algún ángel hermoso y galán…?

O tal vez limpias las estrellas… o ayudas a pintar los colores del arcoíris; ¿y dime, ya sabes cómo está creciendo tu familia aquí en la tierra desde que tú te fuiste? … Pero que pregunta tan tonta la mía. Si tú lo sabes siempre todo. Me conocías tan perfectamente bien, que siempre sabias cómo pensaba, lo que sienta. Entonces, ahora como podría haber alguna diferencia. Como no podrías tu saber, que desde ese día triste del 10 de Septiembre del 2010, que tus ojos se cerraron a la vida; tu familia ha crecido tanto…

Por eso madre… Ven… e inclina tu oído quisiera decirte algo…, ese algo que no pude decirte antes que te fueras de mi lado. Perdóname… Si quisiera pedirte perdón, perdón por no abrazarte lo suficiente cuando te tuve cerca, por no decirte que te amaba cuando te acongojabas, por no limpiar tus lágrimas cuando por mí llorabas… Y… Perdón por mi egoísmo, madre mía porque aun sabiendo que estas con Dios, quisiera que hoy estés conmigo…

Te ama por siempre; tu hija…

"PERDONAME MI ANGEL REBELDE"

DEDICADO A MI HIJO "FELIX ANTHONY"

Perdoname ángel mío sin querer te hice daño, me arrepiento de todo el mal que sin querer yo te cause. Lloro todos mis días, y todas mis noches. Con mi llanto y con mis lágrimas de pido perdón, por haberte en la vida sin yo desearlo hecho tanto daño. Tú eres mi hijo, el hijo de mi corazón.

Como quisiera regresar el tiempo, para que volvieras a ser el niño del ayer, y nunca más separarme de ti, ni siquiera por un instante. Perdóname mi amor, le pido perdón a Dios por los graves errores que yo contigo cometí.

Una oportunidad más es todo lo que yo te pido hijo de mi corazón, te juro hijo mío que esta vez no te fallare, solo quiero hacer el milagro de recuperarte y salvarte. Te pido perdón, porque ahora estoy pagando contigo por mi gran error.

Hoy si tú me das esa oportunidad, yo prometo dar mi vida si es necesario a cambio de la tuya. Yo te daré todo mi amor mi cariño, mis cuidados para ti, te daré todo lo que solo una madre sería capaz de dar y hacer por su hijo. Yo prometo llevarte a una vida diferente del camino y la mano de Dios.

Solamente hoy pediré a Dios que te cuide te bendiga y te regrese otra vez a mi.

"POEMA A LA PERRA"

Mi esposo aprendió tanto de tu cuerpo, que en el aprendizaje se pasó de los excesos, es que lo perra lo traes desde la cuna. Él se acostumbró a pagarte en cuotas tus favores sexuales, y es que tú, a diferencia de las prostitutas vendes por dinero hasta los besos. El siempre vuelve contigo a la misma mala cama, con la misma perra, con la misma mujerzuela, con la mujer impura e insana. Pero llena de vanidad, porque aprendió desde la cuna a dar placeres, y entregar por dinero ratos de felicidad placentera. Eres la perra que con tus besos sabes enloquecer, la que no ama, pero que si es profesional en la cama. Tanto es lo que valen tus placeres sexuales, que para comprarte ya no alcanza el dinero. Él te alquila por un rato, en algunas ocasiones, pero te paga por el placer, mas no por tu corazón, porque corazón tu no tienes…

A él, no le importa el dinero, cuando él cree que es bien gastado, lástima que sea tan mal gastado con una perra que lo único que sabe es ejercer la profesión más antigua del mundo, destruir hogares, y dejar a niños sin padre. Luego regresa a casa con la culpa, porque en el fondo él sabe, que tu solo eres una perra. Esa perra a la que jamás en sociedad podría tomar y lucirla de su brazo. Ojalá que la vida te cobre, para que sufras, para que llores, cuando otra igual que tú, te de donde mas te duela. No creo que jamás llegues a ser señora, pero si lo logras deseo que pagues con traición, tu maldad y tu pecado.

"MI NINO, MI AMADO JULIAN"

Mi niño

Cuando miro tu carita tan sonriente; y te escucho hablar con tanta vehemencia y pasión de todas las metas que cuando seas grande quieres alcanzar. Esas metas que tu corazón tanto anhela lograr. Tus ojitos poseen un brillo incomparable, sin igual, es tan hermoso que no exagero cuando te digo que se compara al brillo que solo las estrellas pueden dar. Te escucho, y te escucho cuando no quieres parar de hablar, veo con tanto amor cada una de tus hazañas de cada otro día.

Y, es que mientras hablas de tu futuro, tan contento, te veo tan feliz, que puedo pensar que vale la pena sufrir en esta vida, por el hecho de que existes tú. Cuando te veo tan dichoso, lleno de esperanzas para tu futuro, solo puedo retroceder el tiempo, y vienen a mi mente aquellos gratos recuerdos de cuando en mi vientre tu vivías.

Me hace feliz recordar cuanto yo podía sentir como tú me pateabas, provocando en mi costilla suaves molestias, que me llenaban la vida de tanta dicha, tanta felicidad que me elevaba al mismo cielo. Pero a pesar de ese pequeño dolor yo sonreía llena de dicha y felicidad, por el hecho de saber que tú existías allí dentro, tan dentro de mí…

Hoy sé que jamás nunca volveré a experimentar esa misma sensación que experimente cuando supe que tú existías dentro de mí. El milagro de experimentar otra vez el milagro que es, dar vida a otra vida. Ya jamás podre volver a sentir esa sensación de sentir como un ser se mueve dentro de mí, porque hoy esa dicha se me ha sido negada. Pero nunca olvidare la alegría que Dios me regalo ese maravilloso día 09 de febrero del 2005, cuando él te envió a dar alegría a mi vida que era triste, gris, solitaria y vacía. Desde ese día mi pequeño ángel cambiaste mis días tristes, por días de alegría.

SEPTIEMBRE 10, 2011
"POEMA A MI SANTA"

Recordarla aún me produce llanto, que no entienden q la q murió es la madre mía. Que mañana aun año de su partida no podre salir a la calle, porque la luz del sol cual espada lastimara mis ojos, y como espada misma, certera y como flecha apuntara directo a mi corazón, brotara mi un rio de sangre.

Hoy nada es lo mismo, desde que sus manos no tocan el pan de cada día, que alimenta mi triste existir. Estoy cansada de llorar, pero más cansada de que no me entiendan, que todo es tan resiente, y no sé cómo pensarla muerta, ni como comenzar a sonarla, solo se q el dolor está dentro de mi corazón latente, y en mis dedos q escriben esta noche, de su muerte como el cataclismo de mi vida misma, q sin ella siento la muerte.

A ver como la llamo...

Como pienso en todas las cosas q me gustaría hoy contarle, y preguntarle yo a ella, algo así como q piensa de la vida, y la muerte...?

Hoy hace un año que te fuiste madre en ese cruel día de un Septiembre 10, 2010, y no sé cuándo Empezare a aceptar, y contarle al mundo sin dolor, que hoy mi madre ya está muerta...

Que fuiste mi madre, y que en tu vientre palpite x primera vez, hasta el día que salí de él. Por hoy solo me queda, mirar en la distancia hacia el cielo, y gritar q te quiero madre mía, y q te extraño.

A través de esa misma distancia, este día me despediré de ti madre con un suspiro..., hasta q como siempre regreses a mi corazón, aunque sea en mis sueños, mis ilusiones, y mi esperanza de reunirme un día junto a ti, poder caminar como lo hacía a tres de tu mano, y ver como el mundo admiraba tu porte, y tu hermosura. Hasta pronto mama.

Te ama por siempre…, tu hija.

Ledia

POEMA TRISTE A, MI ESPOSO

Se nos murió el amor después de tantos engaños, o aun después de tanto daño. Tú crees que aun quede una veta de nuestro amor, y que podamos salvarlo…!? Todo es posible, y todo es incierto, como la misma vida, y la misma muerta veces toso es tan posible. Pero otras tantas veces, todo es tan incierto. Nada es eterno, un día todo comienza, al otro día todo termina. Así como, anochece, y se oculta el sol, para darle paso a que salga la luna. Así, con ello llega el amanecer, y otra vez vuelve a brillar el sol, siento que se fueron mis sueños, mis ilusiones, y las historias que de niña me inventada cada día, cada anochecer, y cada otro nuevo amanecer.

Mis sueños fueron como esos cuentos de hadas, donde la princesa se enamora y vive una vida de ensueño, pero mi realidad es despertar y darme cuenta, que nada es real. Porque viví, teniendo todo cuanto quise tener, mi jaula incluso fue de oro, pero siempre fue mi propia prisión. El amor se materializa a veces, y se vuelve una rutina, una costumbre, llena de pena, lástima quizás? No lo sé…! Sólo se q hay despertares tristes, como dormirse en sueño profundo del cual no se despierta más, y se le llama muerte. La vida como el amor van de la mano, un día llegan, y al otro día se van sin explicación alguna, como llega la lluvia de la media tarde, que llega y se va, solamente dejando su aroma en la tierra mojada, y el deseo de poseerla por siempre…,

Quien no amo en esta vida, y quien no sufrió por amor? Quien no amo con vehemencia y verosimilitud, para luego solo descubrir que todos los años, y todo el amor que dio, nada recibió? Hoy solo quedan las tristes páginas de un libro, que estuvo por años abierto, pero que hoy, es solo un capítulo que ya culmino, y debe cerrarse para siempre…! Sin odios, sin rencores, y con la esperanza de que un nuevo escritor, se interese, en la historia triste de un libro que solo posee capítulos tristes, amargos, solitarios, llenos de vacíos que nunca pudieron ser llenados. Quien dijo alguna vez que amar es fácil…? Nadie no lo creo…, sólo creo que es mejor amar, aunque nunca hayas sido amado, que jamás a ver amado. Porque hay que dar gracias a quien dijo amarnos sin ser verdad. Porque en su momento fuimos felices, con todas esas palabras dulces, tiernas, y bellas, que aunque fueron una completa mentira; nos elevaron al paraíso. Aunque, hoy nos hundan en el infierno de lo que es el dolor...! Amar es ser feliz, para después perder, y sufrir...! Pero también es soñar con que vendrá un nuevo amor en un mañana mejor.

"PORQUE ME FALTAS EL RESPETO?

El día en que te conocí, nunca pensé que llegaría amarte de la manera como te amé, como te amo, y como siempre te amare. Tú eras tan perfecto, tan sencillo, tan humilde y tan trasparente. Tú eras diferente a los demás, por eso pensé que había sido yo la mujer más afortunada que ese día te encontró, en un día de esos donde la casualidad, pasa a ser parte de la realidad de nuestros destinos.

Desde ese día hasta hoy, yo me propuse amarte, cuidarte, y protégete, como tú jamás lo volviste hacer. Un día ante Dios y ante los hombres juraste, amarme, quererme, cuidarme y protegerme. Pero todo eso lo olvidaste, cuando mis años fueron subiendo, y según tú los tuyos fueron bajando, porque al paso de tu andar vagabundeando por la vida, y por las calles, en los bares y cantinas, te encontraste según con mujeres jóvenes, que te hicieron olvidar tus años, y faltarme a mí el respeto. Porque ellas te hacían sentir joven, e importante, mas no te diste cuenta que al querer volver a sentirte joven, estabas faltándole el respeto a la mujer que te amo en la juventud y la que te ama ahora cuando ya no eres tan joven.

Pero ve sigue así, por la vida faltándome el respeto, hiriéndome, haciéndome daño, buscando flores en otros jardines, cuando has descuido a la flor más única, hermosa y transparente que sembraste en el jardín de tu casa, y que a pesar de los años, el dolor, los engaños y las traiciones, esa flor no lograd que nada ni nadie la marchite. Esa flor sigue hermosa dando frutos, y esperando que un día descubras que de todas las flores esa que tú plantaste en tu jardín y que ahora abandonada tienes, sigue siendo la flor más hermosa que jamás otra vez podrás volver a cultivar:

PORQUE?

Esta noche podría si quisiera escribir mil versos con el alma, hasta lograr que los dedos de mis manos ya no puedan más. Pero en esta noche tan callada, solitaria, y gris solo ha bastado una palabra, **"porque"**. Esta palabra, en esta noche será mi inspiración, para preguntarte un mil de porqués. ¿Me pregunto a mí misma porque nunca pudiste amarme, como yo quería, que solo tu mi gran amor me amaras? ¿Porque tú con quien creí vivir mi vida, no pudo jamás respetarme, como yo quise que tú el hombre, que era mi amor, me respetara? ¿Porque tú, a quien le di mi vida, mi amor, y mi ser no pudo valorarme como un verdadero hombre debe valorar lo que en verdad ama? ¿Porque tu siendo a quien mi corazón tanto amaba, no pudiste ser siempre mi fiel amor, mi incondicional amigo, mi único protector? ¿Porque tu no pudiste estar allí? Cuando más necesite un abrazo al despertar de la media noche; cuándo una pesadilla se apodero de mi sueño, para ya no dejarme dormir. ¿Porque no eres tú el que me apoya ahora en mis sueños más hermosos, y hasta en las fantasías más estúpidas, sin hacerme sentir menos? Porque no eres tu quien está ahora, aquí conmigo sintiéndose feliz de que yo esté, esta noche escribiendo este poema de porqués; ¿y que me haría feliz si al menos a uno de ellos, tú le dieras repuestas? ¡Si todos, mis porqués, son por ti…! ¿Porque ya no eres aquel, que yo creí que eras? ¿O al menos porque no intentas ser, aunque sea por un instante aquel que un día tu pretendiste ser?

¿Porque jamás has podido valorar y entender mi amor? ¿Porque usas el cinismo como excusa, para lastimarme aún más? ¿Porque pretendes hacer de mi amor, una costumbre que te hace feliz a ti? Pero que me hace sumamente desdichada a mí. ¿Porque jamás has podido entender que hay un equilibrio entre el amor y esa palabra mágica llamada respeto mutuo? ¿Hoy me sobran más porqués para preguntarte, pero a todos ellos jamás tendré respuestas porque tu solo eres un cobarde, que se dedicó a hacerme daño…, sé que jamás podre obtener una sola respuesta a uno de mis tantos porqués? Que Dios te bendiga, y la vida te de mucho dinero, para que sigas por la vida comprando amores, viviendo tu amor entre falsas mujeres, y perdiendo tus verdaderos amores. Ve corre por la vida, y sal en medio de la noche a contar las estrellas; ojalá termines la cuenta. Porque al final veras, y comprenderás con tristeza, que, por querer contar estúpidamente las estrellas, perdiste la luna que te daba la luz, cuando el sol se ocultaba. Ese dia, al fin te darás cuenta que las estrellas por más que luzcan hermosas y brillen con tanta, jamás podrías contarlas, y jamás se compararían a tu luna. Esa luna que al final por tu estupidez tú mismo perdiste, por no tener en cuenta, los tantos porqués que mi corazón y mi alma necesitaban como respuesta.

"PRISIONERO"

DEDICADO A MI AMADO, HIJO FELIX ANTHONY, QUE HOY DUERMEN EN UNA PRISION.

Prisionero sin un rumbo, como un barco sin brújula. Prisionero atrapado entre las rejas sin luz, sin horizonte. Prisionero sin poder oír los ruidos a diario, de los que transitan por las calles a veces felices y otras tantas veces tristes. Prisionero privado de tu libertad, sin poder caminar por las calles, porque **TU,** has sido víctima de tus pobres desdichas, que te llevaron a ser condenado, a vivir en un cielo hostil, sin poder mirar el cielo azul. Prisionero, condenado a vivir en un negro muro entre las rejas de una prisión.

Hoy huir de los muros de la prisión, donde estás privado de tu libertad, **TU** quisieras, pero no puedes; porque no hay forma de salir, de tu cárcel. No existe manera de escapar, ni siquiera existe una tan sola lámpara que te alumbre y te ayude a salir de ese hueco vacío, hostil y triste que es tu prisión. ¿Cuantas veces en medio de tu soledad, te preguntas porque estoy aquí? Si aquí, tan solo en esta celda, sin poder mirar el sol, mucho menos escapar. Has estado tanto tiempo allí encerrado, que tu deseo de ser libre te hace desvariar, y sueñas cada noche, con esa bella luz, a la que adoras, porque esa luz significa tu plena libertad absoluta (…)

¡Te amo mi amor…!

"PROSTITUTA"

Tu vida es como un constante vaivén que sabe a noches de tristeza revueltas con melancolía y soledad llenas de angustias y desvelos. Tu cuerpo lleva en sí las huellas de los que para todos se llama pecado, des vergüenza y vagancia. Yo lo llamaría mala suerte, abandonó y pobreza. Tus caderas se han convertido en las calles de turismo, donde muchos carros han recorrido miles y miles de millas ya por ellos transitadas.

Tus piernas se han convertido en un aeropuerto del sexo, tu piel se ha transformado más que en un negocio, una cruel y cruda realidad de tu propia existencia…Tú has conocido más camas que nombres. Tu pasatiempo favorito son las noches en diferentes brazos, a merced de diferentes hombres. Y, tu sueldo es solo la esperanza de un sueño, que no sabes si un día se volverá una realidad.

Tu vida desde hace mucho se ha convertido en fiestas, drogas, alcohol, y fracasos. Yo te admiro y te respeto, porque a diferencias de las zorras, tu si tienes sentimientos. Tú tienes, un corazón que lloro, cuando se inició por desdicha en este cruel negocio. Un corazón que aun llora, cuando ve que su cuerpo se desperdicia entre diferentes brazos, y que no sabes cuándo saldrás de lo que en el fondo solo te produce asco. Soledad, decepción y tristeza, son tus mayores consejeras. Esa tristeza, y soledad, que se queda plasmada, en tu mirada y en tu rostro, cada vez que tienes que vender tu cuerpo, como si solo fuese un pedazo de carne…

¿QUE ES EL AMOR?

"EL AMOR," sin duda alguna, es la herida que no se ve sangrar, porque no sangra por fuera; solo sangra por dentro. Pero es la que herida que más duele. Esa herida que expresa el dolor en el rostro, cundo hemos perdido un gran amor, que nos ha causado tanto daño, con mentiras, traiciones, y engaños. A veces es necesario vivir un poco en el infierno, aquí en la tierra, para poder tener la dicha de tocar un pedacito de cielo. Porque a través del fuego que arde, es como se moldea el hierro, y de hierro estoy yo hoy hecha…

"EL AMOR," es un secreto para muchos, porque ellos siguen buscándolo, sin poder descubrir la clave de su futuro. Porque ellos no han querido ver o aceptar, que cuando el auténtico amor llega, somos nosotros los que lo negamos sin pena. Ahora, yo tengo la clave de lo que siento, y no lo dejare escapar nunca jamás. Hoy, solo espero poder deshacerme de todo mi pasado, de todos eso que solo trajo lamento a mi vida. Hoy me alejo de ti, dándote las gracias por permitirme amar, como si la vida se fuera acabar. Pero también dándote las gracias por hacerme abrir los ojos, y descubrir lo que en realidad significaba tu amor […]"

QUIERO ENCONTRAR UN MAR

"Quiero encontrar un mar donde yo mis lagrimas pueda depositar. Quiero ser solo el reflejo de una sombra que pasa y luego se va. Quisiera ser solo la lluvia de la media tarde que llega, y luego se va, solo dejando su aroma." Oh, mejor quiero dormir un rato largo, y luego despertar, para ya no sentir el dolor que mi alma siente. Quiero gritar **"DIOS AYUDAME",** no me dejes sola en […]

RECOMENZAR

Hoy quiero recomenzar y arrojar de mi vida un amor que me hirió, tirar todas las palabras, esas que llevo aquí dentro de mi mente. Esas llenas de infinito dolor, lagrimas, y rencor. Hoy quiero recomenzar una nueva vida, y escribir una nueva historia. Quiero abrir las puertas de mi corazón, y sacar de aquí dentro, todos estos sentimientos, que me provocaron, y me siguen provocando tanto dolor. Hoy tirare todo lo que no me hace feliz, y solo me causa dolor, y con ello tirare las tantas cosas que aún me hiere.

No sé qué hare con ellas, supongo que también tendré que abrir una ventana y tirarlas a la calle; si es que por la puerta no pueden salir. Solo espero que por la ventana entre a mi vida un granito de fe, esa fe perdida que hoy tanto deseo encontrar, para poder aprender a confiar de nuevo y volver a amar. Hoy quiero recomenzar, y con ello escribir la nueva historia de mi vida. Hoy quiero intentar volver a sonreír, y ser feliz para disfrutar la vida a plenitud. Recomenzar, no significa haberlo perdido todo, sino levantarse aun después de haber caído, para ser mas fuerte.

272

¿SABES PORQUE SOY FELIZ?

Yo soy feliz, porque vivo mi vida como las luciérnagas, brillando con luz propia. Yo no necesito opacar la luz de nadie, para encender la mía. Yo brillo con mi propia luz, sin tratar de arrebatarle nada, a nadie. Sin lastimar a nadie, ni tratar de entrar en unos zapatos que no me han sido prestados. Yo, igual que las luciérnagas, siempre brillando en la obscuridad bajo nuestra propia luz.

Yo aún tengo el corazón abierto, porque aún quiero «conservar amor en mi corazón. Una vida sin él es como un jardín de flores muertas sumido en la oscuridad.» Yo ya no quiero vivir en la oscuridad, por eso hoy toca dar la guerra hasta ganarla y con ello también la batalla...! Hoy a un no se apaga mi luz, y seguiré brillando hasta renacer de nuevo, como antes, como siempre. (…)

"SE DONDE NACI, PERO NO ADONDE MORIRE"

Sé donde nací, porque así lo dijo mi madre. Pero no sé dónde moriré, porque eso solo Dios lo sabe. Así que nunca le he tenido miedo a nada, ni a nadie. No acepto, ni me asustan las amenazas de nadie. Me gusta ver los hechos y las acciones cumplidas. ¡Porque, yo nací siendo Guerrera, y así he de morir sin agachar la cabeza ante nadie que no sea Dios…! Yo sigo aquí de pie, nadie me verá vencida sino es Dios que así lo quiera. ¡Podrán querer compararse a mí, pero jamás nadie podrá igualarse, porque para ser hay que nacer…!

No hay forma de ser imitada. Yo soy hija de una Reyna, y eso se gana por privilegios divinos. Soy bendecida por haber nacido del vientre que nací, una mujer que me inculcó buenos principios. Ella, que me enseño, lo mejor de la vida a respetar y no meterme donde no me han llamado; y a no usar zapatos prestados. Así que, con orgullo puedo levantar la mirada, sin sentir vergüenza porque jamás he entrado en una vida donde no se me ha invitado. Mi madre me enseñó principios, pero también a sacar las garras, y no dejar que nadie quiera pisotearme. Porque yo valgo más que cualquiera que a mí quiera lastimarme…

"SENTIMIENTO"

El tiempo Se pasa tan rápido, cuando se es feliz, como pasa la lluvia, o como viene y se va el atardecer para darle comienzo a un anochecer. Ese que traerá consigo un nuevo amanecer. ¿¡Cómo se piensa en la tristeza, en la soledad cuando se es feliz...!? Es tan hermoso ese sentimiento que nos invade el alma, el corazón, los sentidos, y todos nuestros esquemas. ¿¡Cómo se llora cuando se siente que se es feliz...!? Como sentir una veta de desamor o ausencia, cuando todo a nuestro alrededor nos sabe a gloria; el tiempo llega y se va tan de prisa, cuando nuestro corazón reboza de alegría y felicidad.

¿Cómo se vive una vida después de haber sido tan feliz, después de haber tocado la gloria con las manos? Para después perder todo cuanto tuvimos. Todo aquello que nos dio, felicidad, alegría, vida, y que nos hizo tocar el cielo con las manos. Pero que ahora ya no está más y solo nos deja la profunda soledad, la tristeza, el dolor y la ausencia que deja un corazón roto. Ese mismo que nos conduce a vivir en el infierno; de lo que es la tristeza de haber perdido a quien tanto amábamos...

"SENTIMIENTOS DANINOS"

"La ira, el rencor, la TRAICION, el engaño, vuelve a los seres más nobles crueles. Es que, en su mayoría de veces, los demonios no vienen del infierno; también pueden venir del cielo."

No olviden que Judas vendió a Jesucristo por 30 monedas de plata. Así que, basta del chantaje de las personas hechando me en cara que soy una hija de Dios, cristiana.

Si lo soy, y el me manda a que sea mansa no mensa, es que todavía no soy Jesucristo, para poner la otra mejia, para que me abofeteen. ¡Se imaginan ustedes, Dios es tres veces Santo si tratara de igualarme a él moriría…! Así que, no se equivoquen señoras y señores. Soy mansa pero no mensa.

SER LA MUJER QUE SOY

No es la talla de mi sostén lo que me hace ser la mujer que soy, ni mucho menos lo ancho o lo angosto de mi cintura, ni el color de mi pelo, o mi piel, o si uso un lápiz labial color rosa, o un rojo pasión. No ha sido la cantidad de atención de los hombres, o de las mujeres lo que me ha definido ser la mujer que hoy en día soy. Ni todos los me gustas o que bella eres que yo pueda obtener, cuando paseo por la calle bien vestida, y bien perfumada.

No es un diminuto vestido rojo el que me hace verme atractivo, joven o bella. Ni mucho menos el piercing que llevo en mi ombligo, sino las cosas que hago, y las palabras que digo, y que hacen sonreír, a los demás, y me hacen tan feliz a mí. Porque no son solo cosas o palabras, sino la esencia que representa lo que en verdad yo soy.

Sé que yo soy hermosa, y no precisamente por la forma de mi cuerpo, sino por mis sentimientos, y mis pensamientos, por la calidad de persona que ellos me hacen ser. Porque sé que soy mujer, y que valgo no por los años que tenga, ni los que tuve, y que ya no deseo tener.

Los años solo son números que se suman en otros y se restan en algunos. Pero que al final todos pasamos por lo mismo, no le envidio juventud a nadie, porque no me considero vieja, y los años que tengo, los he vivido plena, feliz y orgullosa, porque los he vivido sin hacer daños a terceros. Sin ser la amante de nadie, sin destruir hogares, donde existen niños inocentes que se les quita la sonrisa de su rostro, y la posibilidad de crecer en un hogar con papa y mama.

Por eso soy feliz porque orgullosamente puedo decir que aun con mis tantos años, jamás he sido, ni seré segundo plato, o el segundo frente de un hombre casado. ¡Hoy sé que soy mujer, una mujer que vale mucho…! Porque fui educada por una Reyna, esa Reyna que fue mi madre, y que supo educarme bien. Hoy sigo aquí de frente con mi ego, y mi autoestima en alto, porque todo lo que tengo, y lo que he hecho ha sido fruto de mi propia esencia, no le he robado nada a nadie, ni mucho menos he querido entrar en unos zapatos que no me pertenecen, y que jamás ni siquiera me han sido prestados.

"SERA CUANDO YO LO DECIDA, NO CUANDO TU LO QUIERAS MUJERZUELA"

No dejare que tus palabras ya jamás me hagan más daño. Porque hoy, yo sé, que cada palabra que tú me dices. Tú las dices con el fin de herirme hasta según tu llegar a lastimarme. Pero hoy yo comprendo, que en realidad tú no puedes odiarme, es que realmente tú jamás podrías lograrlo. Porque a quien tú verdaderamente odias es a ti misma. Porque yo para ti, soy el deseo de lo que tú quisieras ser, de lo que yo tengo, y tú te mueres por tener.

Pero vives frustrada porque por más que llores, te humilles, y te arrastres como una serpiente venenosa. Tú jamás podrás a mi compararte, y lo que yo tengo jamás tu podrás tenerlo. Pero como aun me quedan sentimientos, quizás un día tenga benevolencia contigo, y te deje lo que a mí me pertenece. Solo así, entonces, podrá tenerlo cuando yo lo quiera, cuando yo, así lo decida. No cuando tu así lo quieras. Porque antes te hare llorar a ti y a, el lágrimas de sangre.

"SERE FUERTE"

Hoy me siento más fuerte que nunca, ayer fui débil e inocente, y por no estar en guardia fui cruelmente engañada y traicionada. Hoy he aprendido a sonreír, porque ayer estuve tan triste, que no le di paso a la alegría, porque mis mejías se llenaron de lágrimas, mi corazón fue herido a muerte. Pero hoy me reiré, ya estuve triste ayer. Hoy he aprendido a vivir al día, porque en mi mañana no veo nada seguro…

Viviré un día a la vez, como si fuera el último de mí existir. No viviré del ayer ese que me hizo tanto daño; y en el que muchos me lastimaron, sin importarles mi dolor, mi pena o mi tristeza. Hoy cada una de mis historias se quedan plasmadas, y escritas en mis propios poemas; porque esta soy yo, esta es mi esencia. Escribir mis propias historias en cada uno de mis versos, es lo que meda vida, y me hace vivir en esta vida feliz y dichosa.

"SI PARA ESTAR CERCA DE USTEDES"

DEDICADO A MIS SOBRINAS LESLIE & FANNY

Si para estar cerca de ustedes yo tuviera que volar y volar tan lejos como vuelan las águilas, lo haría una, y mil veces sin pensarlo. Si tuviera incluso que pelear con el mismo viento lo haría hasta vencer, solo por el hecho que mis palabras y mi amor ustedes los puedan sentir y extrañar por siempre. Esas palabras en las cuales a y a través de ellas ustedes siempre puedan saber y sentir, lo mucho que las ame en vida, y lo mucho que las amare aun después de la muerte. Hoy yo quisiera acortar las distancias, y dividir esos kilómetros que nos separan, con mi cariño, con mis abrazos, y mis besos, para que sean ellos quien puedan escribirles y decirles cuanto las amo, así ellos resumirían todas mis ansias de vivir cerca de lo que yo mas amo...

Quisiera tener el poder de llegar al cielo, y pedirle a Dios que me regale acaso una de sus estrellas, o una de sus nubes tan delicadas y tan blancas. Para regalárselas a ustedes dos, y que cualquiera de ella sea la voz que pueda aportar mi amor por ustedes. Mis dos amadas sobrinas, quienes son hermanas, pero son tan distintas tan desiguales.

Leslie, tu carácter es lo que siempre te hace ver atractiva, esa combinación entre firmeza y ternura, jajajajaja...! Es la mejor terapia y la mejor medicina que puede curar y enternecer hasta el más duro corazón. Cuando hablas, eres tan única, tan perfecta y tan inigualable. Tu voz es como esa melodía de una canción romántica, tierna y hermosa, que nos hace vivir, volar la imaginación y recordar lo mejor de nuestras vidas.

Fanny, tú eres mi niña bonita, mi princesa adorada, la niña de mis ojos, la que da vida a la vida. Esa que goza de una frescura inigualable, que se divierte sin pensar en los problemas o en lo que vendrá mañana. Tú eres esa que vive un día a la vez, y nos contagias con tu risa, y tus locuras. Eres algo comparado así como la brisa, que viene y deja ese toque de magia que te invita a vivir, vivir, solo vivir…y ser feliz.

Mis niñas, las dos son hermanas pero son tan distintas, pero en mi corazón no hay distinciones ni privilegios. Mi corazón las ama a ambas por igual, sin medidas, ni reservas. Yo las amo, por igual a amabas y cuando no las tengo cerca, mi corazón las extraña tanto. Yo por ustedes volaría como hoja al viento, hare todo lo que yo pueda por acortar distancias. Le pediré a Dios que nunca la distancia nos separe, y que aunque vivamos lejos siempre…siempre podamos vernos y estar juntas.

"SI YO ME VUELVO A ENAMORAR"

Si un día yo me vuelvo a enamorar debo saber que a la persona a quien mi corazón le voy a dar, me haga reír sin parar; quiero que él me ensene a que puedo volver a ser una niña; aun siendo yo ya una mujer. Quiero que él me ensene a creer en su amor, y que quite de mí la menor de las dudas. Quiero que con su amor me haga sentir que puedo confiar sin tener el mínimo temor de que me van a fallar; y a mi corazón van a lastimar. Quiero que ese amor me haga sentir que es a mí, y solo a mí a quien su corazón puede amar. Yo solo necesito volver a creer en un amor bonito; que me haga pensar que puedo a su lado pasar los mejores momentos, y también compartir los peores momentos de mi vida.

Un amor que peleé conmigo sin razón, para yo aprender a perdonar con razón; porque yo quiero aprender a sentir que entre sus brazos yo puedo volar. Quiero que él me enseñe a que no existe en el mundo alguien mejor que él. Quiero que él me enseñe a descubrir el porqué de la vida, el porqué de las cosas; por qué después de haber pasado por tanto dolor aun yo, estoy aquí. Yo quiero que él me enseñe a bailar sin poder parar en la lluvia, que él sea mi música, mi canción y mi persona favorita. Quiero que él me haga sentir segura de lo que soy, y de quien es él; quiero que no exista nada más perfecto, y nada más mejor que nuestro pequeño o grande tiempo juntos; que sea él sea mi mundo perfecto.

Yo solo quiero ser la mujer de su vida, de su tiempo, de su amor, y de sus ojos. Pero también quiero que el solo él sea el de los míos también. Ese día que este amor llegué a mi vida quiero aprovechar todo el tiempo que no estuvimos juntos, antes que el llegara a mi vida. Yo quiero aprender, y ver en ese nuevo amor lo que antes jamás aprendí, vi o ame en otro alguien. Quiero demostrar cantando como loca, aun sin saber cantar; canciones de amor, que le muestren al mundo lo enamorada que yo estoy.

Quiero que él ame las cosas que yo haga, aunque sean las más imperfectas, que no me critique, que ame lo que amo sin quejarse. Quiero que el con su amor me enseñe que puedo llegar a cumplir mi sueños y realizar todas mis metas, aunque estas sean las más locas, sin explicaciones, sin motivos. Pero que él me haga sentir que cada sueño, y cada una de mis metas por muy extrañas e inalcanzables que parezcan con su amor, mi fortaleza y mi inteligencia puedo llegar a realizarlas. Quiero aprender a conocer a través de su ternura y su paciencia una nueva cara del amor. Quiero recibir y dar los mejores detalles, dedicar las mejores canciones de amor.

Quiero entregarle a ese amor mi corazón completo sin medidas, sin reservas, sin miedos, y sin restricción alguna. Quiero entregar mi vida, mi alma, mi tiempo, y no solo trozos de mi corazón, sino todo por completo a ese nuevo amor que se merece todo de mi ser. Quiero aprender a amarle como solo él se merece que se le ame; quiero que el también sea inmensamente feliz cada día de su vida a mi lado. Quiero que él siempre pueda recordar cada día que pase a mi lado; quiero que el tiempo no se detenga, que siempre exista a nuestro alrededor, para poder estar siempre juntos felices amándonos.

Quiero aprender a sostener entre mis manos, el tiempo y el espacio, y vivir nuestro amor cada día como si fuera el último de nuestra existencia. Quiero agradecer a ese amor cada detalle, pero no por lo que me dé, y por lo que yo reciba, o lo que yo pueda darle; sino porque el con su amor, su paciencia y su perseverancia se lo gano a base de hechos y no de simple palabras que se las lleva el viento. Quiero que este nuevo amor se convierta no solo en mi amor, sino en mi amigo, mi cómplice y mejor confidente. Quiero vivir al lado de este nuevo amor, sin importarme el pasado, solo viviendo el presente, con la esperanza de que mi futuro a su lado será el que siempre mi corazón, mi alma, y mi vida añoro…

"SI YO PUDIERA CAMBIAR"

Si fuese tan fácil cambiar, me gustaría poder cambiar mi manera de pensar, y de sentir hacia aquellos que tanto me han dañado. Entonces siento que quizás podría encontrar paz en mi alma. Esa paz, que hace ya tanto yo perdí, y que me es difícil sentirme serena tranquila, sin odios y sin rencores. Pero es tan difícil el perdón, y el olvido cuando he perdonado tantas veces, a las mismas personas, y me han herido otras tantas veces después del perdón. ¿Cómo entonces se puede cambiar, perdonar y olvidar? Como podría sentirme serena, ¿tranquila y en paz?

Es fácil para tantos darme consejos, y decir lo que debo, y lo que no debo hacer. ¿Para qué? Para hacerlos felices a ellos quizás. Pero quién de ellos viene, y se pone en mis zapatos, y camina junto a ellos, aunque sea un día, para que vean lo que vivo, lo que siento, y lo que pienso. Yo segura estoy que antes de que el día termine saldrán corriendo deseando jamás haber entrado en ellos; y no es que esto me enoje, por favor no me mal interpreten, solo quiero que por un instante entren en mis zapatos y después hablamos. Sé que quizás si yo aceptará a todos tal cual son, sufriría menos, pero es que el ser hipócrita jamás se me ha podido dar.

Tantas veces llorando de dolor, tristeza, y soledad he tratado de aceptarme tal cual yo soy con mis virtudes, tratando de dejar mis defectos para ya no herirme más, y de esta manera salvar mi hogar, mi amor, mi familia. He tratado de encontrar esa felicidad que hace tanto yo perdí, y de tener un mejor ambiente de vida a mi entorno. He tratado de recuperar desde muy adentro de mí, a la mujer humilde, serena y tranquila que un día fui; tratando yo misma con humildad comprender inmensamente todos mis errores. Yo que siempre desee y procure el bien de todos, olvidándome de mi misma, porque eso me hacía feliz, y sentía que haciendo el bien a los demás mi vida tomaba un giro positivo y mi vida sería más digna de ser vivida sin odios, ni rencores.

¿Qué pasaría si yo intentara amar al mundo tal cual es? ¿Cambiaría eso en algo mi propia vida? ¿O el mundo cambiario en algo? Quizás marcaria la diferencia el aceptar que, al lastimar, porque me han lastimado, la mayor lastima siempre salgo siendo yo. Hoy puedo decir que me gustaría aprender a criticar menos a quienes me juzgan, me critican o me hacen daño. ¿Pero qué hago? ¡Si yo cambiara mi vida, mi actitud, y mi forma de ser, entonces cambiaria al mundo…!! No porque el mundo está lleno de hipócritas, sin escrúpulos que critican, hacen daño, manipulan con su hipocresía, y sus mentiras. Pero son ellos los primeros que se creen perfectos, con el derecho de juzgar, y señalar nuestras vidas.

SIEMPRE SUPE QUE TE AMABA

DEDICADO A MI AMADO HERMANO
EDWIN O. MEDINA ARTICA
(RIP)

Siempre supe que te amaba tanto. Pero hasta ahora que no te tengo, es que me doy cuenta de la inmensidad, y la grandeza de mi amor por ti. A pesar, de que siempre te dije cuanto te amaba me falto decirte más veces, lo mucho, que siempre te ame y te amaba. Ahora, solo me queda un pedacito de ti, ese pedacito que amare, y defenderé con mi vida si me es necesario.

Te llevaste contigo una parte de mi corazón, y ahora está incompleto y solo volverá a estar completo, cuando tú y yo nos volvamos a encontrar. Mientras tanto, yo estaré aquí sintiendo este dolor, sufriendo tu perdida y añorando tu ausencia.

Vives en mi siempre y para siempre hermanito querido. Pueden pasar tres mil años, y yo viviré amándote, y recordándote siempre… Hoy me toca seguir adelante sola, pero viviré con el recuerdo de tu mirada y tu hermosa sonrisa, que me darán la fuerza necesaria para continuar este viaje, hasta llegar a ti…

"SIENDO SINCERA"

Para serte sincera, nunca me importaron las cosas materiales, que tú, o cualquier otro hombre pudiera darme. Lo que realmente le importa a una mujer de verdad, como yo, es el tiempo de dicho hombre. Su lealtad, su amor, su respeto, su honestidad; y el esfuerzo que ponga en llevar una relación sin mentiras, sin engaños, y sin traiciones. Pero de esto los seres como tú, no saben nada. Porque estos son regalos, demasiado hermosos, demasiado sublimes que tu dinero jamás podría comprar. Son cosas tan sublimes que, a las vagabundas, no les importa, porque a ellas les importa solo lo que tu dinero puede comprar. Porque ellas, como tú. Son seres sin alma, sin sentimientos, sin amor propio. **Ellas** darían todo por el amor a unos cuantos dólares, y **TU**, darías todo por un pequeño trozo mal habido de mala carne. Llámame estúpida, por estar segura que hay cosas que, aunque quisieras tu dinero jamás podría comprar.

Mi dignidad, mi amor propio, y esta capacidad de fortaleza que ahora tengo jamás podrías comprarla, aunque fueras el más millonario del mundo. Esta sonrisa, y esta dicha que ahora traigo, no la borras tú de mi rostro, por más que intentes, dañarme o, ofenderme. Tus maltratos, tus engaños, y tus traiciones hicieron de mí, esto que soy, esto que vez ahora. Una mujer fuerte, decidida, y aguerrida, sin miedo a ti, sin miedo a nada. Ahora, más que nunca puedo volar, extender mis alas, sin dolor y sin tristeza, sola lejos de ti…, No me haces falta, porque nunca estuviste aquí…, ya nada de lo que hagas o digas puede dolerme. Mi corazón se paralizo, y se convirtió en la roca que soy ahora, desde el nuevo dia que decidiste descuidar lo fino, y delicado, por ir tras lo vulgar y lo corriente…

"SIN PALABRAS"

Hoy te prometo no amarte más, porque a partir de hoy tu ausencia será mi olvido. Hoy yo hare que el silencio provoque tu ausencia y con ello me llegue el olvido. Hoy utilizare la distancia que nos separa, como excusa, para que pronto me llegue el olvido. Hoy ya no viviré más de promesas falsas, de tus labios mentirosos, que no saben otra cosa que pronunciar mentiras.

Hoy voy a aprender, a amarte sin palabras, con muy pocos detalles, con escasos besos, sin nada de acciones. Hoy no hablare, y serán escasas las condiciones. Porque hoy yo quiero que entiendas que me empieza a llegar tu olvido. Porque es que, a partir de hoy, yo aprenderé de ti, y hare lo mismo que tú has hecho conmigo. Solo así, entonces te amare como tú siempre me amaste a mi…

"SOBREVIVIENDO EN MEDIO DEL DOLOR"

Cuando el dolor te toca es tan fuerte pero tan fuerte, que, si sobrevives a él, significa entonces, que has aprendido a sobrevivir en medio del huracán. Cuando el dolor es tan fuerte, duele tanto, y con ello aprendes a caminar sobre la más fuerte tormenta. Yo soy, esa mujer que ha sufrido, y ha llorado, por haber padecido el dolor en la propia piel. Pero ese mismo dolor, me ha enseñado a caminar con mis pies descalzos, y mis manos vacías, en medio del más grande huracán, y de la más fuerte tormenta.

Hoy sé que soy fuerte, y que renaceré de entre las cenizas, y alzare mi vuelo como **"EL AVE FENIX."** Ese dia, seré más fuerte, valiente, y más única que nunca; porque alzare mi vuelo, sin mirar atrás. Así, solo así, tendré la fortaleza y el valor, como la capacidad para sobre vivir a todo. Hoy sé que puede seguir de pie, y caminar erguida, porque no me han derrotado. "Porque hoy he comprendido, que no te merezco a mi lado, yo no merezco compartir mi vida con alguien que jamás aprenderá a valorarla como yo lo merezco."

"SOLO UN PENSAMIENTO"

Cuanta tristeza me dan, todas aquellas personas que han perdido a un ser querido, y que aun con eso no aprenden a sensibilizar su corazón. Cuanta pena me dan, porque el dolor no les enseño a ser un poquito nobles, y un poquito más humildes. Pero si les enseño a ser más hipócritas, más soberbios y más altaneros. Cuando se ama, tanto a un ser amado, el cual hemos perdido; es cuando deberíamos de ser más temerosos de Dios. Aprender con el dolor, a ser más nobles, más honestos, y comprender que los sentimientos dañinos solo nos llevan a la destrucción y a la muerte.

Deberíamos, aprender a ser humildes, y ganar, aunque sea un pequeño diamante, en nuestra corona, para así, tener la posibilidad, de llegar al cielo. A ese mismo cielo, en donde papa Dios tendrá misericordia de nosotros; y nos dé la oportunidad de reencontrarnos, con nuestros seres amados. Hoy te reto a ti, que quizás perdiste a tu padre, o tu madre a un hermano, o a un amigo, de una manera violenta. Oh quizás porque Dios decidió llevárselos. Te invito a que habrás tu corazón, y aprendas a amar, la sonrisa en la cara de un niño que no tiene la culpa de tu desdicha. Así, tu corazón se vestirá con humildad, y te enseñara a que no odies, a quienes te quitaron lo que más amabas. Es difícil amar y perdonar a quien tanto nos hizo daño. Pero es hermoso el perdón, porque te limpia, y te libera.

No odies, la sonrisa de un niño solo porque ese niño es la misma sangre de quienes tanto te han lastimado. A pesar de que esa sonrisa te recuerde a quien tu sientes te ha quitado todo. No odies a esa inocente criatura, porque recuerda, que escrito está en la biblia que son ellos, quienes heredaran el reino de los cielos. No seas ignorante odiando a quien no te ha lastimado, y que no tiene la culpa de llevar en sus venas, la sangre, de quien que te quito lo que tu más amabas. Deja el rencor en el olvido, no culpes a quien nada te ha robado, y quien jamás te ha lastimado. Ama su sonrisa, vive su alegría y goza de su inocencia, y así serás mucho más humanó, hoy te lo dicen mis letras, mañana te lo dirá la vida...

"SOY COMO SOY"

¡Yo soy como soy…! Siempre digo, lo que pienso, lo que siento, y lo que creo. Me gusta llamar a las cosas por su nombre. "al pan, pan, y al vino, vino", Yo no creo tener que armar una guerra con un ejército de soldados para tener todos los enemigos que tengo. Esos enemigos, que no son más que gente hipócrita, que dicen quererme, pero que al final me atraviesan un puñal por la espalda.

Lo único que yo he hecho en la vida, para tener tantos enemigos, ha sido ser como soy. Esa que dice y hace lo que piensa, lo que siente sin importar que el mundo y esta gente hipócrita me odien. Pero que me importa a mí su odio, yo prefiero ser odiada por ser como soy; a ser amada, por ser como ellos. Quienes son, unos hipócritas más de esta cruel sociedad, en donde los hipócritas son demonios con un disfraz de ángel.

"SOY INMARCHITABLE"

¡Querida…!

"Yo sé que mi inteligencia te incomoda…tanto que siempre deseas igualarme hasta en la forma de tomarte una simple foto.

Mi fortaleza te da envidia…es que jamás podrías tener mi fortaleza, por mucho que desees imitarme, tu jamás podrás a mi compararte.

¿¡Pero la sonrisa que me cargo siempre ese si te desquicia digo por estar por debajo de mí siempre no.!? ☺☺☺"

"SOY SOLO UNA SIMPLE MUJER"

Tengo el placer de saber…

Que soy como soy, y no me parezco a nadie. Yo soy lo que yo quiero ser, no lo que los demás pretenden que yo sea. Soy simplemente yo. Una simple mujer que lucha para vivir, que hay tantas veces ríe, y la mayoría de veces llora. Una mujer que sufre, que cae, pero vuelve a levantarse con más fuerza y sigue adelante como si nada hubiese pasado…Soy simplemente, una mujer que me encanta ser como soy, sin parecerme a nadie. Soy celosa, otras tantas veces difícil de comprender, no siempre soy amable al contestar a los demás. A veces grito cuando debo callar en vez de hablar, algunas tantas veces mi genio no es el mejor.

Pero si no aceptas lo malo que hay en mí, defectos, errores eso significa que no mereces lo mejor que tengo en este corazón. Ese, que, con mis tantos errores, defectos, y mis pocas virtudes, sabe amar como jamás nadie lo hará. Soy una mujer que he llegado hasta donde he llegado por mis propios pies. Soy esa mujer que **NO** toma importancia de su aspecto, porque no importa el aspecto físico; cuando se tiene la certeza y la convicción, de lo que no se ve. Esa belleza interior que no muchos pueden ver, y poseer. Pues esa soy yo, una simple mujer en la que dentro de este corazón habita la vida, el amor, por los míos, el amor por el prójimo. Pero sobre todo el amor a mi Dios.

Me satisface ser esa simple mujer que goza de una extraordinaria belleza interior. Porque la belleza exterior termina y muere con los años, más la interior perdura hasta la muerte. Soy feliz, porque dentro de mí habita el amor a la vida, a los míos, a Dios, a mis pocos, pero verdaderos amigos. Soy feliz porque en mis brazos pueden encontrar la calma que quita la sed de un corazón herido, engañado, y maltratado. Soy una mujer, la que a pesar de conocer el dolor en la propia piel tiene la capacidad de acariciar el alma. Esa que es capaz de permitirle a mi corazón sentir, y a mi rostro a dar sonrisas que acaricien el alma, aun del más necesitado corazón. Porque soy un ser humano que, a pesar de la adversidad, aprendió a sobrevivir en medio del dolor. Pero sobre todo aprendió a ser como yo quiero ser…, no como los demás pretendían que yo fuera…

SOY UNA HERMOSA MARIPOSA

No permitiré que corten más mis alas, porque soy una mariposa hermosa que nació para volar sin miedo a ser destruida. Me pase tanto tiempo encerrada en un capullo. El proceso de la metamorfosis fue largo, nacer primero como una pequeña e indefensa oruga, alimentándome día a día de las hojas que producen las plantas. Mi postre fue el dolor, la tristeza, y la inmensa soledad que trae la realidad de un engaño tras otro engaño. Pero como oruga, día a día fui creciendo y terminé envolviendo todo mi cuerpo con sedas y linos de oro.

Día a día fui formándome así en un capullo. Yo, siendo solo una oruga pase tiempo dentro del capullo. Fui haciendo de mi misma una metamorfosis, que al final se trasformó en ese animal que se arrastraba por el suelo; para después convertirme en la más hermosa de todas las mariposas. Poco a poco, fui abriendo mis alas grandes y hermosas, llenas de colores maravillosos. Esos colores que irradian luz, alegría, y esa belleza natural que es nata y no me la quita nadie.

Ya más nunca permitiré que nadie quiebre mis alas, ni que nadie me arrebate mis sueños, y mis ilusiones. Hoy alzare mis alas y volare muy alto. Luego descenderé mi vuelo, y me posare sobre las flores más hermosas, para que sean ellas, solo ellas quienes le hagan honor a mi belleza. Hoy enfrentare al mundo si me es preciso, para lograr mis sueños y alcanzar todo lo que deseo alcanzar. Hoy sé que nadie podrá parar mi vuelo, ni lastimar otra vez mis alas. Porque hoy esta oruga salió del capullo, que vivió el proceso de la metamorfosis; para convertirse en lo que ahora soy una hermosa mariposa.

"SU AMOR Y SU OLVIDO"

El, fue mi mundo, mi

Universo y mi razón...

Lo perdí por ser tan tonta. No quise escuchar al corazon, cuando el solo deseaba hablar. Mi corazón anhelaba hacerme entender cuanto amor había por él. Pero me dejé llevar por la razón, le di lugar a ella, para hablar y ella decidió por mí. Hoy lo he perdido, y me doy cuenta que debí seguir el latido de mi corazón...

Lo amaba tanto, y quise esa verdad, a mi misma yo ocultar...

Cuando mis labios se habrieron para dejar que el corazón hablara, el ya no me quizo escuchar, porque el daño, ya estaba hecho. Hoy he perdido su amor porque como todo caballero, digno, y elegante el, se macho, dejándome hoy; solo su adiós, y con ello también su olvido...

Dedicado a ese ser especial que siempre ha estado allí; para mí.

"TAN BELLA TAN INALCANSABLE"

POEMA DEDICADO A MI AMADA HERMANA
"LIDIA"

Le doy gracias a Dios por el privilegio que me dio de ser tu hermana. Desde niña siempre admire, tu belleza, tu elegancia y tu porte. Me remiraba en ti, cuando te veía tan bella, y tan inalcanzable. Desde niña siempre admire, tu belleza, tu elegancia, tu porte. Me remiraba en ti, cuando te veía tan bella, tan perfecta casi como un ángel. Con el tiempo yo crecí; tú eras ya una mujer, entonces, yo era una adolescente y aún te amaba y te admiraba más. Tú eras tan fuerte casi con un roble, luchando, trabajando fuerte y arduamente como sólo lo hace un hombre por sus cuatro hijos. ¡Pero la diferencia es q tú eras sólo una mujer, mi hermana la más bella, la más inalcanzable! ¡Si alguna vez quise ser como alguien ese alguien fuiste tú…! Pero eso jamás pudo ser, y no me siento mal, al contrario, me siento feliz, porque como tu ninguna.

Siempre te he dicho que te amo, pero casi nunca te he dicho, lo mucho que te admiro, y lo mucho que te respeto. Hoy que soy mujer, y que como tu tengo mis hijos, pero que no tengo el hogar que yo soñé. Yo puedo y me atrevo a decirte, que hoy sé que la vida, es sólo una pequeña secuela de lo que queda de un instante, que viene, y luego pasa de ese lado. Este día quiero decirte que me llevo, y me quedo con lo mejor de ti. Porque a pesar de que muchos dicen que tengo un corazón noble y que no saben cómo cabe en este cuerpo, aun no siendo tan grande, ni tan gorda. Yo puedo decirte que aún no llego a tener tu corazón, tu nobleza y tu humildad. Tú perdonas y olvidas fácilmente, sin rencores, y sin daños a terceros. Lo que indica que es poco lo que aprendí de ti, porque mi corazón es noble pero también es rencoroso, no sabe olvidar, y no sabe perdonar fácilmente.

Se que te fallo, y a veces no sigo tus consejos, me equivoco y caigo. Sé que quizás hoy cuando amanezca me llamarás para regañarme, quizás yo ya no este, o quizás si Dios es tan misericordioso que en su inmenso amor me perdona. Su perdón, me dará la oportunidad de un día más para vivirlo, y si eso pasa me regañaras como siempre sin herirme, me criticarás sin lastimarme, y me reprenderás sin hacerme sentir menos. Pero también sé que si me tuvieras cerca me darías un beso, un fuerte abrazo, juntó con un te amo hermana, y yo viviría si pudiera, para amarte, admirarte y respetarte eternamente. Porque eres mi hermana mayor, la más bella y la más inalcanzable. Cada una de ustedes se queda con un poema mío, y es de ustedes nadie se los quita, porque soy humano cometí errores, pero las amo.

No soy perfecta, pero en mi imperfección ustedes, junto a mis hijos, son lo más importante de mi vida. Mis hermanas, mi familia que lo encierra y lo cubre todo. Me llena de orgullo el llamarte mi hermana, mi amiga, mi cómplice, mi confidente. ¡Te amo hermana...! Y te sigo admirando por seguir siendo esa madre, ahora de tus cinco hijos. Eres madre, amiga, hermana, cómplice y confidente. Te admiro por ser como eres, y seguir luchando sola por tus hijos. Nunca pude llegar a igualarte...por más que llegue y sigo admirándote. Pero me hace feliz saberte y poder llamarte hermana, amiga, cómplice, confidente.

"TAN CERCA Y TAN LEJOS"

DEDICADO A MI HIJO FELIX ANTHONY

Más allá de lo que nos separa, nuestros corazones, y almas estarán unidos por siempre. Tú mi amado hijo, siempre tendrás mi amor de madre, este amor incondicional que nació en mí el día en el que supe que estabas en mi vientre. Te amo, hijo mío y aunque estés tan cerca, y al mismo tiempo tan lejos. Sé que Dios está tratando contigo, como el alfarero al barro. Sé que pronto te veré haciendo tu vida y siguiendo tus sueños. ¡Hijo mío…! Jamás olvides que aquí siempre estará tu madre, esperando el día que yo te vea volver, siendo mi ángel de siempre, renovado, y nuevo."

Cuando te supe tan lejos, de tu casa, de mi amor, y tu familia, sentí cómo mi corazón se desgarraba, porque se iba, la parte más grande de mi alma. Tú, hijo mío eres lo más importante de mi vida y tenerte cerca y tan lejos a la vez, es muy duro para mí. Pero cada día, cada noche, y cada nuevo amanecer, te encomiendo a Dios y le pido todos los días que te cuide y que guíe tu camino; para que cuando tu viaje termine regreses a mis brazos siendo el mismo niño dulce aquel de la mirada triste y picara a la vez. ¡Feliz Cumpleaños mi Ángel hermoso…! Qué Dios te bendiga hoy, mañana y siempre (…)

PD: Este poema lo escribí hoy dia 08/28/2016, para ti hijo mío. Hoy es el primer año en 22 años que tu mi amado hijo no estás conmigo en tu cumpleaños. No sabes cómo duele mi amor, saberte tan cerca y tan lejos.

"TE DESCONOZCO"

Nunca pensé que un día pudiera sentir la tristeza, y la desilusión que causa, esa sensación que se siente, cuando empezamos a desconocer a la persona que más amamos. Hoy, yo siento que no te conozco, ya no eres más el caballero amable, y el joven humilde, que sabía respetar a un ser llamado **"MUJER"**, ya no eres más aquel que podía escuchar, dar consejos y guardar secretos. Hoy me duele comprender que eres igual que todos aquellos que dicen ser caballeros. Pero que por vivir entre las piernas de una zorra son más caballeros con las perras, que con su propia esposa. Para ti, siempre tuvo más valor unas cuantas noches de calentura y placer que te regalaban las zorras; que el amor sublime y eterno que te ofrecía tu esposa. Haz perdido la decencia, la humildad, el carisma y la nobleza que te distinguía de los demás. Hoy ante mis ojos, como ante los ojos de los muchos que te admiraban por esas cualidades antes mencionadas, no eres más que un patán.

Un pobre hombre, que perdió sus virtudes, su esencia, su dignidad, como su amor propio; por andar de cama en cama, y de zorra en zorra. Hoy nadie te conoce, ni siquiera yo, que creía conocerte tanto. Hoy has perdido hasta el respeto de tus propios hijos, que solo te den como un mentiroso. Ese mentiroso que, para ellos como esposo, es el peor ejemplo. Yo creo que ni tú mismo, sabes quién eres, porque has perdido el velero de tu rumbo. Lo único que yo sé, y que ahora quiero que tu sepas, "es que tu muy bien sabes lo que puedes provocar". Pero sabes una cosa, "el amor también desequilibra, pero el desamor puede enloquecer". Esto es lo que pienso de ti. Al igual que "pienso que las plantas, son como las palabras mienten engañan envuelven a la gente, pero los actos no pueden engañar. Porque ellos te definen como realmente eres". Te perdiste, y me perdiste por andar entre las piernas abiertas que te ofrecían las zorras.

"TE EXTRAÑO MAMA"

Hay días en que siento que el sol no sale, porque se queda oculto entre las sombras como se ocultan los cobardes para no dar la cara, y matar a traición a su víctima. Hoy es uno de esos días tristes en que provoca amar, y perdonar hasta el peor enemigo. Es un día de esos en el que recordar a aun ser tan amado, y al que ya perdimos nos vuelve más sensibles, más humanos. Hoy como todos los días, pero de una manera más especial, he recordado tanto, esa parte tan sublime, tan pura y tan sagrada llamada "mama". Me di cuenta que uno de mis mayores dones fue el hecho de que todos me comparaban y me comparan a ella. Pero hoy mama siento que he ensuciado tu nombre, tu imagen, y todo lo bello que de ti herede. Tu bondad, tu nobleza, y ese carisma de mujer única que siempre hacia el bien, y nunca el mal. Porque he dejado de ser humilde, me he igualado a la maldad de los demás, me han hecho mal mama, y yo en vez de ser humilde, he devuelto mal por mal. Si estuvieras aquí sé que no estarías de acuerdo, siempre fuiste portadora de La Paz, la fe, y la esperanza.

¿Hoy me pregunto cómo le hago mami para recuperar esa otra parte humana, sensible, noble y bondadosa que hace ya muchos meses perdí, y que lucho por recuperar esa parte que herede de ti? Si, esa era mi mejor herencia, y es también mi tormento, porque me la han robado, y estoy peleando como una fiera por recuperarla. Hoy estoy cocinando una de tus comidas favoritas, y al mismo tiempo estoy llorando mama, porque al igual que tú siempre me gusta reunir a la familia, compartir con ellos y degustar un rico platillo como a ti, te gustaba. ¿¡Te acuerdas mama…!? Es tan hermoso sentir el calor, el abrazo, una sonrisa y un te quiero de la gente que amamos y nos ama. Hoy mi corazón esta triste porque te extraño mama, y porque ese ser que tú y yo también amamos no está aquí, no comerá mi sopa, y no podré ver su alegría al tomar tu sopa de pescado. Ese ser bello que tanto amo, hoy está lejos de mí, y sé que tu junto a papi y a Dios, harán todo lo posible para que pronto ese ser hermoso regrese conmigo, y yo poder abrazarlo y como siempre ver su sonrisa llena de alegría. Te amo mama, bendíceme con tu amor, y límpiame con tu bondad; siempre vives y vivirás en mi hasta el último día de mi existencia.

"TE FUISTE MAMA"

SEPTIEMBRE 10, 2014

Te fuiste hace cuatro años, y cuatro meses hoy mama. Desde entonces tus ojos no me ven, tus oídos no me escuchan, tu voz ya no me alcanza, y tus labios no pronuncian ya mi nombre. Hay ocasiones en que trato de pensar, que te fuiste a un viaje tan lejos, que te ha sido difícil regresar, y de esta manera es como sobrevivo al menos un poquito tu ausencia. Hay…, no madre que ironías de la vida se supone que cuando se es niño, es cuando más se necesita a la madre, pero yo te necesito más ahora que cuando fui niña. ¿¡Que tonta fui verdad mama…!? Te tuve, y no te viví, como debí vivirte, y ahora que no estas como quisiera retroceder el tiempo al menos 4 años y medio, que fue la última vez que estuviste conmigo.

En esa ocasión donde yo te disfrute por última vez sin saber que dos meses después, te habría de perder para siempre…, Sé que, si hay esa otra vida tan anhelada por mi Yo debo ganarme la posibilidad de reencontrarme contigo, madre es tan difícil a veces ser completamente bueno, a nuestro alrededor hay tanta maldad. Tu que siempre fuiste buena, intercede por mi ante Dios madre amada, y pídele que me ayude a no perder la ternura de mi alma, y la dulzura de mi mirada, la nobleza de mi corazón porque sin ello estoy perdida y ya nada valgo…

"TE LLAMARE PERRA"

Pensando en un buen nombre que pudiera describirte tal cual tus eres. No se me pudo venir a mi mente un mejor adjetivo que nombrarte o llamarte perra. Es que en ocasiones te llame zorra, pero he caído en cuenta que la zorra es un animal muy inteligente, muy astuto; y no puedo llamarte prostituta, porque ella solo ofrece sexo por dinero, mientras su alma, y su corazón se destrozan, por tener que vender su cuerpo al mejor postor como si fuese solo un pedazo de carne. Y la verdad no quiero llamarte por tu nombre, porque me imagino, que muchas mujeres decentes a diferencia de ti, tienen tú mismo nombre, y ellas por ser decentes no merecen ser ofendidas por el hecho de llevar tu mismo nombre. (Que tristeza por ellas no...!).

Por eso hoy te quiero llamar perra, a falta de un mejor nombre para ti, ese es el que a ti te viene como anillo al dedo. Te llamo perra porque tú por unos cuantos dólares te revuelcas con cualquiera, incluyendo los hombres casados. Tú no tienes respeto por tu cuerpo, mucho menos por un hombre ajeno. Te llamo perra porque tú no tienes pudor alguno, te basta ver a un hombre con un buen carro, una billetera forrada de unos cuantos dólares, y una tarjeta que deslizar en los bares, y los hoteles donde prestas tus servicios como la perra que eres. Porque lo único que en la vida aprendiste y lo hiciste muy bien fue menear la cola por un buen hueso que venga forrado de billetes verdes.

Te llamo perra porque te metiste y traspasaste un terreno que no te pertenecía. Te llamo perra porque finges ser un ángel, cuando en verdad eres un demonio. Te llamo perra porque traicionas y finges tus miradas que puedes ocultar en tus ojos ante mis palabras porque yo jamás finjo, ni oculto lo que no soy. Te llamo perra, y te nombraré mil veces perra; si es necesario, porque solo eres una perra. Pienso que si tus padres no lo saben morirían de tristeza al saber la perra que es su hija.

Pero siento pena por ellos, porque solo son dos simples mortales, que por cosas del destino, tienen que seguir a tu lado, me da tristeza por ellos, que solo son dos pobres seres vivientes, que tienen que acercarse a ti, aun sabiendo lo que eres…

Te llamo perra así de sencillo, así de simple…

Pero que tristeza porque aun entre las perras hay razas. Y clases, y si ellos supieran que tú eres la perra, ellos querrían cambiar de nombre, y convertirse en otro animal. Jajajjajajaja…!

"TE PERDONE TANTAS VECES"

Aún sin ser yo Dios como tú siempre me lo decías. Porque jamás pretendí, compártame con alguien tan perfecto, sagrado, y tan sublime. Pero a pesar de ser solo una mortal te perdone errores casi imperdonables, e intente alejarme de quien verdaderamente me amaba. Pero hoy me di cuenta que yo te creía insustituible, cuando había a mi alrededor seres maravillosos mucho mejor que tú. Intenté olvidarme de quién no debía hacerlo, solo para quedarme a tu lado. Pero al final cuando desperté del que creía, mi sueño más hermoso, me di cuenta que estaba despertando de la peor pesadilla de mi vida. Pero en vez de decepcionarme de ti, me decepcioné de mí misma. Porque cuenta me di, que había sacrificado la posibilidad de un gran amor, por el tuyo que ya no valía nada.

Pero hoy aun cuando mi alma llora y mi corazón late fuertemente de dolor, aún puedo aprender a sonreír, aun cuando ya no pueda…

Pero debo levantarme porque hoy entendí, que debo salir a la calle con una sonrisa, y buscar y hacer nuevos pero sinceros amigos. Que debo buscar calidad de amigos, y no cantidad, pero sí que los pocos sean honestos, sinceros, y eternos. Hoy quiero aprender a no llorar más, escuchando una canción en la radio que me recuerde que tú y yo alguna vez estuvimos juntos. Necesito no sentir melancolía y ausencia cuando vea el álbum familiar, y vea tus fotos, que por más que están en ese álbum, ya tú no perteneces a mi familia, y a mi vida. Hoy quiero pensar que puedo vivir, y no morir por el hecho, de haber hecho una llamada solo para escuchar tu vos, y después colgar el teléfono. Quiero pensar que no moriré de tristeza por el motivo de haber escuchado tu vos sin haberte dicho que era yo. Porque antes de llamarte tuve miedo de morir de dolor, de soledad y tristeza. Pero comprendí…

Que lo que más me aterraba, fue el miedo de volver a perder a alguien muy amado. Pero me sorprendí, porque ese alguien a quien tenía miedo perder no eras tú…

Por eso hoy me siento fuerte, porque estoy aprendiendo a sobrevivir sin ti, y no morí. Yo sigo aquí, y es que aún sigo viva... Hoy puedo decir que hay veces que el ganador se vuelve el perdedor. Y el Perdedor se vuelva ganador. Porque es que "El que arriesga no pierde nada, porque a veces perdiendo también se gana"

"TE REGALO UNA FLOR"

"A MI HIJO JEYSON"

Hoy no te veo tan triste…como estabas ayer hijo mío…, y cuando te veo feliz sonriéndole a la vida que es tan bella, quisiera que esa sonrisa perdurara para siempre dibujada así en tu rostro… Hoy quisiera preguntarte, porque, y de donde viene tu sonrisa, pero que importa si lo que importa es verte feliz sonriéndole a la vida como si siempre fueras inmensamente feliz…

Hoy quisiera regalarte una flor, que cuando absorbieras su perfume, te mantuviera, calmado por siempre feliz, y dichoso. No quisiera ver en tu pecho, soledad y vacío quisiera que tu corazón estuviera lleno de amor, paz, y regocijo. Pero quien tiene tu corazón hijo mío? ¿¡A caso lo has perdido por culpa de un mal amor…!? El amor de una chica triste, pero recuerda que los amores tristes, siempre acaban perdiendo, y quizás esa pérdida sea de conveniencia para ti…

Hoy no te veo tan triste…

"TENIENDO QUE SER MAS FUERTE QUE NUNCA"

"Ha llegado el momento de ser más fuerte, de aguantar mejor los golpes de la vida, demostrando que soy capaz de ser más consistente, de una forma auténticamente fluida. No puedo más que desear superarme a mí misma, como nunca antes podría haberlo hecho. Yo soy capaz de conseguir todo lo que me proponga, porque Dios, mis padres, y la vida me enseñaron a salir adelante, enfrentando todo, y a todos, sin límites, y sin barreras en esta [...]

"TIRARE MI ORGULLO AL OLVIDO"

"Hoy, dejare caer mi orgullo, voy a tirarlo al olvido. Yo haré que mis emociones sensuales de pasión y entrega se unan en un solo roce de pasión y locura. Quiero probar las caricias y el placer que produce la sensación de una piel nueva. ¡Quiero entregarme a esa nueva piel sin esperar nada a cambio, sin exigir nada…! Quiero envenenarme de una pasión incontrolada, quiero inundarme de esa pasión, y llenarme de esa nueva piel. Quiero sentir la necesidad infinita de saber que mi alma y mi corazón pertenecen, a alguien nuevo. Quiero sentir esa necesidad infinita de sentirme propiedad de otro nuevo amor.

Otro amor que haga temblar mi piel de deseo, de un amor salvaje que se rinda ante mis pies. Quiero, que ese nuevo ser llegue y se acerque a mí sin miedo, muy lentamente…Quiero que me dé un instante, pero que este duré por siempre. Que me haga verlo con ese hermoso brillo, como solo brilla lo inalcanzable. Y, que deje fluir desde muy dentro lo más puro de su esencia, y lo más deseable por mi parte. ¡QUIERO, que venga a mí, y se pose en mi cuerpo, como un sello mágico, e inconfundible, con una tinta imborrable, y que me mate con su amor, y su pasión, en un solo beso que me sea eterno…!"

"TRISTEZA"

Tristeza que llegas sin ser invitada, y con ello le quitas el paso a lo que es la felicidad. Soledad permanente de mi alma y corazón, que se duerme por un instante para despertar, en un segundo, y con ello invade mi vida de soledad, vacío, desamor, y angustia. Cuantos como yo deambulan por las calles, solitarios, y triste sin esperanzas de un mañana, porque ni siquiera tienen un presente que es el hoy.

Esos que tampoco tienen la ilusión, y la esperanza de un futuro, donde ya no existe, el dolor, el odio, o el rencor. Ese futuro, que será la ilusión de ese mañana donde podrá salir el sol. Yo saldré corriente con mis brazos abiertos, para poder estrechar entre mis brazos esa maravillosa ilusión de una vida (…)

TU ABANDONO

Desde aquel triste día, cuando decidiste abandonarme, solo quedo dentro de mí el vacío que dejo tú ausencia. Pero ahora también quedan las ganas de aprender a vivir sin ti, como viven los arboles sin sus hojas en Noviembre, para después renacer hermosos en la primavera. Hoy todo lo que está a mí alrededor me sabe solo a vacío, nada tiene sabor, felicidad, alegría o sustancia alguna. Hoy me veo al espejo y veo con tristeza que la sonrisa que antes imitaba frente a él, ya no me veo en su luz, y ni siquiera el me da la importancia requerida. Hoy mis noches son mi peor pesadilla, mi más cruel acompañante. Hoy mis sabanas solo me saben a abandonó y olvido, la música que tanto me gustaba escuchar mientras era feliz a tu lado; ahora se ha quedado en silencio, callada y perdida en la distancia que solo puede dejar el olvido. Hay tantas palabras, que se me quedaron ahogadas, y hecha pedazos en mi garganta, sin poder decirlas, sin poder ser por ti escuchadas. Hoy siento que mi alma, como mi corazón ha fallecido de dolor y de tristeza.

Mis anocheceres son tan tristes, pero mis amaneceres, lo son mucho más, porque mis despertares son tan crueles cuando veo que con tu ausencia concluye nuestra historia. Hoy los recuerdos en mi mente son como un látigo negro que me bordea, y que me castiga sin piedad y sin clemencia. Tu ausencia me desnuda, me descalza, y me castiga con tanta insolencia, que no puedo evitar el sufrimiento que ella me causa. Hay noches en las que quisiera tener el poder de vendar mis ojos, para no poderlos abrir nunca jamás. Quisiera poder poner a dormir mi vida por unos años, para después despertar y darme cuenta que nada de lo que viví es cierto; y despertar para darme cuenta, que nuestro amor es tan puro, tan limpio y tan verdadero como el recuerdo de aquel primer encuentro cuando tú y yo nos conocimos. Cómo el recuerdo de aquel primer beso que nos llevo a la gloria y nos elevó al paraíso para después llevarnos con nuestras manos a tocar el cielo. Pero hoy solo me queda ahogarme en las aguas más profundas que navegan en mis ojos, para no quedarme sola retratada en el dolor que me causo tu ausencia, para que no me mate ya más tu abandono.

"TU AMOR ES DANINO"

"Nada es fácil en esta vida, nada es eterno en el mundo, y cuando el amor se acaba hasta la belleza cansa". No tengo miedo a la soledad, pero si tengo miedo a no poder aprender a curar está herida. Ella que hiere y desgarra a este terco corazón que no sabe poner distancia, y hacer que llegue el olvido. Este corazón, solo sabe amar, a quien su amor no merece. Este tonto y absurdo corazón, que desprecia, a quien verdaderamente le ama.

¡Cómo le hago para que este estúpido corazón mío, entienda que no debe dar amor sincero, a quien es un hipócrita traicionero...!? Quien solo sabe mentir, traicionar, engañar, y hacer daño. ¿Cómo puedo curar las heridas que trae a mi corazón sangrando desde hace ya tantos años? ¿Cómo puedo hacer para poder perdonar, y al mismo tiempo olvidar? Para ya no causarme más daño a mí misma, no tengo miedo, a empezar de cero. Pero si tengo miedo de sentir tu ausencia, y que nunca llegue el (…)

Sé que estoy viva, y mientras yo viva siempre habrá la esperanza de recomenzar de nuevo. Hoy se que puedo recomenzar de nuevo, porque estoy hecha de buena madera, como la caoba, y como el cedro. Pero tengo miedo a no poder lograr que tú salgas para siempre de mi vida, y que termines destruyendo lo bueno que aún queda en mí. Porque tu solo sabes de traición, engaño, falsedad, y mentira. Tú no sabes amar, valorar, respetar, y cuidar a un ser tan sublime llamado mujer. Tal parece que olvidaste a ver nacido de un ser también llamado mujer.

"TU AUSENCIA, Y TU OLVIDO"

La tarde llega, y con ello agoniza mi alma, porque muere a causa de tu ausencia. Tu amor era lo que me convertía en el ser más fuerte. Pero también tu desamor me esta convirtiendo, en la persona más débil, y la más vulnerable en el mundo. Ahora que te estoy perdiendo, solo puedo imaginarme como será mi vida sin ti. Me imagino en la mesa del comedor una silla vacía que hasta hace un tiempo la ocupabas tú. ¿Imagino la carita inocente de nuestro hijo preguntándome cuando vendrá papa? Esa pregunta invadirá de tristeza mi corazón y paralizará mi alma, porque no sabré que contestarle. Su pregunta confundirá mi mente, tratando de encontrar una respuesta que mitigue su dolor, cuando el empiece a notar tu ausencia. Mi repuesta no podrá alejar de su mente tierna e inocente el temor de también, el haberte perdido. Tengo tanto miedo que mi respuesta lo aleje de mí, cuando tú ya no estés con nosotros. El no podrá entender que mi lucha, ya no pudo seguir más. Quisiera pensar que el sonreirá, tranquilo cuando yo le explique que tú ya no estas más en casa. Pero sé que él no sonreirá, y no entenderá que yo ya no puedo seguir luchando por lo imposible.

No sé si el podrá entender mis repuestas, y si cuando yo lo haga esas repuestas, serán como dagas a su corazón, igual que sus preguntas son para el mío. Quisiera decirle que mi más grande verdad es que, no me rendiré a pelear la batalla, que solo podre rendirme el día que haya vencido…, decirle que él ha peleado junto a mí esta batalla para que yo no me rinda. Él ha puesto en mis manos sus sueños y sus anhelos que se me hace cruel ser indiferente a lo que él quiere sea su futuro. Ese futuro en el que el sueña con que ambos estemos a su lado. El que siendo tan pequeño me ha ensenado que la magia del amor no puede tener un fin, si lo mantenemos, apretado en el puno de nuestra mano. El que con su carita inocente día a día me hace ver, que la peor derrota de un gran amor, es cuando se pierde el entusiasmo de vivirlo, y que no hay que poner en juego la lealtad de ese gran amor. Hoy he aprendido que lograr realizar un sueño cuesta tanto esfuerzo, pero despertar de él es demasiado fácil. Es como una despedida triste, sin un adiós, y sin un hasta luego, porque no existe la partida de ningún tranvía, porque sin una despedida se fue alejando despacio, perdiéndose en el olvido.

Hoy mis manos como las suyas se quedan vacías, ya no tendré jamás el roce de tus brazos sobre mi espalda, no sé cuándo es que nuestro amor se perdió en el óvido, y se quedó en el vacío. Pero si recuerdo cómo fue que empezó, pero esta vez me queda solo vivir de los recuerdos para que tu adiós no me duela tanto, y llegar a olvidar el camino que aquella tarde de un día del mes de enero me trajo hasta a ti. Hoy solo me quedara intentar pintar en mi mente la próxima parada del tranvía de los sueños. Ese que me llevara a encontrarme contigo en medio de la lluvia, entonces otra vez pondré mi mesa, y otra vez volverás a usar la silla que tu partida has dejado vacía. Pero si despierto de ese sueño, solo me quedara apretar entre mis manos las flores que dejare en la tumba donde será mi sepultura, no importara ya nada solo morir, para poder descansar, de lo que significa tu ausencia, y tu olvido…

TU CORRES TRAS LO MAS FACIL

"Tu corres, tras lo más fácil, porque no pudiste caminar al lado de la difícil." Es que las fáciles saben hacer bien el trabajo sucio, ese que corroe y convierte al más sano, en el más enfermo, en el más impuro. Por eso es que se les busca, y se les llama, porque resulta fácil contratarlas para hacer el trabajo, conocido como "la profesión más antigua." Es que ellas no saben hacer más que ese trabajo. Ellas que no les importa ir por la vida destruyendo hogares, y dejando lágrimas en el rostro de un niño. Pero es que ellas no se hicieron ya nacieron fáciles, porque eso ya viene por herencia.

Bendita sea mi madre que me enseñó a caminar derecho, y yo sí puedo sentirme orgullosa, porque puedo decir que, si a alguien quisiera parecerme, o envidiar esa sería a mi madre. Porque a mí ella me enseñó a ser mujer decente, no a andar presumiendo como mi novio, o mi amado al esposo de otra. Yo no tengo que envidiarle nada a una payasa, que no vale nada, porque es más fácil que la tabla del uno. "Yo no me siento ni vieja, ni señorita simplemente soy una mujer decente incomparable a una cualquiera. ¡He dejado de ser princesa, para convertirme en una Reina…!" ☺

"TU INESPERADA PARTIDA"

DEDICADO A MI INOLVIDABLE HERMANO
EDWIN OMAR MEDINA ARTICA

(Un estómago hambriento, a causa de las heridas que causa un desengaño, es como un monedero vacío, sin esperanzas de conseguir una moneda para depositar en él. Esto solo se puede compararse, a un corazón roto. El cual todos juntos nos enseñan las mejores lecciones de la vida). A ver perdido a quien tanto ame, y amare hasta el día que me reencuentre con él, me ha enseñado, "que de la vida aprendemos más con los daños, que con los años." Tu partida me dejo el corazón partido en mil pedazos, el alma vacía. Pero también me dejo la enseñanza de no morir, por quien no muere por mí. Me duele tener que haberte perdido, para aprender que nada es eterno, que el amor se acaba, y la belleza. cansa

Una noche antes de tu partida, cerré mis ojos, me quedé dormida. Al dia siguiente al despertar, fue para morir en vida sabiendo que tú te me habías ido. Hoy vivo sin ti, vivo con este dolor, y aferrándome al pedacito de vida que tú me dejaste. Por mis hijos, y los tuyos vale la pena vivir. No moriré, renaceré para ser cada día mejor, y mucho más fuerte. Mi corazón te amo, te ama, y te amara por siempre…, yo viviré de tu recuerdo, porque tú recuerdo está en lo que tú me dejaste antes de irte… Seré tan fuerte, que correré y correré tan veloz, hasta llegar la meta y cruzar el océano. Ese océano que serás tú, y l cruzarlo podre abrazarte, y besarte como nunca, volveremos a jugar y a demostrando nuestro amor a tu estilo mi amado hermano.

"TU OLVIDO"

Pido a Dios en el cielo que haga el milagro en mi vida, de que viendo yo pasar las nubes, se pase de mi vida el dolor y la tristeza que tu desamor y tu traición me causaron. Tú que como una nube pasaste por mi vida, para luego marcharte dejándome herida a muerte. ¿Porque te alejas ahora, y me dejas después de haber estado mi corazón, unido al tuyo, como solo se unen los bordes de una cruel herida? Esa herida que hoy deja tu corazón en el mío…

Sera que mis sueños y mis primeras señas de vejez en mis canas han venido a ser una sombra; ¿que ha opacado y entristecido las cosas, y los recuerdos más bellos que juntos hemos vivido, o será que tu amor fue tan pequeño, que termino al soplo de un solo suspiro? Porque hoy siento que tu vida y la mía, son como dos estrellas que por más juntas que los demás las vean, están más lejos, que un rayo fugaz. La gente piensa que me amas, pero yo sé, que no… porque hoy siento, que tú nunca me amaste, me duele y me hiere, pero sé que ahora yo debo vivir con eso. Hoy solo me queda aprender a sobrevivir con ello, para no morir por ti…

Tu olvido para mí es como un agua maldita, agua que ya no he de poder beber para calmar mi sed. Porque el dolor de la sed que trae el olvido es más profundo que la sed que jamás se podrá quitar. Y estoy completamente segura que jamás tu olvido a mi vida llegara… Hoy solo me queda tristemente, a través de mi ventana ver las nubes sin poder pensar en ti, sin pensar que eres tú a quien mi corazón ama con tanta vehemencia y con tanta locura. Solo me queda mirar las nubes sin pensar que aun mi alma te añora, mi corazón te ama, y para eso tengo que aprender "a vivir como un viejo marinero sordo que aun estando en tierra firme él puede sentir la profundidad del mar".

"TU PARTIDA PAPA"

En el silencio de un amanecer triste te vi marcharte de este mundo papi. Yo te llamaba desesperadamente pero tú ya no podías responderme, y te vi partir, conformándome solo con poder mirarme atreves de tus ojos tan tristes llenos de angustia porque estabas dejándome en este mundo sola. Si sola, sin ti, sin tu amor, sin tu apoyo y tus consejos. Mi corazón se partió en mil pedazos es que ya nada yo podía decirte papi. En mis tristes labios las palabras se enmudecieron y sentí que fallecían sin yo poder hacer ya nada. Ya no pude contener mi llanto, y como una niña que ha perdido su mejor juguete, llore y llore hasta que mi llanto formo un rio. Ese rio que aún sigue aquí, porque no he podido encontrar ese mar donde yo pueda depositar mi rio de lágrimas.

Hoy solo deseó tu rostro volver a ver, aunque sea en mis sueños. Pero de mis ojos desprenden tan solo lágrimas, como gotas de sangre, como el roció de cada mañana. Esas mañanas que yo disfrutaba contigo desde que era niña sentada a entre tus piernas papi. Yo no puedo creer que esto me haya pasado a mí, que yo te haya pedido cuando más te necesitaba. Cuando yo te perdí, sentí que todo había terminado para mí. Me hacía tanta falta ver tu presencia en nuestra casa, es que sin ti ya nada tenía sentido. Yo sentía que tu vida había sido como un rayito fugaz en nuestra casa, y tan fuerte como la más grande tormenta. Y ahora la calma me confunde y me entristece grandemente.

Es muy fácil para algunos vivir con un padre ausente, para mí vivir sin ti, ha sido la misma muerte. Para unos es fácil decir que no quieren a su padre, para mí me es difícil hasta vivir sin tu presencia. Como decir que no te quería, si tú eras todo lo que yo amaba. Tu siempre fuiste mi padre, mi cómplice mi confidente y mi más fiel amigo. Mi corazón jamás podría traicionar mis sentimientos hacia ti, aun cuando tú yaces muerto. Pero mi corazón aun no razona, porque él es terco y no entiende que te perdí, no porque tu así lo quisieras, sino porque Dios te había ya llamado….

Tu partida

"TUS MANOS GENEROSAS MADRE MIA"

Madre tu que un día decidiste darme a través de tu cuerpo, albergue en tu vida. De tu alma tierna, dulce y buena, solo recibí la mayor virtud que una madre puede regalarle a una hija. De tu corazón yo recibí tanto amor, que le dio al mío; una inmensa paz sin medidas, sin reservas. Tú que con tu gran amor siempre, no te importo desvelarte, y dejar tu sueño para cuidar del mío, mi salud para ti, siempre fue más importante que la tuya.

Tus manos siempre fueron tan buenas y generosas, que con ellas trabajaste tanto, para llevar a casa, el pan que nos alimentó día a día. Con esas mismas manos buenas y generosas, tantas veces te mire amasando el pan que sería de alimento, para nosotras tus hijas, y tus hijos. Otras tantas veces te vi cansada después de un arduo día de trabajo, lavando, cosiendo, y aplanchando nuestra ropa, sin tener descanso alguno.

Con esas mismas manos tiernas, yo recuerdo también las raras veces que me castigaste, por haberme yo portado mal. Que podría yo a ti ofrecerte hoy madre mía? Si hoy aunque yo tuviera el mundo en mis manos ya no puedo dártelo, porque tú ya no estás conmigo. Hoy solo puedo ofrecerte, para que desde el cielo tú puedas ver los frutos que gracias a ti, y a tus manos generosas, yo pueda cosechar en mi futuro.

Por eso hoy riego con tanta pasión y amor esos sueños, y metas que mañana serán los frutos que cosechados de mi jardín para ofrecértelos a ti, amada madre. Esos frutos hoy los riesgo para ti, madre mía como un regalo a tu memoria. He sabido sembrar para ti, lo mejor de todos mis bienes, que jamás estarán ocultos porque solo por ti los hare crecer. Sé que un día madre mía nos encontraremos en el cielo, y allí tú me abrazaras y me dirás lo orgullosa que estas, de todo lo que en esta tierra yo coseche gracias al amor, y a las enseñanzas que me diste mientras aquí en la tierra tu viviste.

"USTED Y YO"

A IDALIA LOMBERA MI MEJOR AMIGA, MI HERMANA

Usted que es mi mejor amiga, la mejor compañía, y la mejor confidente que jamás imagine yo tener. Nunca llegue a imaginar que aquel encuentro que hubo entre las dos, en aquel mes de Septiembre, nos llevaría a convertirnos en las dos grandes amigas que ahora somos, usted que me acompaña en el dolor como en la alegría, usted que es cómplice de mis locuras y no solo ríe de ellas junto a mí, sino que me acompaña en cada una de ellas...

Usted que es la más maravillosa de las hermanas, aunque no lo sea de sangre, lo es de lo más importante, mi hermana de corazón. Usted es esa persona que con seguridad yo sé que jamás me va a fallar. Es tan maravilloso saber que es usted esa fiel amiga que, aunque este mal siempre me acompaña en mis tristezas. Me comprende y me aconseja sin juzgarme y sin herirme. Usted que siempre hace todo lo posible por hacerme reír con sus chistes y sus ocurrencias, para hacerme con ellas feliz.

Con el tiempo fui descubriendo que hay amigas que son pasajeras, porque pasan por nuestras vidas, como pasa el viento. Pero también conocerla me hizo saber que amigas como usted existen pocas pero que por eso mismo perduran para siempre en nuestras vidas. Porque amigas como usted quedan pocas, porque se llaman amigas de verdad, y se convierten con el tiempo en hermanas de corazón.

Amigas como usted son las que nos brindan una mano, cuando más solas estamos, y más la necesitamos, sin esperar recibir nada a cambio. Usted que es la que me ha levantado cuando más caída yo he estado. La que siempre ha estado, allí no importando la hora, el lugar o la distancia. La que siempre cuando la llamo atiende mis llamadas y me extiende su mano. Es usted mi amiga, mi cómplice, mi confidente, esa persona que habita en mi corazón, teniendo un lugar que casi nadie tiene.

Proverbios 27:5-6
Mejor es la reprensión franca que el amor encubierto. Fieles son las heridas del amigo, pero engañosos los besos del enemigo.

"UN AMOR VERDADERO"

Es aquel que hace que se note la ilusión en ti, quien hace que siempre tengas la confianza en decirle todo lo que piensas, lo que sientes, y lo que tu corazón anhela. Un verdadero amor es aquel, que, con su amor, y su delicadeza te hace sentir que eres tú solo tú, y nadie más la excepción de su vida. Es aquel que ve en ti, a su mejor amiga, a su más grande apoyo, su mejor guía, y su gran amor. Un verdadero amor es quien guarda de ti los mejores momentos, y los más hermosos recuerdos. Alguien que te enseña y te ayuda con su amor, a ser independiente, a no depender de él, y te prepara para el futuro por si un día el ya no está. Ese alguien que no es egoísta y te muestra con amor, a no ser dependiente el uno del otro, quien te ayuda a estar feliz y sonreír todo el día, sin que exista un motivo; solo por el hecho de ser inmensamente feliz. Un verdadero amor es ese alguien que te enseña que, aunque hallan enojos, y celos hay que saber solucionar esos pequeños detalles con paciencia y mucho amor; en el momento adecuado y perfecto. Un verdadero amor es aquel que cambia con su amor, tu mundo con solo un instante de su amor por ti. Quien hace que se note a través de sus ojos el amor en ambos, alguien que quiera y busca diversión para los dos. Ese amor que apoya todos tus sueños y hasta tus más tontas ilusiones; alguien que hace con tu amor que te sientas orgullosa de todo cuanto hagas, y de la persona que eres en el presente, y la que llegaras a ser en tu futuro.

Un verdadero amor es a quien le basta estar a tu lado para ser feliz y pasar los mejores momentos a tu lado. Es aquel que busca antes que ser comprendido, comprenderte, quien quiere que todo sentimiento sea único, verdadero y ante todo reciproco. Ese alguien que te abraza con toda su fuerza, y que no desea, que ese momento termine nunca; porque con ello el solo busca que te sientas amada y protegida por siempre. Ese alguien que busca en ti, el brillo de tus ojos, ese brillo, que solo, lo da la felicidad de saber que tenemos a alguien que verdaderamente nos ama. Ese ser maravilloso a quien no le importa tu pasado, de dónde vienes, quien eres, ni hacia donde ibas, o iras; solo a donde y con quien quieres estar. Porque a él solo le importa que se viva el presente; estando consiente de que, en el camino, con el pasar del tiempo todo puede pasar, pero aun así el contigo se quiere arriesgar. Ese alguien maravilloso que te amé a la antigua, y que te haga sentir que una carta tiene más valor y más significado que una flor en la primavera. Alguien que no le aburra las cosas simples que hagas en tu vida, y que acepta tus errores y tus fallas haciéndote sentir que tú aun con tus imperfecciones eres real, y eres única para él. Ese es el verdadero amor, si lo buscas, y lo encuentras atrápalo y no le dejes escapar como agua entre tus manos.

"UNA AVENTURA"

Primero, una aventura, no dura meses, ni mucho menos años, una aventura nunca debería existir cuando en verdad tienes un corazón que late verdaderamente por otra persona. Segundo, cuando uno ama de verdad con el alma, corazón y cuerpo totalmente no existe nadie ni nada q se pueda meterse o ponerse como obstáculo porque no lo permite tu ser. Así cómo mi corazón solo a latido por ti, por los últimos 17 Años, mi cuerpo solo sabe y reconoce de tus caricias, y tus besos de hacer el amor contigo. Mi alma ha estado entregada, enlazada solamente contigo, porque el amor tan grande, tan puro, tan limpio y tan sincero que te entregue era lo más valioso que yo tenía y te lo di TODO.

Mi corazón, mi vida, mi alma. Mi mente, mis pensamientos, mi cuerpo, sin medidas y sin dejar reservas. Cuando uno ama lo único que desea es complacer, cuidar, proteger y amar sobre todas las cosas a esa persona que te llena y q la tienes metida tan dentro, de tu ser que no puedes ver para otro lado porque tus ojos, como tu corazón, tu vida, tu alma y tu mente, están puestos en sólo esa persona. Yo solo se amar así, de esta manera que mi poema te lo describe, pero lamentablemente de este amor, así tan tierno, sublime, sincero y verdadero, tú no sabes nada. Pero hasta en la Biblia dice que "no hay que darles perlas blancas a los puercos porque ellos no las van a preciar, cuidar o valorar porque ellos sólo saben de fango, suciedad y revolcarse entre la mierda, y el placer que dan las zorras".

Este poema lo escribí con la ayuda de mi mejor amiga Idalia Lombera. Así que, va dedicado a ella...

"UNA PRINCESA TRISTE"

Me gustaría este día volver a ser niña, y al menos por hoy creer que los cuentos de Ada son una realidad así, yo podría pensar que mi Ada Madrina, vendrá a visitarme, y como único deseo pedirle, volver a verte hoy que es tu cumpleaños papi. Este día quisiera poder abrazarte, besarte, pero lo más triste que me pasa es que ni los cuentos de Ada son una realidad, y aunque lo fueran yo no tengo un Ada Madrina. Hoy no podré abrazarte, ni besarte, ni susurrarte al oído cuanto mi corazón te ama, lo mucho que mi alma y mi ser te añoran papa. Hoy quiero reiterarte una vez más, que jamás hubo, ni habrá hombre alguno en la tierra, al que yo pudiese amar, como siempre te amé a ti mí querido Viejo.

Tú sabes papi que ni aun cuando tu pelo fue blanco como la nieve, y aunque empezaste a perder tu cabellera con el tiempo, yo nunca te puse en un lugar, al que tú no pertenecieras. Tú siempre fuiste mi ejemplo, mi fe, mi fortaleza, y mi esperanza de que si existen hombres buenos, fuiste mi guía. Un día me dijiste que yo era tu orgullo, y que sabias que mi nombre seria grande, que si no lo mirabas en vida, lo verías desde el cielo. No sé si algún día mi nombre llegara a ser grande, así como ese día te lo prometí.

Lo que sí puedo prometerte, es que aunque ya no estés conmigo, jamás superare el hecho de no estar en tu regazo. Papi quiero que sepas, que hasta hoy, no he podido encontrar ese príncipe azul, que tanto deseaste para mí, aun en tu agonía. Te acuerdas papa? Creo que jamás lo encontrare..., sabes porque? Porque los príncipes azules si existen, se rompió el molde el día que tú naciste, y esta princesa triste y solitaria, no tendrá la posibilidad de encontrar jamás ese príncipe azul. Hay algo que sí puedo decirte, que no encontré a mi príncipe azul, pero tú, solo tu seguirás siendo mi Rey. Papi solo espero algún día, poder encontrar a alguien si no es igual a ti, al menos que se parezca un poco a ti, sino es así viviré siempre..., siendo una princesa triste que jamás encontró a su príncipe deseado. Pero también viviré amando tu recuerdo...

"UNA TIA LLAMADA TONITA"

Mi amada tía siempre fuiste y serás un regalo maravilloso, que Dios y la vida me regalaron. Tu amor para mí, siempre tuvo y tendrá un valor incalculable, que jamás podría terminar de medirlo, esa cosas solo las mide el corazón; y mi corazón siempre me dijo que tu amor por mí era tan inmenso, tan sublime y verdadero que no terminara ni aun con la propia muerte. Porque aun después de esta vida, te encontrare en la otra Vida y allá arriba tú volverás a amarme, a cuidarme, y protegerme como siempre lo hiciste en esta vida.

Tú has sido una de las más grandes alegrías que he tenido en mi vida, y recuerdo tantas alegrías que a tu lado yo viví. Hoy vienen a mi mente tantos hermosos recuerdos, y te veo allí en la cocina cocinando, y haciendo tortillas a mano, para darme de desayunar. Recuerdo que al regresar del colegio corrías de donde estuvieras sentada, para servirme la cena, tu pago era solamente mi amor.

Para mi tu no solamente fuiste mi tía, siempre fuiste mi amiga, mi cómplice, y mi confidente. Recuerdo como contigo desahogaba mis penas, mis tristezas, y mis tan poquitas alegrías. Contigo todo era tan diferente, yo podía hablarte hasta de mis penas de amor, cuantas veces fuiste testigo de aquellas llamadas clandestinas de quien era el amor de mi vida.

Tía cuando más te necesite, y cuando todos

Me dieron la espalda, allí estuviste tu solo tú para apoyarme. Tu que jamás me dejaste sola, que no solamente cuidaste de mí, sino del más grande tesoro que Dios y la vida me regalaron. Ese maravilloso tesoro que son mis hijos. Como podría un día yo pagarte todo el amor que tú me diste, y todo el amor que le diste a quienes yo más amo? Nunca tuve la capacidad para hacerlo, y creo que jamás podré, porque aunque pudiera darte todo el oro del mundo, esto ayudaría un poco me no pagaría en nada, todo lo que a mí me diste. Te amo tía…!

Este poema va dedicado muy especialmente a mi amada tía Tonita Izaguirre viuda de Gutiérrez

USTEDES MIS CUÑADAS

Dedicado a todas mis cuñadas. Ellas que con el paso del tiempo, más que mis cuñadas se convirtieron en mis amigas, mis cómplices, y mis confidentes.

Mis cuñadas las que más que eso son mis amigas y las madres de mis sobrinos (as). Ustedes que siempre están cuidando y pensando en esos seres que llevan un pedacito de mi ser. Me hace feliz verlas y saberlas parte de mi familia. Ver con el amor y la devoción, con que cuidan a la sangre de mi sangre. Es increíble verlas llevar y recoger a sus hijos de la escuela, de cómo están pendiente de todo lo que con ellos pasa. Ustedes mis cuñadas las que celebran con ellos sus alegrías, y sus triunfos.

Pero también las que viven junto a ellos sus fracasos, sus caídas y sus tristezas. Las que están allí para ayudarlos a levantarse y volver a empezar de nuevo. Ustedes que día y noche los cuidaron sin importar el desvelo, las ojeras en su cara, las marcas en su piel; por el hecho de haber dado vida a cada uno de ellos. Ustedes que traspasaron las barreras, y vencieron el cansancio. Ustedes que han tenido la capacidad que les dio el amor de madre, para multiplicarse por diez. Ustedes para quienes, amar, cuidar, y proteger a sus hijos, es una meta en sus vidas.

Mis cuñadas las que son como una verdadera proeza, son el ejemplo de amor, cordura, bondad, sabiduría y paciencia. Ustedes que están conmigo en algún lugar charlando y gozando de algunas cosas de la vida. Pero en su cabeza piensan en ellos mis sobrinos, en mis hermanos que son sus maridos. Me sorprende enormemente como ustedes pueden multiplicarse por mil a la vez. Ustedes que son un verdadero paradigma en la vida de mis sobrinos, como en la de mis hermanos. Ustedes que suelen ser tan sencillas, tan humildes. Pero tan inteligentes y tan prácticas cuando de sus hijos, y sus maridos se trata.

Como madres tienen ese sexto sentido que nadie que no sea madre podría igualarlas. Porque ustedes son tan inalcanzables, y tan incomparables, solo alguien que sea madre podría como ustedes multiplicarse en varias siendo una la vez. Ustedes llevan el amor por sus hijos en la mirada, la dulzura y el amor en cada una de las acciones que hacen por sus hijos. Ese amor que solo ustedes las madres podrían sentir, y vivir…A ustedes mis cuñadas las amo, como amo a mis hermanas.

"VIVIR MI VIDA"

"Viviré mi vida de tal manera, que cuando yo me levante cada mañana, lo hare con el pie derecho. Y, cuando mis pies pisen el suelo que los sostiene, hasta el mismo diablo tiemble de miedo, y diga me voy de aquí; no puedo quedarme porque esta mujerona ya se levantó." No quiero que me teman los seres que yo amo, pero si, que me teman mis enemigos, aquellos que me han dañado. Porque hoy me levanto con el pie derecho y voy de frente a ese futuro prometedor que Dios y la vida me han ofrecido. Ese, al que yo voy a sostener en el hueco de mi mano fuertemente para que jamás se me escape de allí.

Ese demonio disfrazo de ángel, con cuerpo de mujer, y que además tiene nombre y apellido, jamás me vera vencida. Yo soy una guerrera invencible por el humano, solo Dios podrá verme derrotada. Pero él demonio, jamás me derrotara porque soy una hija de Dios, ese mismo Dios que ya padeció en la cruz del calvario por mí. El ama tanto como yo lo amo a él, lo demás no me importa mientras tenga su amor, nada me faltara. Así que, prepárense todas aquellas (os), que quisieron verme caída, porque aún sigo de pie, y no estoy vencida…

"Y MIENTRAS"

"Y, mientras no tenga con quien celebrar aniversarios ni a quien besar sin horarios, celebrare todo de mí. Celebraré cada una de mis vivencias, me haré amiga de las consecuencias, y llenare de café mis venas mientras me burlo de la tristeza."

"Y YO PERDI"

Cuando te conocí, todo empezó como un juego, tu y yo, con edades similares, todo parecía solo el comienzo de algo que no seria con esperanzas de un futuro. Pero el tiempo paso, y me enamore pérfidamente. Yo tuve miedo de caer ante tus pies, hasta que sin darme cuenta te adueñaste de mis sueños, después de mi vida, y al final me enamoré. Mas de una vez me juraste que me amabas…que morirías si me llegabas a perder…y yo como una tonta confié en tus palabras, que fueron las mentiras más dulces que escuché.

Y yo PERDI… porque te di mi alma, mi vida entera, y la burlaste… porque sentí llegar al cielo entre tus brazos…me jugué el todo por el todo, y me fallaste…te di la espalda y me clavaste un puñal.

Y yo PERDI, perdí mi vida…perdí la fe…la esperanza. Me has destrozado el corazón de tal manera, que para mí ya no existe el amor. Me perdí entre las sombras que dejaste de todos tus engaños…

Me fui mojando con las sobras de tus labios, y saboreé la hiel amarga de tus traiciones. Hoy te confieso que perdí las ansias locas de sentir mi piel mojada, de la saliva que con tus besos me dejaste la huella por la que hoy sufriendo estoy. Pero no importa, ve por allí destrozando corazones…enamorando a otra tonta que se ilusione, y al final le des lo mismo que me diste a mi…y ya veras que te dirá…

Y yo PERDI…

"YA NO QUIERO LLORAR MAS"

Ya no quiero llorar por lo que he perdido en la vida. Hoy quiero aprender a ser fuerte y luchar con todas mis garras por lo que aún me queda, y no he perdido. Ya no quiero llorar por aquello que murió desde hace ya mucho tiempo. Quiero empezar a luchar hasta vencer por lo que un está por nacer dentro de mí. Ya no quiero llorar por aquel que se marchó abandonándome cuando más lo necesitaba. Hoy quiero aprender a luchar por quien se quedó a mi lado. Nunca más volveré a llorar por aquel, quien yo creo que me amaba, mas solo me engañaba, y se burlaba de mí amor. Hoy quiero empezar a luchar por quien yo creo que me quiere, y quien será mi verdadero amor…

Ya no quiero seguir llorando por mi pasado, quiero aprender a luchar con todas mis fuerzas por quien pienso será mi presente. Ya no llorare más por todo lo que he sufrido, sino que empezare a luchar por construir mi felicidad. Porque con todas las cosas que me han sucedido, y que me han causado tanto dolor. He aprendido que nada es para siempre; como también nada es imposible de vencer, lo único que no tiene solución es la muerte, El dolor nos enseña a solucionar hasta lo más imposible, y a seguir adelante…

YO NO SOY ROMA O PARIS

Hoy quiero caminar de frente, y demostrarle no sólo al mundo sino a mí misma; que aún en las ruinas se pueden construir castillos, y ciudades hermosas. De la misma manera que debo demostrarme a mí misma, y a los que me han dañado, que yo no soy Roma, mucho menos París. Pero soy única, y sé que con la fortaleza que me ha dado, el haber aprendido del dolor; yo sola soy capaz de construir mi propio mundo, en ese mundo donde ya no estará todo lo que un dia destruyo mis castillos…